스토킹

신인류의 범죄

스토킹

신인류의 범죄

초판 1쇄 펴낸날 | 2024년 1월 3일

지은이 | 이수정·강지은·이혜지·배민경·강보정
펴낸이 | 고성환
펴낸곳 | (사)한국방송통신대학교출판문화원
　　　　(03088)서울특별시 종로구 이화장길 54
　　　　전화 1644-1232
　　　　팩스 (02)741-4570
　　　　홈페이지 https://press.knou.ac.kr
　　　　출판등록 1982년 6월 7일 제1-491호

출판위원장 | 박지호
기획·편집 | 장빛나
문장 손질 | 김영주
편집디자인 | 티디디자인
표지디자인 | 이하나

Stalking
스토킹

신인류의 범죄

이수정 외

그 누구라도, 안전하기를…

혼돈과 안타까움이었다. 지난 25년 수사기관에서 사건 분석을 의뢰받을 때마다 법원에서 전문가 의견을 촉탁할 때마다 문서는 완성해 제출했지만 왜 이렇게밖에 될 수 없는 것인지 오리무중이었다. 처음에는 격노하였고 최근에는 단념하고 싶은 지경에 이르렀다. 범죄 사건에 심리적 개입을 많이 할 때는 영락없이 몸살을 앓았다. 그중에서도 가장 안타까웠던 것이 바로 진주 방화, 미성년자 두 명을 포함하여 다섯 명을 살해한 안인득 사건 때였다.

사건 발생 전 수도 없이 많은 위험이 피해자들에게 이웃들에게, 그리고 수사기관에 인지되었다. 동네 주민들이 오죽하면 자기 돈을 들여 CCTV를 문 앞에 설치했겠는가? 보안장치가 곳곳에 있는 강남권 고급 아파트촌이 아니었다. 대부분의 주민들이 경제력이 충분하지 않거나 취약 요인들로 인해 주거지 지원을 받는 분들이었다. 더욱이 주 피해를 입은 사람들은 어린 아동과 청소년이었다.

어느 날은 오물 투척을, 다른 날은 칼을 들고 쫓아와 위협을 가하기도 했다. 층간소음으로 안인득 본인이 신고하기도 했고 이웃들에게 겁박도 불사하곤 했다. 신고를 할 때마다 경찰의 답변은 '기다려보시라'였다. 심지어 증거를 수집하라고 하여 피해자들은 없는 돈을 각출하여 CCTV까지 설치하였다. 뭘 더 할수 있었겠는가? 그럼에도 불구하고 안인득은 벌건 대낮에도 동네를 휘젓고 돌아다녔다.

결국 많은 사람이 살해되고 나서야 그에게 정신병이 있었으며, 그럼에도 치료를 받지 않아 친족들은 모두 그를 피해 떠났다는 사실이 밝혀졌다. 더욱이 지속적 괴롭힘은 기껏해야 몇 만원의 과태료만 내면 그만인, 쓰레기 무단투기와 같은 수준의 경범죄로 취급되고 있다는 놀라운 사실이 알려졌다. 그러자 다섯명의 목숨값이 겨우 5만 원에서 8만 원으로 치부되었다는 것에 대해 온 국민이 공분하게 되었다. 이후에도 노원구 세 모녀 사건등 예고된 희생은 계속되었고 드디어 「스토킹 처벌법」이 입법되었다. 순전히 살해된 분들의 무고한 희생에 힘입은 결과였다.

이제는 한 해 2만 건 정도의 스토킹 사건이 신고되고 있다. 경찰은 '기다려보라'는 말 대신 피해자에 대한 신변보호에 최선의 노력을 기울인다. 피해자는 국가 지원을 받아 제3의 장소로 피신할 수도 있다. 일찌감치 피해자들의 생존에 신경을 썼다면 진주 방화 사건의 피해 아동은 이제 중학생이 되지 않았을까? 피해 여고생은 대학생이 되어 청춘을 즐겼을지도 모르겠다. 안전한 사회를 만드는 데 법과 제도가 이렇게 중요하단 사실을 다시 한번 절감해본다.

스토킹 범죄가 줄어들고 더 이상의 비극적인 피해자가 나타나지 않기를 그 누구보다도 바란다. 이를 위해 우리의 삶에 밀접하게 닿아있지만, 부족한 인식으로 많은 피해자를 양산했던 스토킹 범죄에 대한 사람들의 깊이 있는 이해가 필요하다. 이 책에서는 대중들의 이해를 도울 수 있도록 실제 사건들을 예로 들어, 스토킹의 형태와 스토커의 심리 분석뿐만 아니라 피해자 보호를 위한 그동안의 연구를 추려 재구성했다.

총 다섯 장을 할애해 스토킹 범죄의 모든 것을 짚었는데, 스토킹 범죄의 출현부터 어원, 스토커의 심리 및 병리학적인 유형과 스토킹 동기, 한국형 스토킹의 특징을 이해할 수 있다. 그리고 결코 간과되어서는 안 될 스토킹 피해자의 심리적 증상과 이들이 겪을 수 있는 장애에 대해서도 알아볼 수 있다. 더불어 우리나라에서 스토킹 처벌법이 통과되기까지 22년의 역사도 훑어볼 수 있도록 했다. 특히 부록에서는 피해자가 지원받을 수 있는 여러 기관들을 일목요연하게 볼 수 있도록 정리하였다.

누누이 강조했듯이, 그 누구도 스토킹 범죄로부터 안전하지 않다. 이 책장 너머 스토킹 범죄로 고통받는 이가 있다면, 거기서 벗어날 수 있기를 희망해본다. 가장 중요한 것은 이런 범죄가 일어나지 않도록 하는 것이다. 이를 위해서는 주변에 좀 더 관심을 기울여야 할 것이다. 우리의 후속 세대들에게 이 범죄에 대한 경각심을 일깨울 수 있도록 어른들의 의식이 개선되어 법과 제도의 누수가 보완되기를 희망한다. 그리하여 보다 안전한 사회가 되기를 바란다.

이 책이 나오기까지, 결코 쉽지 않은 범죄자 연구를 가능하도록 도와주신 법무부 교정본부와 보호관찰소, 경찰청 실무자분들께 갚아야 할 은혜가 크다. 그리고 집필을 함께 해준 제자 강지은, 이혜지, 배민경, 강보정에게도 고마운 마음 그지없다. 무엇보다 스토킹이라는 범죄의 위험성을 알아보고, 교양도서 기획안을 들고 찾아와 어려운 학술 언어를 대중의 눈높이에 맞춰 끝까지 윤문하고 편집해주신 한국방송통신대학교 출판문화원 장빛나 선생님께 깊은 감사의 인사를 드린다.

이수정

차례

Ⅲ. 망상, 애정결핍 그리고 분노
비뚤어진 욕망과 스토커의 심리

I

스토킹의 기원
현대사회와 스토커의 출현

1. 신인류와 스토킹

이제 누군가의 일상을 알아내는 것쯤은 어렵지 않은 시대다. 인기 연예인뿐만 아니라 대중에게 알려지지 않은 내 친구가 어제 누구를 만났는지, 어디에서 무얼 했는지 몇 번만 검색하면 쉽게 찾아낼 수 있다. TV에서는 유명인의 일거수일투족을 보여주는 관찰 프로그램을 방영하고, SNS에서는 실시간으로 지구 반대편에 있는 누군가의 세세한 일상을 영상과 사진으로 볼 수 있다. 우리는 '나'를 개성 있게 표현하는 시대를 넘어 나의 '일상'을 공유하고 소비하는 시대에 살고 있는 것이다. 이러한 현상은 디지털 문화와 관련이 깊다고 할 수 있다.

디지털 기술이 발전하면서 우리는 초연결 사회Hyper-connected society로 진입하고 있다. 시·공간을 초월해 모든 정보가 촘촘하게 연결된 시스템 안에서 손쉽게 원하는 정보를 얻을 수 있는 시대가 됐다. 초연결 사회는 자신이 원하는 정보를 더욱 빠르고 간편하게 얻을 수 있는 장점이 있지만, 더불어 원하지 않는 정보에 노출되거나 감추고 싶은 정보 또한 순식간에 퍼져나갈 수 있다는 단점도 존재한다. 디지털 문화의 초연결 사회는 사람들의 생활양식을 전면적으로 변화시킴으로써 신인류 등장에 커다란 역할을 했다.

신인류는 다른 사람의 일상을 관찰하고 주시하며 간섭하는 행위를 통해 스트레스를 해소하고 감정을 소비한다. 이제 온라인으로 타인의 SNS를 들여다보고 동질감을 느끼거나 대리만족을 경험하는 행위는 문제가 되지 않는다. 심지어 나의 의도대로 일상을 공유하고 타인이 자신의 삶을 '리트윗'해 회자되는 일이 자기 가치를 더 높이는 일로 여겨지기도 한다. 사적 영역이 공적 영역으로 탈바꿈했고 공적 영역이 사적 영역에 침범을 당했다. 어쩌면 신인류는 두 영역 사이의 선이라는 존재를 망각한 것인지도 모른다.

특히 초연결 사회의 새로운 문화는 범죄 현장에서 그 위력을 발휘한다. 스토킹의 경우, 1980년대만 하더라도 스토커는 피해자에 대한 정보를 얻기 위해 일일이 수동으로 주변을 탐색하고 지인을 직접 만나는 번거로움과 수고를 기꺼이 감당했다. 그러나 신인류는 더 이상 아날로그적 방법을 활용하지 않는다. 몇 번의 클릭만 하면 인터넷을 통해 피해자의 뒤를 쫓을 수 있기 때문이다. 누구나 간편하게 범죄를 저지를 수 있는 세상이다.

누구라도 자기 집 컴퓨터 앞에 앉아 인터넷에 공개돼 있는 수많은 자료를 손쉽게 들여다볼 수 있다. 또 친구가 SNS에 게시한 사진들을 관심 있게 지켜보며 안부를 묻고 재밌어 보이는 일들에 공감을 표현해도 전혀 문제가 되지 않는다. 그러나 전애인이나 가까운 지인이 자신의 SNS에 공유한 일상을 일일이 확인하며 간섭하는 것은 의심해 봐야 한다. 관심이 아니라 감시의 성격이 강하다고 볼 수 있기 때문이다. 만약 이러한 간섭이 말로만 끝나지 않고 상대방의 행동을 통제하기 위한 위협으로 변질된다면 이는 명백한 범죄 행위다.

2. 진심과 범죄의 경계

사랑처럼 깊고 복잡한 감정의 공유는 관계를 형성하고 끝을 내는 과정에서 더욱더 어려운 문제로 다가온다. 사랑의 끝이 원만하게 합의된 이별로 이어진다면 상관없겠지만 세상일은 늘 마음처럼 쉽게 이뤄지지 않는다. 누군가는 마음이 돌아선 상대방을 붙잡기 위해 일방적으로 마음을 내보이기도 하고, 또 누군가는 자신의 진심을 몰라주는 상대방을 위해 자신의 일상을 쏟아붓기도 한다. 그러나 어떠한 이유로든 독단적인 태도가 지속되면 애정 어린 진심과 범죄의 경계가 허물어지고 만다.

구애와 스토킹의 경계는 과연 어디일까? 자신이 관심을 갖는 대상을 쫓아다니거나, 상대방의 모든 정보를 알아내려 하거나, 관계를 더 발전시킬 수 있는 타이밍을 지켜보는 등 상대에 대한 열망에서 비롯된 행위는 짝사랑과 스토킹의 경계를 모호하게 만든다. 이 책을 읽는 여러분도 어린 시절 누군가를 향한 애정 어린 마음에 했던 행동들을 한 번쯤 돌이켜보면 좋을 것이다. 그리고 혹시라도 자신의 행동이 '상대방에게는 스토킹이 아니었을까'라고 점검해 본다면 더욱 의미가 있을 것이다.

자신이 흠모하던 상대를 공격하거나 위협한 적이 없고 결코 괴롭히려는 의도가 없었다면 자신의 행위를 범죄와 연결 짓기 어렵다. 대부분의 평범한 사람들은 고의로 범죄를 저지르지 않으니 자신의 행동을 범죄로 인식하지도 않을 것이다. 하지만 스토킹은 상대방을 직접 위협하거나 괴롭힐 의도가 없더라도 범죄로 성립될 수 있다. 스토킹 피해자의 입장에서는 스토커의 행위가 '합리적 수준에서의 공포Rational fear'를 유발하기 때문이다.

합리적 수준에서의 공포란 신체적 상해가 일어나지 않더라도 얼마든지 불안과 두려움이 발생할 수 있다는 의미다. 스토킹 피해자는 물론 주변인들도 스토커의 감시, 통제, 위협 등으로 공포를 느끼고 일상생활을 영위하는 데 어려움을 겪을 수 있다. 적절한 시기에 스토킹 행위에 대한 개입이 이뤄지지 않으면 살인 등 또 다른 강력사건으로 이어지기도 한다. 따라서 스토킹을 범죄로 정의하는 경계선은 피해자가 공포나 위협을 느끼는 행위에 해당하는지 여부로 결정된다.

관계를 맺는 초기부터 상대에게 위협적인 사람은 없을 것이다. 대부분 처음에는 친절하고 자상하게 대하다가 어느 순간부터 공격적 형태로 위협을 가하는 경우가 많다. 스토킹 사건을 분석해보면 스토커들은 일상 속에서 문제를 일으키지도 않고 평범하고 조용하게 사람들과 잘 어울려 지낸다. 따라서 스토커로서의 공격적 성향을 드러내기 전에는 누가 스토커인지 알기 어렵다.

심지어 스토킹 범죄가 발각되기 전까지 어떤 범죄 경력도 찾아볼 수 없고 사람들이 선망하는 직업을 가지고 훌륭한 커리어를 쌓은 스토커들도 제법 많다. 그렇다면 이들이 상식적 행동의 경계를 넘어 스토킹을 시작하고 지속하는 이유는 무엇일까? 어떻게 우리의 주변에서 범죄의 어두운 그림자를 숨기고 있는 것일까?

일반적으로 사람들은 범죄자의 심리에는 전혀 다른 무언가가 내재돼 있다고 생각한다. 스토커를 망상에 사로잡힌 정신질환자라고 치부하기도 한다. 예를 들어, 많은 사람이 상식적으로 이해할 수 없는 범죄자를 보면 그가 사이코패스인지 묻곤한다. 실제로 사이코패스가 유전자 결함을 갖고 있어 일반인과는 다르게 특정 뇌 영역의 활성화를 일으킨다는 연구 결과[1]도 있다.

하지만 사이코패스 성향을 가진 사람들이 모두 범죄를 저지르는 것은 아니다. 모든 스토커가 망상으로 인해 범죄를 저지르지는 것도 아니다. 반대로 망상이 있는 사람이 모두 스토킹 범죄를 저지르는 것도 아니다. 따라서 스토커를 무조건 정신이상으로 취급하는 것은 범죄를 예방하고 재범률을 낮추는 데에 결코 도움이 되지 않는다.

대부분의 스토킹 범죄자들에겐 공통된 심리적 특징이 있다.

그들은 주로 대인관계에서 쉽게 적응하지 못하며 어릴 때부터 애착 형성에 실패해 자존감이 낮아 자기 자신에 대해 불안정한 자아 관념을 갖고 있다.[2] 또 자신을 둘러싼 환경 속 문제 상황을 잘못 해석하기도 하며 부정적 감정에 쉽게 휩싸여 자해나 폭력 등 극단적 행동을 행하기도 한다.[3]

무엇보다 스토킹에 대한 연구를 통해 밝혀진 사실 중 하나는 스토킹이 중상해, 강간, 살인 등 강력범죄의 전조증상으로 나타난다는 것이다.[4] 과거에는 스토킹의 심각성을 인지하지 못해 강력범죄의 전조증상으로 생각하지 못했다. 그러나 2019년도 KBS에서 실시한 국내 판결문 분석 결과, 여성이 피해자인 살해 사건 중 3분의 1 이상에서 스토킹 행위가 이뤄졌다는 사실이 분명하게 입증됐다.[5]

과거에 스토킹은 유명인이 당연히 감내해야 할 고통이자 인기의 척도로 인식되던 시절도 있었다. 소위 광팬들이 연예인의 사생활을 들춰내고 연락도 없이 주거지에 방문하고 집요하게 연락하는 것을 유명인의 숙명쯤으로 생각하기도 했다. 그러나 이제는 과도한 팬심에서 비롯한 행위들도 스토킹으로 간주되고 있다. 누군가를 열렬하게 좋아하는 마음과 상사병이 자칫 용서받지 못할 범죄 행각으로 변질될 수 있다는 경각심을 상식적으로 인정하게 된 것이다.

게다가 이제는 연예인이나 유명인뿐만 아니라 일반인들도 스토커의 괴롭힘에서 자유롭지 않다. 누구나 자신의 주변에서 지인이나 옛 연인에게 스토킹을 당할 수 있다. 학교나 직장에서도 스토커에게 괴롭힘을 당해본 적이 있다는 이야기가 점점 더 많이 들려오고 있다. 스토킹은 너무나 일상적인 공간에서 자신이 믿고 의지하던 사람에게 당할 수 있는 범죄다. 그만큼 깊은 트라우마로 남을 수 있다. 누구나 자신도 모르는 사이에 스토킹 범죄의 그림자에 둘러싸일 수 있다는 사실을 늘 인지하고 있어야 한다.

스토킹 피해로 인한 결말은 돌이킬 수 없다. 스토커가 어떻게 피해자를 선택하고 자신의 모습을 감추고 있는지를 이해하지 못한다면 누구라도 스토킹의 피해자가 될 수 있다. 또 자신이 스토킹을 당하고 있는 것은 아닌지, 혹시 자신도 모르게 누군가를 스토킹하고 있는 것은 아닌지를 인지하려면 스토킹과 관련된 범죄 심리를 이해하고 진심과 범죄의 경계를 구분하는 법을 알아야 한다. 스토커들이 어떤 심리적 기제를 통해 범죄에 이르게 되는 것인지를 알아보기에 앞서 스토킹이라는 말이 어떻게 출현하게 된 것인지 살펴보자.

3. 어원과 의미의 전복

한때 스토킹은 사랑의 또 다른 이름으로 불리기도 하고, 정신병의 증상 중 하나로 받아들여지기도 했다. 스토킹의 심각성을 인식하고 연구하기 시작한 것은 제2차 세계대전 이후부터다. 당시 정신건강의학과 심리학 분야에서는 스토킹과 같은 행위를 하는 환자들의 병리에 대해 학술적으로 주목하기 시작했다. 그리고 연구자들은 스토킹을 색정증Erotomania* 망상장애Delusional disorder 환자에게서 나타나는 병적인 짝사랑의 원천이라고 생각했다.[6]

색정증 망상장애 환자들은 일시적 접촉만으로도 상대방이 자신을 사랑하고 있다는 환상에 쉽게 빠지며, 자신이 사회적 지위가 높은 사람과 관련돼 있다고 허위적으로 생각하고 집착하는 경향이 있다.[7] 남성 환자의 경우에는 때때로 폭력적 행동을 수반해 범죄로 이어지는 모습도 관찰됐다.[8] 심지어 망상장애가 없는 나르시시즘Narcissism, 히스테리Hysteria 등의 성격적 문제를 지닌 사람들도 스토킹을 저지른다는 사실을 발견했다.[9] 이후 정신장애가 없는 사람들에 대한 스토킹 연구도 활발히 진행됐다.

또 가정폭력처럼 친밀한 관계에서 나타나는 통제와 폭력성을 다루는 범죄심리학 연구에서도 스토킹과 관련된 특성들이 관찰됐다.[10] 가정폭력 가해자에 관한 연구에서는 배우자 또는 전 연인이 이별을 요구하거나 자신을 거부하는 경우 위협이나 폭력 같은 공격적 행동을 보이는 것은 물론, 피해자를 감시하고 추적하며 통제하는 등의 스토킹 행위를 함께 행한다는 것을 발견했다.[11] 이처럼 스토킹은 선망의 대상에 국한되지 않고 가족이나 연인을 비롯한 다양한 관계에서 상대방에게 집착하고 강압적 요구를 하며 괴롭히는 행동 패턴으로 나타난다.

---

* 분별없이 이성을 그리워하고 따르며 방종한 성행위를 일삼는 성욕 항진증이다.

1) 불법적인 사냥꾼

스토킹이 전 세계 대중에게 널리 알려지게 계기는 로널드 레이건Ronald Reagan 미국 대통령 암살미수 사건이다. 당시 존 힝클리 주니어John Hinckley Jr.라는 남성은 영화배우 조디 포스터Jodie Foster의 마음을 얻기 위해 사건을 계획했다고 밝혔다. 연예인에 대한 집착적이고 강박적인 행동이 대통령 암살이라는 엄청난 범죄로 이어진 것이다. 힝클리의 범죄 동기가 세상에 알려지면서 사람들은 스토킹 범죄의 위험성을 인식하기 시작했다.

'스토킹하다to stalk'라는 말은 고대 영어의 '조심스럽게 또는 몰래 걸어가다stealcian'라는 동사에서 유래했다고 알려진다. 고대 영어에서 '말하다to talk'가 '자주 말하다'라는 뜻을 포함하고 있듯이 스토킹 역시 반복되는 행위를 의미한다. 여기에 '폭력을 행사하다'라는 의미가 더해지면서 마치 사냥꾼이 식량으로 쓸 사냥감을 조심스럽게 따라다니듯 누군가를 집요하게 추적하는 행위를 상징하는 의미로 쓰이고 있다.[12]

이렇듯 지난 몇 세기 동안 스토킹은 육식동물들이 먹잇감을 몰래 따라다니는 행위를 의미했다. 옥스퍼드 영어사전에서도 스토킹이라는 단어에 사냥의 의미를 포함하고 있고 스코틀랜드에는 '사슴 스토킹(사냥)의 날'도 있다. 미국의 '스토커'라는 옷가게에서는 아웃도어 브랜드 L. L. 빈에서 만든 사냥꾼 스타일의 옷들을 살 수도 있다. 흥미롭게도 스토킹이라는 말은 사냥꾼에게 희생당하는 사냥감에 대한 피도 눈물도 없는 포식 행위를 간접적으로 시사하고 있다.

1424년에 등장한 영국의 법률 문서에서는 스토커를 '불법적으로 사냥하는 사람, 밀렵꾼'으로 정의하고 있고 1508년에 등장한 문서에서는 '절도를 목적으로 사냥감을 찾는 사람'으로 정의하고 있다.[13] 19~20세기를 거치며 스토킹은 점차 동물을 대상으로 사냥한다는 의미보다 사람이 사람을 사냥하는 의미로 변해갔다. 1970년대 미국의 신문 지면에는 사진 기자나 광적인 팬들이 연예인들을 뒤쫓는 행위나 연쇄 살인범들이 피해자를 물색하는 행위를 스토킹으로 지칭하는 보도가 늘어났다.

앞서 소개한 존 힝클리 사건이 바로 연예인을 향한 광팬의 스토킹이 강력범죄로 이어진 대표적인 사례다. 1981년 3월 레이건 대통령은 워싱턴 DC 힐튼 호텔 컨벤션 센터에서 열린 노동총연맹-산별회AFL-CIO 회의에서 강연을 하기로 돼 있었다. 힝클리는 대통령의 일정을 확인하고 출구에서 레이건이 나오기를 기다렸다가 방아쇠를 당겼다. 총알은 레이건의 심장을 스쳐 폐 깊숙이 박혔다. 레이건은 출혈이 심했지만 다행히 오랜 시간 수술 끝에 목숨을 건질 수 있었다.

암살이 미수로 그친 후 힝클리는 현장에서 체포됐다. 그는 재판에서 살인미수를 비롯한 13개 항목의 죄로 기소됐다. 그는 자신이 정신이상이라고 항변했고 심신상실의 이유로 살인미수에 대해 형사책임의 면제를 받아 치료감호 3년형만을 처분받았다. 힝클리의 부모는 막대한 비용을 들여 당대 최고 변호사들을 선임했고 정신과학 분야의 권위 있는 의사들과 심리학자들을 총동원해 정신감정을 촉탁했다.

조디 포스터의 스토커 힝클리 주니어
(1955년~현재)

하지만 힝클리는 즉시 자유를 되찾지는 못했고 부정기형으로 치료감호를 처분받았다. 치료감호소에서 그는 자신의 정신병이 완치됐으니 석방시켜줄 것을 여러 차례 요구했으나 모두 거절됐다. 이후 보호관찰 처분 상태로 지내다 2016년에야 석방됐다. 그에 대한 보호관찰은 연장에 연장을 거듭해 2022년 6월 16일에서야 종료됐다. 그는 현재 SNS 활동과 다양한 예술 활동을 하며 지내고 있다. 참고로 아버지 존 힝클리 시니어는 월드비전 미국의 대표, 석유회사 밴더빌트Vanderbilt 에너지 코퍼레이션의 이사장까지 역임한 인물이다.

힝클리는 대통령을 암살하려 했지만 정작 그가 병적으로 집착한 대상은 포스터였다. 그는 대통령을 암살하기 전, 포스터에게 이런 메시지를 보내기도 했다. "지난 7개월 동안 너의 관심을 끌기 위해 시와 편지와 사랑의 메시지를 담아 보냈어. 내가 몇 번 전화를 하긴 했지만 난 너에게 다가가 내 자신을 소개할 만큼 강심장은 아니었어. 내가 이런 일을 하는 건 너에게 뭔가를 보여주지 않고는 버틸 수가 없어서야."

힝클리는 1976년에 개봉한 영화 〈택시 드라이버〉를 보고 포스터를 스토킹하기 시작했다. 1980년 포스터가 예일대학교에

입학하자 그는 거처를 예일대학교가 있는 뉴헤이븐New Haven으로 옮기기까지 했다. 그는 포스터가 수강하는 글짓기 수업을 청강했고, 포스터의 방문 앞에 시와 편지를 남기거나 직접 전화를 걸기도 했다.

하지만 그의 애정 공세는 포스터의 시선을 전혀 끌지 못했다. 이후 포스터의 관심을 끌기 위해 비행기 하이재킹Hijacking* 을 하거나 포스터의 거처 앞에서 자살하는 등의 방안을 고민하기 시작했다. 그러던 중 대통령을 암살하면 자신이 포스터와 대등한 인물이 될 거라는 망상에 빠지게 됐고 지미 카터Jimmy Carter 대통령을 암살하기 위해 쫓아다니기 시작했다.

암살을 준비하던 중 힝클리는 테네시Tennessee에서 무기소지죄로 체포됐고 이후 집으로 돌아가 우울증 치료를 받아야 했다. 1981년에 영화배우 출신의 레이건이 새로운 대통령으로 선출되자 그는 암살 타깃을 레이건 대통령으로 바꿨다. 그는 대통령 암살을 성공시키기 위해 존 F. 케네디John F. Kennedy를 암살했던 리 하비 오스왈드Lee Harvey Oswald에 관한 자료를 수집하기도 했다.

힝클리의 대통령 암살미수 사건 이후 서구에서는 스토킹이라는 용어가 급격히 퍼지게 됐다. 즉, 1980년대 후반과 1990년대 초반에 이르러서야 지금처럼 통용되는 의미로서 스토킹이 사용되기 시작한 것이다. 그러던 중 스토킹과 관련된 입법을 이

---

* 운행 중인 항공기나 선박 등을 납치하는 것이다.

23

끌어낸 사건이 캘리포니아에서 발생했다.

1989년, 영화 〈대부 3〉의 오디션을 준비 중이던 영화배우 레베카 쉐퍼Rebecca Schaeffer는 집에서 영화 대본이 도착하길 기다리고 있었다. 쉐퍼는 초인종 소리를 듣고 현관문을 열었다. 하지만 그녀의 눈앞에 서 있는 사람은 전혀 모르는 낯선 남자였다. 그의 이름은 로버트 존 바르도Robert John Bardo로 쉐퍼의 오래된 팬이자 그녀에게 집착하던 스토커였다. 쉐퍼는 바르도가 쏜 총에 맞아 병원으로 이송됐지만 사망하고 말았다. 바르도는 애리조나로 도주했다가 다음 날 체포됐다. 체포 당시 그의 지갑엔 쉐퍼의 사진이 있었다.

바르도는 쉐퍼가 촬영 중인 세트장에도 여러 번 찾아갔지만 번번이 저지당했다. 게다가 쉐퍼가 러브신을 찍는 것을 보고는 격분하기도 했다. 바르도는 순결함을 잃은 쉐퍼가 벌을 받아야 한다고 생각했다. 그리고 그녀가 더 이상 더러운 행동을 하지 못하도록 목숨을 빼앗아 자신이 영원히 그녀를 소유해야 한다고 생각하기에 이른다.

한편 바르도의 변호사는 재판에서 그에게 정신건강의학적 문제가 있음을 지적하면서 심신상실을 주장했다. 그의 형제들 역시 그에게 정신적으로

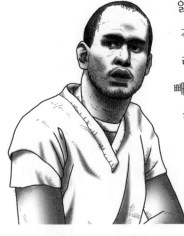

레베카 쉐퍼의 스토커 바르도
(1970년~현재)

24

문제가 있다고 증언했다. 다행히 재판부는 바르도에 대한 심신 상실 주장을 받아들이지 않았다. 결국 바르도는 1급살인 혐의로 유죄를 선고받고 가석방 없는 종신형에 처해졌다.

쉐퍼의 죽음은 당시 미국 사회를 강타했다. 그녀의 사망은 충분히 예측할 수 있었던 일이었다. 광팬의 스토킹 행각을 미리 막았더라면 아리따운 젊은 여배우가 희생당하는 일이 벌어지지 않았을 거라는 문제의식이 미국의 시민사회에서 들끓었다.

당시 사건 발생 이후 피해자의 의사에 반하는 스토킹 행위는 중죄로 간주하는 반反스토킹 법안이 1990년 미국 캘리포니아 주에서 최초로 입법됐다. 이후 스토킹 방지법은 미국의 50개 주에서 현재까지도 중죄로 인정되고 있다. 현재 미국의 각 주에서는 조금씩 다른 스토킹 방지법을 채택하고 있지만 공통적으로 네 가지 특징에 따라 스토킹을 정의하고 있다.

1. 스토킹은 '연속적 행동'을 의미한다. 그러므로 편지, 이메일, 전화 등에 의한 폭력과 같은 특정한 행위가 단발성이 아닌 반복적으로 이뤄져야 스토킹이라고 할 수 있다. 대부분의 주에서는 폭력적 행위가 두 번 이상 발생할 시 스토킹으로 간주하고 있다.
2. 스토킹은 개인의 프라이버시에 대한 권리를 침해하는 행동이다. 레스토랑이나 바, 온라인 등 공중 장소에서 스토킹이 일어난다고 해도, 미국 법은 공적인 장소에서도 개인의 프라이버시를 지킬 수 있는 권리를 인정한다.

3. 협박이나 폭력의 증거가 있어야 한다. 협박과 폭력의 수위는 '합리적인 사람'이 공감할 수 있는 정도에서 생각할수 있다. 어떤 특정 행위들이 일반적으로 문제가 있다고여겨진다면 스토킹이 성립될 수 있다.
4. 스토킹은 가해자와 피해자 간의 직접적인 대화뿐만이 아니라 피해자의 가족이나 친구, 애완동물, 재산에 대한 간접적인 위협의 암시로도 성립될 수 있다.

2) 스타킹에서 스토킹으로

이제 스토킹은 우리를 모두 두려움에 떨게 만드는 용어가 됐다. 그러나 「스토킹 범죄의 처벌 등에 관한 법률(약칭: 스토킹 처벌법)」이 시행된 지 불과 3년이 채 되지 않았듯 스토킹의 위험성은 최근에 와서야 주목을 받았다. 잔인한 살인사건들을 파헤치는 과정에서 피해자가 당한 스토킹의 흔적들이 관찰되는 경우가 점점 늘어나고 있다. 하지만 스토킹으로 인한 괴로움을 덜어보고자 경찰에 신고했음에도 수많은 피해자들이 방치된 채 죽음으로 사건이 종결되곤 했다.

우리나라에서도 김태현 세 모녀 살인사건, 전주환 역무원 살인사건 등 최근 발생한 사건들이 스토킹 행위가 살인에까지 이를 수 있음을 적나라하게 보여줬다. 심지어 피해자뿐만 아니라 피해자의 가족까지도 범행의 대상이 될 수 있다는 공포를 대중에게 각인시켰다. 또한 스토킹이 유명인과 같은 특정 사람들만의 문제가 아니라 일반인들에게도 일어날 수 있는 일이며, 사법기관에 신고를 해도 피해자가 별다른 보호를 받지 못할 수 있다는 사실이 점점 더 알려지고 있다.

형사재판에서 피해자는 단지 사건을 입증하기 위한 참고인일 뿐 형사재판의 당사자가 아니다. 민사재판에서는 가해자와 피해자가 원고와 피고로 나뉘지만, 형사재판의 당사자는 검찰과 피고인, 다시 말해 검사와 가해자라고 할 수 있다. 형사재판은 철저히 피고인을 중심으로 가해자의 인권을 최대한 침해하지 않는 방식의 형사소추 절차에 따라 진행된다.

피해자가 상해를 입거나 경제적 손실 등의 피해를 받은 경우에는 검찰이나 법원에서 피해의 정도를 산정하기가 쉽다. 그러나 피해의 정도를 가시적으로 파악하기 힘든 경우에는 형사재판에서 피해자가 재판의 당사자가 아니다 보니, 피해자의 호소를 중히 다루지는 않는다. 특히 스토킹 범죄는 폭행이 일어나지 않은 경우 외관상으로 드러나는 피해의 증거들이 없다. 따라서 스토킹으로 인해 느끼는 피해자의 공포나 두려움을 검사나 판사에게 제대로 이해시키기가 어렵다.

스토킹과 관련된 대부분의 형사재판에서는 자신의 호의를 오해한 것이라는 가해자의 주장에 피해자의 호소가 묻힌 채 재판이 진행되는 경우가 허다하다. 이렇듯 피해자가 느끼는 두려움을 사법기관에 이해시키는 일은 매우 힘들다. 하지만 영미 사법제도에서는 합리적인 수준에서의 두려움이라는 것을 스토킹 범죄의 핵심 요건으로 다루고 있다.

우리나라에서는 스토킹이라는 단어가 언제 처음으로 등장했

을까? 1929년 3월 14일자 〈동아일보〉를 보면 "조선여성의 의
상취미"라는 제목으로 1920년대 여성들이 서양에서 들여온 스
커트나 스토킹과 같은 의복을 받아들이면서 의복에 변화가 생
겼다는 기사가 등장한다. 여기서 말하는 스토킹은 현재 우리가
논의하고 있는 스토킹이 아니라 스타킹Stocking을 '스토킹'으로
표기한 것이다.

　이후 1970년대 중반까지 스토킹은 여성이 입는 의복을 의미
하는 말로 쓰였다. 그러다가 스토킹이라는 단어가 범죄 사건에
서 처음 등장한 것은 1976년 4월 15일자 〈동아일보〉 기사에서
다. "대낮 명동에 3인조 복면강도 미용원 침입, 인파 속 도주"라
는 제목의 기사에서 3인조 복면강도가 스토킹을 얼굴에 쓰고
강도를 벌인 사건을 다루고 있다. 또 같은 해 12월 18일자 〈동
아일보〉 기사에서도 스토킹이라는 단어가 나타났다. "안방서
목졸린 채 여공변사"라는 제목의 기사에서 스토킹으로 목이 졸
린 채 사망한 여공을 동생이 발견한 내용이다.

　1990년대에 들어서면서 스토킹이라는 단어는 현재 우리가
알고 있는 스토킹이라는 의미로 쓰이게 된다. 1993년 6월 15일
자 〈조선일보〉 "어린 피해자 약물중독 많아 치료시급"이라는 제
목으로 미국의 미시간주립대학 메리 모래시Merry Morash 교수의
인터뷰에서 스토킹이 나온다. 〈미국 성폭력 위기 센터와 보호
시설〉에 대한 발표를 위해 방한한 그는 "요즘은 여자 뒤를 집요
하게 따라다니며 겁을 줘 무력감을 느끼게 하는 스토킹이 새로
운 성폭력 유형으로 등장하고 있습니다. 몇몇 주 정부에서는 이

런 가해자를 처벌하는 법을 마련했지요"라면서 스토킹이라는
단어를 사용했다.

이후 1998년 3월 5일자 〈동아일보〉의 "구애 가장한 '인간진
드기' 스토커가 당신을 노린다"라는 제목의 기사를 기점으로 스
토킹 피해와 위험성에 대한 기사들이 연이어 나오기 시작한다.
1998년에는 스토킹 관련 기사가 29건으로 확인됐고, 1999년에
는 81건의 기사가 쏟아져 나왔다.

이와 같은 흐름은 한국성폭력상담소 상담통계에서도 확인된
다. 1997년부터 공개된 한국성폭력상담소의 상담현황 분석자
료에서 스토킹이라는 단어를 찾아볼 수 있다. 분석자료를 보면
당시 스토킹 피해자들이 있음에도 불구하고 처벌 규정이나 인
식이 전무한 상태라고 밝히고 있다.

"성추행 상담은 699건(42.5%)으로, 증거를 확보하기 어려워 대
응에 어려움을 호소하는 상담이 많았다. 이 중 언어추행으로 전
화·음성 사서함·PC통신·인터넷 등 신종 매체에 의한 성폭력
이 성행하고 있는데, 처벌과 발신자 추적이 가능해지긴 했으나
가해자 검거는 현실적으로 어려운 경우가 많았다. 또한 수치심
과 모욕감을 주는 직장 내 성희롱 상담이 많이 들어오고 있는데
법적 해결은 아직도 요원한 상태다. 이 외에, 상대가 싫다고 하
는데도 계속 따라다니는 성적 괴롭힘(일명 스토킹)은 피해자에게
심한 정신적 고통과 신체적 위협을 느끼게 하는 데도 불구하고
처벌 규정이나 인식이 전무한 상태이다."

이어서 1998년에는 스토킹에 관한 문의가 증가했다면서, 공식 통계에 스토킹 항목을 추가하고 다음과 같이 언급했다.

"상대방이 거부 의사를 밝혔음에도 불구하고 집요하게 따라다니며 심적 부담과 일상생활에 피해를 주는 스토킹이 사회문제로 대두됐다. 신체적인 접근과 상해가 있는 경우나 음란한 내용의 전화, 편지 등에 대하여는 성폭력 범죄에 해당돼 처벌이 가능했지만 스토킹은 해당 법규가 없어 대책이 막연했다. 1998년 하반기 이후 매스컴에서 스토킹을 계속해서 다루게 되면서 그동안 속수무책이던 피해자들이 대책 마련에 대한 상담을 의뢰하고 있다. 스토킹 상담은 전체 상담의 10%(11월: 22/277건, 12월: 25/263건)에 달하며 피해 내용도 심각한 수위에 이르고 있다. 본 상담소에서는 상담소 법률자문위원들과 스토킹 방지법 제정을 위해 협의, 법안 상정을 준비하고 있다."

우리나라에서 진행된 스토킹 관련 연구에서도 비슷한 흐름을 읽을 수 있다. 1998년 삼성생명 사회정신건강연구소에서는 서울시에 거주하는 20~30대 여성 1,327명과 남녀 연예인 106명을 대상으로 스토킹 실태에 대해 조사 연구를 실시했다. 해당 연구는 국내에서 스토킹과 관련해 진행된 최초의 조사 연구라 할 수 있다. 연구 결과에 따르면 일반 여성의 30퍼센트, 연예인의 41.5퍼센트가 스토킹 피해를 입은 것으로 조사됐다. 1998년에 이미 한국에서도 스토킹이 특정 인기 연예인에게만 국한된 문제가 아니라 일반적으로 나타나는 현상이었다는 것을 짐작할 수 있다.

또 같은 해 동국대학교에서는 〈스토킹 범죄의 실태와 그 대책에 관한 연구〉라는 제목으로 석사학위 논문도 발표됐다. 저자인 이창한은 학위 논문을 통해 미국, 영국, 일본에서 스토킹 범죄에 대해 어떻게 대처하고 있는지 소개한다. 또한 대한민국에서는 스토킹 피해자가 범죄 피해자 구조 제도의 대상조차 되지 못하고 있다는 현실을 꼬집었다. 더불어 스토킹을 개인적인 일로 치부해 경미하게 처벌할 경우 스토커의 특성상 스토킹 행위를 계속 이어갈 것이므로 엄중한 법 집행을 해야 한다고 강조했다.

앞서 살펴본 것처럼 우리에게는 새로운 개념이었던 스토킹이 1993년에 처음으로 언론을 통해 소개된 이후부터 스토킹 범죄에 대한 보도가 이어졌다. 오늘날에 이르러서는 과거에 단순히 경범죄로 분류되던 스토킹에 대한 인식이 서서히 바뀌고 있다는 것을 확인할 수 있다. 스토킹과 관련해 상담을 받기 위한 내담자가 증가했고, 스토킹 실태에 대한 조사와 연구가 서서히 이뤄지기 시작했다. 그럼에도 스토커를 처벌하기 위한 법은 발의와 폐기를 반복하다가 2021년에 이르러서야 제정됐다. 안타깝게도 스토킹 관련 법이 마련됐다고 해서 우리를 안전하게 지켜주지 않는다는 사실은 그간에 일어났던 잔인한 살인사건을 통해 알 수 있다. 사냥감을 뒤쫓는 사냥꾼의 행위를 의미했건, 스타킹을 스토킹으로 표기했건, 이제 스토킹은 의미의 전복을 통해 범죄 용어이자 심각한 사회문제로 인식되고 있다. 다음 장부터는 스토커의 심리와 피해자가 고통에서 벗어날 수 있는 방법을 살펴보며 스토킹으로부터 자신을 안전하게 지킬 수 있는 방안에 대해 모색해 보겠다.

II

추적, 집착 그리고 반복
일상의 공포와 스토킹 유형

　범죄로 분류해 규정하기 이전에 스토킹은 그저 구애의 한 방법일 뿐이었다. 그러나 「스토킹 처벌법」이 제정된 이후인 최근에 이르러서는 스토킹에 대한 대중의 인식이 달라지고 있다. 우리나라보다 먼저 법을 제정한 나라들도 잔인한 스토킹 살인사건이 일어난 후에야 비로소 위험성을 인지하고 스토킹 처벌법을 만들었다. 미국, 호주, 영국 등에서도 법을 만든 후에 스토킹에 대한 인식이 달라졌다.

　사실 스토킹은 모두가 알고 있었지만 뒤늦게 범죄로 인식한 행위다. 법의학 심리학자이자 형사 및 민사 사건 자문위원 그리고 미국 UC샌디에이고대학교University of California, San Diego 리드 멜로이J. Reid Meloy 교수가 1998년 발표한 저서 《스토킹의 심리학The Psychology of Stalking》의 서문에서도 "이전부터 알고 있었지만 새로운 범죄"로 스토킹을 규정한 바 있다.[1] 오늘날 스토킹은 폭력 및 위협적 행동과의 관련성, 끈질기게 반복적인 특성

때문에 심각하게 진화하는 사회문제로 대두되고 있다.[2]

심각한 사회문제로 자리 잡았음에도 스토킹에 대해 정의를 내리는 일은 무척 어렵다. 스토킹이 무척 다양한 형태를 띠고 있고 반복적이고 교묘하며 다면적으로 발전해 나가는 속성이 있기 때문에 범죄심리학적, 정신의학적 또는 그 어떤 관점에서든 간단하게 한 줄로 정리하기가 쉽지 않다. 법률적 시각에서도 마찬가지다.

다른 분야는 그렇다 치더라도 법으로 스토킹을 제대로 정의하지 못하는 결과는 커다란 혼란을 야기한다. 스토킹 행위가 법률로 명확하게 규정돼 있어야 처벌이 가능하고, 나아가 시민의 안전을 위한 효과적 대응 방안까지 구축할 수 있기 때문이다. 이와 관련해 우리나라뿐만 아니라 세계 여러 국가에서도 스토킹 법률 제정과 집행 초기에 시행착오가 종종 일어나기도 했다.

스토킹 처벌법을 처음 제정해 시행한 대부분의 국가에서는 공통적으로 해당 법안만으로는 피해자를 보호하기에 적합하지 않다는 것을 발견했다. 뒤늦게나마 대안으로 스토킹 피해자 보호 명령이 신설돼 포함되는 등 뼈아픈 통과의례를 치렀다. 어찌 됐건 아직까지도 세계의 많은 국가에서 예방보다는 사건

UC샌디에이고대학교 심리학과 교수 멜로이

발생 후 대처하는 현실에서 벗어나지 못하고 있다. 또한 자국의 스토킹 법률에 대한 비판과 논의가 지속되고 있다.[3]

우선 스토킹에 대한 이해를 심화해야 한다.[4] 해외에서는 비교적 일찍부터 연구자들이 스토킹 연구에 매달렸다. 2000년대 트로이 맥이완Troy McEwan과 연구자들의 논문을 살펴보면, 대부분의 스토킹 사건이 표면적으로 유사하게 보이는 것은 스토커들이 비슷한 종류의 행동을 수반하는 경향성 때문이라고 언급한다.[5] 결과적으로 스토커가 보이는 행동은 비슷하지만, 각각의 사건을 자세히 들여다보면 개별 스토커의 가해 행위와 피해자에 대한 행동 패턴은 무척 다양하다.

다양한 행동의 근저에는 관계에 대한 강박적 집착Obsessive relational intrusion이 있다.[6] 스토커와 피해자 사이의 관계에서 나타나는 강박적 집착은 반복적 통화 및 문자, 악의적 접촉, 루머 유포, 지속적 괴롭힘, 원치 않은 접근 등의 행위로 나타난다.[7] 그러나 모든 스토커가 이 같은 모든 행동을 행하지는 않는다. 예를 들어, 어떤 스토커는 루머 유포만 하고, 다른 스토커는 피해자 앞에 등장하지 않은 채 SNS나 전화 같은 통신 매체로만 스토킹을 하는 경우도 있다. 이처럼 다양한 행동 양식으로 나타나는 스토킹을 파악해야만 범죄 예방이나 피해자 보호 등의 방안을 모색할 수 있다.

범죄심리학이나 정신의학 등 관련 분야의 전문가들은 스토커와 스토킹 행동을 이해하는 데 도움이 되는 다양한 유형을 제안했다. 그러나 각각 자신의 분야에서 유용하도록 스토킹 유형을 분류하는 데 그쳤다. 즉 경찰, 법원 또는 교정 시설 등 관련 평가를 수행하는 실무자에 따라 스토킹 유형의 쓰임과 기준이 각기 다르게 개발된 것이다.[8]

그럼에도 불구하고 스토킹 유형의 분류 이후 사법적 개입이 효율적으로 가능해지면서 스토킹이 강력 범죄로 발전하지 않도록 막아주는 것으로 평가되고 있다.[9] 과연 스토킹에는 어떤 유형이 있을까? 그리고 우리나라에서만 나타나는 스토킹 유형의 특징은 무엇일까? 평범한 사람들 사이에 강박적 집착과 폭력을 행사하는 범죄자들이 숨어 있을 것이라는 일상적 공포의 진짜 모습은 무엇일까? 반복되는 피해를 입으면서도 그것을 전혀 예상할 수 없는 근원적 두려움을 야기하는 스토킹의 유형에는 어떤 것이 있을까?

1. 인간의 정신과 스토커 _정신건강의학

'멀렌의 스토킹 유형'은 1999년 법정신의학자 폴 멀렌Paul E. Mullen 교수와 임상심리학 전문가들이 모여 개발한 스토킹 유형이다. 멀렌과 연구진은 스토커가 피해자를 스토킹하게 된 동기 및 스토킹이 발생하게 된 맥락에 가장 많은 관심을 뒀다. 그리고 피해자와 스토커 사이에 발생했거나 혹은 스토커에 의해 주장되기는 했지만 사실상 존재하지도 않았던 스토커와 피해자 관계의 특성, 스토킹 행위를 가능하게 만든 정신질환의 역할을 고려해 유형을 완성했다.

법정신의학자 멀렌

멀렌의 스토킹 유형 덕분에 우리는 스토킹 사건을 자세하게 이해하게 되었다. 전문 기관에서도 스토킹 가해자에 대한 위험성을 평가하고 분류할 때 많은 도움을 받는다. 나아가 스토킹 가해자의 치료와 관리에 도움이 되는 정보를 얻게 되었다.[10] 멀렌은 거부당한 스토커Rejected stalker, 분노형 스토커Resentful stalker, 친밀감 추구형 스토커Intimacy seeking stalker, 무능한 구혼자형 스토커Incompetent suitor, 약탈형 스토커 Predatory stalker 등 다섯 가지 유형으로 스토커를 분류했다.

1) 거부당한 스토커

거부당한 스토커라는 명칭에서 보여주듯이 멀렌과 연구진들은 스토킹 행위가 상대방의 거절에 대한 복수심에서 야기된다고 봤다. 이 유형은 피해자와의 친밀한 관계가 깨졌을 때 이를 회복하기 위해 노력하다가 거절당하면 종국에는 복수심에 스토킹을 저지른다. 피해자는 대개 이전에 성적으로 친밀했던 사람일 개연성이 매우 높다. 성적으로 친밀한 관계에 있던 파트너 외에도 가족, 친한 친구 또는 스토커와 매우 가까운 관계에 있었던 사람들도 그 표적이 될 수 있다.

멀렌의 스토킹 유형[11]

	거부당한 스토커	분노형	친밀감 추구형	무능한 구혼자형	약탈형
스토킹	친밀한 관계가 붕괴하는 맥락에서 발생	스토커 본인이 누군가에게 학대 당했다고 생각하거나 부당함이나 굴욕감을 느낀 맥락에서 발생	친교관계가 협소하고 사회적 소외감을 경험하는 맥락에서 발생	사회적 소외감을 느끼면서 애정욕구에 몰두하는 맥락에서 발생	일탈적인 성적 행동에 집중하는 맥락에서 발생
피해자	연인, 가족, 친한 친구 등 스토커와 매우 가까운 관계에 있었던 사람	스토커는 자신을 학대했다고 생각하지만 실제로는 단순 지인 또는 낯선 사람	유명인, 지역 인사 등 많은 사람들에게 매력을 인정받고 있는 사람	단순 지인이나 낯선 사람	성적 대상으로 느껴지는 여성 (가해자가 대부분 남성)
초기 동기	관계 회복, 피해자에 대한 통제감 확보	수치심이나 손상된 자존심 회복 도모	실제로 존재하지 않은 상대방과의 친밀감, 피해자와 이미 깊은 관계를 맺고 있다는 믿음 등 피해자에 대한 망상 관련 정신질환	일시적인 데이트나 단발적인 성관계	가해자의 성적 만족을 얻으려는 시도, 성폭행
최종 목적	피해자를 통제하여 우월감 획득	분노표출, 자존심 훼손에 대한 피해자 처벌	매력적인 인물과 친밀한 관계를 통해 사회적 고립감 탈피와 자존감 상승	친밀한 관계형성을 통해 사회적 소외감 탈피	성적 쾌락

39

거부당한 스토커는 피해자에게 양면적 태도를 취한다. 겉으로는 관계 회복을 위해 노력하는 것처럼 보이지만, 마음속으로는 강한 복수의 칼날을 갈고 있다. 이들이 스토킹 행위를 장기간 지속하는 경우는 주로 피해자와 자신이 계속해서 친밀한 관계에 놓여 있다고 믿을 때다. 심지어 이들은 자신이 스토킹하는 상대방이 더 이상 자신과 연인관계가 아니라는 사실을 자각하지 못한다.

특히 거부당한 스토커 유형은 국내에서 일어났던 스토킹 사건의 가해자들과 유사한 점이 많다. 2021년 7월 18일 제주도에서 일어난 중학생 살인사건의 가해 주동자 백광석, 2021년 서울시 중구 오피스텔 살인사건의 가해자 김병찬, 2022년 천안시 원룸 살인사건의 가해자 조현진, 2023년 서울시 금천구 시흥동 스토킹 및 살인사건의 가해자 김모 씨 등이 대표적이다.

이 사례에서 나타난 스토킹 살해사건의 가해자들이 거부당한 스토커의 전형적인 특징을 보여준다. 주로 피해자와 친밀한 관계였던 가해자들은 피해자의 이별 통보를 받아들이지 못하고 복수심에 스토킹을 시작한다. 이들은 평범한 사람들과는 다르게 친밀한 관계의 붕괴와 헤어짐을 정상 범위에서 벗어나는 수준으로 받아들인다.

대표적으로 2021년 서울 중구 소재의 한 오피스텔에서 발생한 살인사건을 살펴보자. 사건의 가해자 김병찬(당시 35세)은 2021년 11월 19일 경찰의 신변보호를 받던 여성을 흉기로 살해한 혐의로 구속 기소 됐다. 그는 2020년 1월부터 약 1년 반 동안 피해자와 교제했다. 하지만 피해자가 김병찬의 폭력적 성향과 경제적 무능력을 이유로 결별 의사를 표시하자 이를 받아들이지 못하고 피해자를 집요하게 찾아가 주거침입·협박·감금 등의 스토킹 행위를 일삼았다.

사건 당시 피해자는 착용하고 있던 스마트워치로 긴급구조 요청을 보냈다. 피해자가 도움을 요청한 지 12분 만에 도착한 경찰은 얼굴 등을 둔기로 맞아 심하게 다친 상태로 발견된 피해자를 병원으로 이송했다. 하지만 피해자는 결국 숨졌다. 김병찬은 피해자를 스토킹한 혐의로 1년간 다섯 차례나 경찰에 신고됐지만 구속되지 않았다. 마지막 범행 열흘 전에 이르러서야 법원으로부터 접근금지를 포함한 잠정조치를 받았지만 김병찬은 아랑곳하지 않았다. 피해자는 결국 김병찬에게 살해당했다.

이 사건에서 거부당한 스토커의 전형을 확인할 수 있다. 가해자인 김병찬은 "수사기관에선 (지난해) 6월에 헤어졌다고 하는데, 제가 다시 만나자고 해서 (피해자와) 만남을 이어가다 (올해) 8월 말에 헤어지기로 합의했다"라고 주장했다. 김병찬은 피해자와 헤어진 사이였다는 것을 부인했다. 또한 피해자와 사귀는 사이였기 때문에 이 기간에 이뤄진 스토킹은 성립하지 않는다는 입장을 보였다. 과연 그의 주장은 사실일까?

피해자의 동생은 "언니(피해자)가 이별 통보한 날이 이별 시점이다"라며 "(김병찬이 올해 8월 말에) 이별에 합의했다는 식으로 말하는데, 언니가 무서워서 떨면서 (다시 만나자는 말에) 알겠다고 한 것이다"라며 피해자가 겪은 상황을 전달했다. 무엇이 진실이고 어느 시점이 맞는 것일까? 어찌 됐건 피해자의 이별 통보 시기와 김병찬이 이별을 받아들인 시기가 서로 일치하지 않는다.

피해자와 가해자의 이별 시점이 사건 발생 1년 전 6월이건, 사건이 발생한 그해 8월이건 이별의 시기를 정확하게 따지는 건 사실 별로 중요하지 않다. 가해자 김병찬이 피해자와의 이별을 성숙하게 받아들이지 못하고 제멋대로 해석하고 변명했던 모습에 주목해야 한다. 연인 사이라고 해도 주거침입·감금·폭행·협박은 용납될 수 없는 명백한 범죄 행위다. 상대방과의 헤어짐을 인정하지 않고 자신에게 유리한 대로 자의적으로 상황을 해석하는 모습은 거부당한 스토커 유형의 전형이라 할 수 있다.

2) 분노형

분노형 스토커는 자신이 누군가에게 학대당했다고 느끼거나 어떤 형태의 부당함 혹은 굴욕의 희생자라고 느낄 때 범죄 동기를 갖는다. 분노형 스토커가 저지르는 스토킹은 정신질환에서 비롯된 편집증적 믿음 때문에 나타나는 경우가 빈번하다. 이들은 자신의 스토킹 행위를 억압적인 사람이나 조직에 맞서 싸우기 위한 행동으로 정당화한다. 피해자는 대부분 가해자와 실제로 친분 관계가 없는 낯선 사람이다. 따라서 일반인의 시선으로는 이들의 행위를 이해할 수 없다.

분노형 스토커는 피해자가 자신을 이전에 지독하게 괴롭힌 적이 있다고 굳게 믿는 경향이 있다. 거부당한 스토커와 마찬가지로 이들 또한 복수의 수단으로 피해자를 스토킹한다. 이들은 자신을 괴롭혔던 피해자를 스토킹함으로써 관계를 전복시켜 피해자와 대등한 위치에 서고자 한다. 또한 자신을 괴롭혔던 피해자를 공포에 떨게 만들고자 한다. 즉, 이들은 피해자가 자신의 스토킹 행위로 인해 공포감을 느낄 때 자신에게 힘과 통제권이 있다고 느낀다. 따라서 이들은 스토킹 행위를 멈추지 않는다.

분노형 스토커에 대한 설명만 보면 쉽게 납득하기 어려울 수 있다. 그러나 2019년에 발생한 진주 방화 살인사건의 가해자 안인득(당시 42세)을 떠올려보면 이해하기 쉽다. 안인득은 자신이 거주하는 아파트에 불을 지르고 대피하는 이웃을 향해 무차별적으로 흉기를 휘둘렀던 방화 살인사건의 가해자다. 그가 저지른 범행으로 다섯 명이 숨지고 열여섯 명이 다쳤다. 사건 당시 안인득이 조현병을 앓고 있다는 사실이 알려지며 조현병 살인이라는 별칭이 붙기도 했다.

하지만 단순히 미친 정신질환에 의한 방화 살인사건으로 여겨졌던 사건은 그가 같은 아파트에 살았던 10대 최 양을 반년 넘게 스토킹했다는 사실이 밝혀지며 그 실체가 드러났다. 사건이 발생한 2019년은 「스토킹 처벌법」 시행 이전이다. 당시 스토킹은 범칙금 8만 원만 내면 되는 경범죄로 분류됐다. 이로 인해 안인득이 스토킹 끝에 피해자 및 아파트 주민들을 살해했다는 사실보다 조현병을 앓고 있던 정신질환자가 방화로 사람들을 살해했다는 데 이목이 집중됐다. 그러나 안인득의 범행을 다시 면밀히 살펴보면 그가 분노형 스토커의 유형에 속한다는 것을 알 수 있다.

안인득의 스토킹 피해자였던 최 양은 큰어머니와 함께 안인득이 거주하는 아파트 바로 위층에 살았던 이웃주민으로, 안인득과 별다른 접점이 없었다. 하지만 어느 날부터 안인득은 최 양의 집에 찾아가 "벌레를 던지지 말라"고 항의했다. 최 양과 큰어머니는 벌레를 던진 적이 없다고 항변했지만 안인득은 최 양의 하교 시간에 맞춰 쫓아다니기 시작했다.

안인득은 이후 최 양의 큰어머니에게도 오물을 투척하고 욕설을 퍼붓는 등 다소 이해하기 힘든 스토킹 행위를 지속적으로 저질렀다. 최 양과 가족은 공포에 떨며 집 앞에 CCTV를 설치하고 경찰에 수차례 신고했다. 하지만 오물 투척과 욕설 등의 괴롭힘과 스토킹 행위는 변함없이 이어졌다. 결국 안인득은 자신을 경찰에 신고하고 배척하는 최 양과 그의 가족들로 인해 격분해 자신이 사는 아파트에 불을 냈고, 불길을 피해 도망쳐 나오는 주민들을 흉기로 찔러 살해했다. 안인득이 휘두른 흉기에 숨진 피해자 중에는 최 양도 포함돼 있었다.

안인득의 행동에서 분노형 스토커의 특징을 확인할 수 있다. 분노형 스토커는 스토킹 피해자가 자신을 학대했거나 괴롭힌 적이 있다고 믿는 등 실제로는 일어나지 않았던 사실을 진실로 믿고 피해의식에 사로잡혀 실제 피해자인 상대방을 진심으로 증오한다. 이는 정신질환에서 기인한 편집증적 믿음에서 비롯한다. 안인득이 최 양에게 괴롭힘을 당했다고 주장하며 스토킹하기 시작했던 것은 조현병에서 주로 나타나는 편집증적 요인과 개연성이 매우 높은 것으로 보인다.

피해자가 행하지 않았던 벌레 던지기와 같은 일도 안인득의 정신질환으로 인한 망상일 가능성이 매우 높다. 또한 그가 피해자인 최 양의 집 앞에 찾아가고 쫓아다니는 등의 스토킹 행위가 찍힌 CCTV 영상을 살펴보면 피해자를 향해 씩씩거리며 분해하는 모습을 확인할 수 있다. 이런 안인득의 모습을 통해 안인득이 피해자를 향한 분노의 감정을 가지고 있었음을 알 수 있다. 이는 분노형 스토커의 전형적인 행태이며 복수를 위한 수단으로 스토킹을 이용하는 가해자의 대표적 특성이다.

체포 당시 안인득은 사건 담당 수사관에게 "내가 바로 피해자이고, 나는 나를 괴롭히는 세력으로부터 스스로를 보호하려고 했다"라는 말만 반복했다고 한다. 사건 조사를 위해 안인득과 면담을 진행한 프로파일러는 그와 정상적인 대화가 거의 불가능했다고 진술했다. 안인득은 지속적으로 "누구도 나를 돕지 않아 직접 나설 수밖에 없었다"고 주장했고, "국정 농단은 나를 해하려는 세력에 의해 일어났다"라는 등의 말을 했다고 한다.

담당 프로파일러는 안인득이 조현병 환자라기보다는 망상장애 환자일 개연성이 더 높다고 보고했다. 안인득은 자신의 범행을 억압적인 사람이나 조직에 맞서 싸우기 위한 행동으로 정당화했고, 최 양과 그의 가족을 자신을 괴롭히는 세력으로 치부해 지속적으로 스토킹하며 괴롭혔다. 안인득의 사건은 조현병이건 망상장애건 정신질환에 의한 편집증적 믿음과 밀접한 관련이 있다고 할 수 있다.

3) 친밀감 추구형

친밀감 추구형에 속하는 스토커는 다른 사람과의 친밀감을 극도로 갈구한다. 이 유형은 지독한 외로움과 친구가 부족한 본인의 상황을 타개하기 위해 스토킹을 저지른다. 또한 자신이 표적으로 삼은 피해자와 감정적으로 교류하고 나아가 친밀한 관계로 발전하기를 바란다.

하지만 피해자는 친밀감 추구형 스토커와 전혀 아는 사이가 아니거나 지나치듯이 인사만 한 경우가 대다수다. 따라서 스토커가 자신과 친해지기 위해 하는 행동들에 당혹감을 느끼거나 불쾌할 수 있다. 스토커들은 이러한 현실에 개의치 않고 피해자와 자신이 이미 관계를 맺고 있다는 망상에 빠진다. 그리고 피해자와 밀접하게 연결돼 있다는 만족감으로 스토킹 행위를 멈추지 않고 지속한다.

이 유형은 유명 연예인 스토킹 사례에서 빈번하게 확인할 수 있다. 연예인의 일거수일투족을 쫓으며 그들의 사생활을 캐는 일명 사생팬이 바로 친밀감 추구형에 속한다. 사생팬은 단순히 팬의 마음으로 접근하지만 어느 순간 선을 넘어 연예인의 사생활을 간섭하고 감시한다. 숙소에 침입해 물건을 몰래 훔쳐 가거나 사진을 촬영하는 등의 행위도 서슴지 않는다. 때때로 해당 연예인과 자신이 진지하게 사귀었다는 루머를 퍼뜨리기도 한다. 전형적인 친밀감 추구형 스토커는 거부당한 스토커 혹은 분노형 스토커 유형으로 진화해 살인미수와 같은 비극을 저지르기도 한다.

2016년 일본의 아이돌 가수 토미타 마유(당시 20세)는 라이브 공연을 마친 이후 공연장 입구에서 오랫동안 자신을 스토킹해왔던 가해자가 휘두른 칼에 목, 가슴 등을 찔려 의식불명 상태에 빠졌다. 가해자는 이와자키 토모히로(당시 27세)였다. 이와자키는 토미타에게 음란 도서를 선물했고 SNS를 통해 저격 글을 올리는 등 지속적으로 스토킹 행위를 일삼았다. 사건 당일 이와자키는 토미타에게 말을 걸었으나 그녀가 대답해주지 않았다는 이유를 들어 칼로 스무 차례나 찔렀다.

토미타는 다행히 의식을 회복했으나 대량 출혈로 인한 뇌경색을 일으켰다. 이후 오른발이 마비되고 심각한 대인공포증을 앓게 됐다. 이와자키는 토미타와 결혼하고 싶어 그 같은 일을 저질렀다고 한다. 친밀감 추구형 스토커의 흔한 망상을 엿볼 수 있다. 하지만 이와자키처럼 살인을 목적으로 한 피습으로 이어진 경우 친밀감 추구형 스토커가 분노한 스토커 유형으로 형태를 바꾼 것으로 볼 수 있다.

연구자들은 친밀감 추구형 스토커가 다른 유형의 스토킹 가해자보다 정신질환을 앓고 있을 확률이 높다는 연구 결과를 제시했다.[12] 가령 정신장애가 없는 스토커와 비교했을 때 조현병이나 망상장애 등이 있는 스토커는 피해자와 친밀한 관계를 맺기 위해 상대방이 원하지 않는 방법으로 연락하거나 선물 공세를 감행한다. 이 유형은 처음부터 상대방을 위협하지는 않고 온순한 모습으로 자신의 위험성을 은폐한다. 그러다 어느 시점에 이르러 극도로 분노할 경우, 특히 피해자에게 거부당했다고 느낄 때에는 살인도 주저하지 않는다.

친밀감 추구형 스토커는 앞서 소개한 거부당한 스토커와 크게 달라 보이지 않는다. 그러나 거부당한 스토커로 소개한 김병찬과 친밀감 추구형인 이와자키의 사례는 다르다. 김병찬은 피해자와 과거 연인관계였기 때문에 피해자는 김병찬을 잘 알고 있었다. 하지만 이와자키는 아이돌 가수였던 토미타의 팬이었기 때문에 피해자는 이와자키를 잘 모르는 상태였다. 이처럼 친밀감 추구형 스토커는 거부당한 스토커 혹은 분노형 스토커로 전이될 수 있어 위험하다.

4) 무능한 구혼자형

무능한 구혼자형 스토커는 얼핏 친밀감 추구형 스토커와 비슷한 듯 보이지만 다르다. 이들은 친밀감 추구형 스토커와 마찬가지로 외로움 해소나 욕망의 충족을 위해 낯선 사람이나 지인을 대상으로 스토킹 행위를 저지른다. 주로 일회성 데이트나 한순간의 성적 욕망을 충족하기 위해 피해자를 스토킹한다. 피해자와 사랑이라는 감정적 교류를 동반한 관계를 형성하길 바라는 친밀감 추구형 스토커와 다른 점이다.

무능한 구혼자형 스토커는 보통 짧은 기간 동안 스토킹을 한다. 또한 자신의 스토킹 행위에 정당성을 부여하며 피해자의 고통에는 무감각하다. 이들은 성욕에 눈먼 스토킹 가해자이기보다 깊은 관계를 맺는 인간적 유대감을 이해하지 못하는 사람일 개연성이 높기 때문이다. 인간적 유대감을 인식하지 못하는 것은 자폐 스펙트럼 장애나 지적 장애로 인한 인지적 한계 또는 부족한 사회적 기술과 관련이 있을 수 있다.

무능한 구혼자형 스토커에 대한 설명을 읽다 보면 머리에 떠오르는 주변 사람이 한 명 정도 있을지도 모른다. 학교 혹은 직장에서 이름 정도만 알거나 이름도 모르는 누군가로부터 관심을 받아본 경험이 있다면 특히 공감하기 더 쉬울 것이다. 그런 사람들은 처음에는 짝사랑 혹은 순애보로 자신의 관심을 포장하며 상대방이 원하지 않는데도 연락을 지속하고 만남을 요구하는 행태로 발전한다. 어떤 경우에는 거절하는 상대방에게 마치 연인처럼 자상하게 말을 걸기도 한다.

이 유형은 사회적으로 다소 어색해 보이고 소통이 잘 안되는 듯한 모습을 보인다. 성욕을 채우기 위해 피해자에게 접근하지는 않지만 자신의 행동이 누군가에게는 불쾌할 수 있다는 점을 자각하지 못한 채 피해자가 불편하게 느끼는 행위를 반복적으로 행할 수 있다. 다행히 다른 유형의 스토커들과 비교했을 때 이들의 스토킹 행위는 수월하게 제지할 수 있는 편이다.

물론 그들의 스토킹을 쉽게 제지하기 어려운 경우도 있다. 서울 노원구 수락산에 있는 사찰에서 일어난 사건이 대표적이다. 가해자는 주방에서 일하던 65세 여성을 약 한 달 동안 스토킹한 70대 방문객이었다. 그는 피해자 여성에게 우연히 사찰에서 만난 인연을 내세우며 지속적으로 호감을 표시했다. 그러나 그녀가 사찰로 "찾아오지 말라"며 냉담한 반응을 보였다. 그는 이에 격분해 둔기로 피해자의 머리를 여러 차례 내리치고 흉기로 복부를 찔러 살해했다. 그는 법정에서 "피해자를 죽인 것은 맞지만 스토킹은 하지 않았다"며 「스토킹 처벌법」 위반 혐의에 대해서는 계속 부인했다. 그러면서 그는 자신의 구애를 매몰차게 거절했던 피해자를 비난했다.

무능한 구혼자형 스토커는 종종 권위 있는 인물이 개입할 경우 스토킹 행위를 중단하기도 한다. 예를 들어, 경찰이나 인사부 또는 회사 보안 담당자의 개입만으로도 이들의 스토킹 행위를 쉽게 저지할 수 있다. 그러나 개입으로 인한 스토킹 행위의 저지는 일시적일 뿐이다. 무능한 구혼자 유형은 근본적으로 자신의 행위를 객관적으로 보지 못하기 때문에 누군가의 개입으로 스토킹 행위를 잠시 동안 멈출지언정 금방 다시 새로운 대상을 찾아 또 다른 스토킹을 할 가능성이 높다.

5) 약탈형

약탈형 스토커는 스토킹 행위를 통해 자신의 일탈적인 성적 판타지와 관심사를 충족하고자 하는 욕구를 강하게 드러낸다. 주로 남성이 스토커이고 피해자는 대부분 가해자가 성적으로 관심이 있는 여성이다. 약탈형 스토커가 저지르는 스토킹 행위는 일반적으로 성적 만족감을 얻기 위해 시작되지만, 성폭행의 전조로서 피해자에 대한 정보를 모으기 위해서도 시작된다.

약탈형 스토커는 성적 만족감을 충족하기 위한 대상을 물색할 때 가해자 자신을 의심하지 않는 피해자에게 접근한다. 가해자는 스토킹을 통해 상대방을 서서히 압박하는 과정에서 자신이 얻는 통제력을 즐기는 유형이라고 할 수 있다. 대표적인 사례로 신당역 스토킹 살인사건의 가해자 전주환을 꼽을 수 있다.

전주환은 서울교통공사 입사 동기로 함께 근무했던 피해자의 신체를 몰래 촬영했다. 이를 빌미로 피해자에게 351차례에 걸쳐 만나달라고 지속적으로 연락을 취했다. 피해자는 먼저 불법 사진 촬영으로 전주환을 고소했다. 이후 전주환은 합의를 종용하는 등 여러 차례 피해자를 협박했다. 이러한 과정에서「스토킹 처벌법」이 입법됐고, 피해자는 그를「스토킹 처벌법」위반으로 추가 고소했다.

전주환은「성폭력 범죄 처벌 등에 관한 특례법」과「스토킹 처벌법」위반 혐의로 각각 기소됐고 1심 검사로부터 징역 9년을 구형받았다. 불구속 상태였던 전주환은 1심 재판부의 선고를 하루 앞둔 2022년 9월 14일 신당역 여자화장실에서 순찰 근무 중이던 피해자를 찾아가 흉기를 휘둘러 살해했다. 전주환은 당시 피해자의 도움 요청을 들은 시민에게 붙잡혀 현행범으로 체포됐다. 그는 경찰 조사에서 징역 9년을 구형받자 앙심을 품고 보복하기 위해 피해자를 살해했다는 취지로 진술했다.

이 사건은「스토킹 처벌법」시행 후 스토킹 가해자를 처벌할 수 있는 길이 열렸다며 환호한 지 약 1년 만에 발생한 것이어서 더욱 충격적이었다. 가해자가 벌을 받을 수 있게 된 상황에서도 전주환은 보란 듯이 피해자를 스토킹하고 죽인 것이다. 전주환의 스토킹 살해사건에서 우리는 피해자를 성적으로 이용하고자 했던 가해자의 뚜렷한 목적에 주목해야 한다.

전주환은 피해자의 신체를 몰래 촬영해 협박하고 이를 빌미로 자신과 만나달라고 지속적으로 요청했다. 이 같은 행위는 진실하고 친밀한 관계를 형성하기 위한 노력과는 거리가 굉장히 멀다. 그는 약탈형 스토커의 전형이다. 그의 범행은 이미 피해자의 신체를 불법으로 촬영할 때부터 시작됐다. 불법 촬영물은 성폭행의 전조로 볼 수 있으며, 이를 이용해 피해자에게 지속적으로 연락하는 등 더욱 강하게 스토킹 피해를 입혔다. 심지어 스토킹으로 고소당하자 원한을 품고 복수하기 위해 피해자를 살해했다.

이처럼 약탈형 스토커가 목적을 달성하지 못할 경우 살인이라는 최악의 결과가 발생한다. 앞서 언급했던 거부당한 스토커와 별반 다르지 않은 전개 과정이다. 전주환과 김병찬은 모두 피해자를 스토킹하다가 솟아오른 복수심에 살인이라는 결론에 도달했지만 동기나 피해자와의 관계에서는 분명한 차이점이 있다. 전주환은 친밀한 관계가 아니었던 피해자를 대상으로 자신의 성적 만족감을 충족하기 위해 피해자를 스토킹했다. 반면 김병찬은 과거 연인관계였던 피해자가 재결합 요구를 거부하자 이별 통보를 인정하지 않고 관계 회복을 위해 스토킹을 저지른 것이다.

2. 스토커의 범행동기_범죄심리학

앞서 소개한 멀렌의 스토킹 유형과 더불어 학계에서 자주 언급되는 스토킹 유형으로는 줄리언 분Julian Boon과 로레인 셰리 든Lorraine Sheridan의 스토킹 유형이 있다. 멀렌의 연구는 가해자 와 피해자의 관계적 맥락 그리고 가해자가 피해자에게 얻으려 한 것이 무엇인지에 따라 스토킹 유형을 분류했다. 분과 셰리든 은 가해자와 피해자의 관계를 바탕으로 가해자가 어떤 목적을 달성하기 위해 스토킹을 했느냐를 핵심 요소로 보고 스토킹 유 형을 분류했다.[13]

두 가지 스토킹 유형 분류법의 공통점은 모두 가해자와 피해 자의 관계를 토대로 스토커 유형을 분류했다는 것이다. 하지만 분과 셰리든의 유형은 멀렌의 유형과는 달리 수사기관의 관점 에서 스토커의 범행 동기 및 스토킹의 유형을 이해하여 수사에 도움을 주기 위한 목적으로 만들어졌다. 경찰과 같은 수사기관 에서도 분과 셰리든의 유형을 통해 좀 더 원활하게 스토킹 유형 을 식별하고 위험성을 판단할 수 있다. 이런 유형화는 스토킹 가해자를 보다 면밀히 관리하는 데 도움이 된다.

분과 셰리든은 124개의 실제 스토킹 사례를 바탕으로 가해 자들의 동기와 성향을 조사해 특징을 분류했다. 스토킹 동기를 위주로 살펴본 결과, 헤어진 연인 스토킹Ex-Partner harassment/ stalking, 상사병 스토킹Infatuation harassment, 망상적 집착 스토킹 Delusional fixation stalking, 가학적 스토킹Sadistic stalking으로 구분 됐다.

분과 셰리든이 제시한 스토킹 유형은 각각의 위험성이 어떻 게 다른지 설명하고 있으며, 각 특성에 맞는 스토커 사례 관리

방법을 제안하고 있어서 실용적이다. 즉, 스토킹 유형에 따라 동반될 수 있는 폭력성과 강력 범죄로 악화될 가능성을 살펴볼 수 있다. 또한, 수사기관에서는 위험성이 높은 스토커를 어떻게 구분할 수 있는지 판단하고, 효과적으로 스토커를 관리할 수 있다.

분과 셰리든의 스토킹 유형[14]

	헤어진 연인	상사병	망상적 집착	가학적
스토킹 의미	전 연인관계였던 피해자와 갈등을 겪으면서 분노와 적개심을 표출하기 위한 방법	피해자와 연인 관계가 되기 위한 방법	피해자와 관련된 망상을 실현하는 방법	피해자를 통제하고 조종하는 방법
피해자와 관계	전 연인, 전 동거인 등 이전에 친밀했던 관계	스토커가 사랑에 빠진 대상	거의 초면이거나 서로 모르는 사이	흠집을 내고 싶은 대상
동기	양육권, 재산 문제 등 피해자와의 갈등	피해자와 친밀한 관계로 발전하고 싶은 광적인 열망	피해자와 친밀한 관계의 사람으로서 역할 행사	피해자를 통제함으로써 우월감 경험
주된 행위	명백한 위협 행위, 언어적 학대, 신체적 위협을 동반한 물리적 공격 등	일방적이고 집착적인 구애 행위	일방적이고 집착적인 행위, 신체적 및 성적 위협 등	피해자의 대인관계 단절 및 사회생활 축소 등 정서적 위협과 신체적 위협
특징	다양한 연령대, 형사사법기관의 개입을 개의치 않음	정신질환은 아니지만 피해자와의 사랑에 대한 판타지를 갖고 있음	피해자의 의사 및 거부를 무시하는 등 피해자의 관점을 고려하지 않음	사디즘이나 가스라이팅과 관련이 있음

분과 셰리든이 분류한 스토킹 유형은 법의학자 및 범죄심리학자 간 평가 신뢰도가 높다. 예를 들어 범죄심리학자는 A라는 스토커를 B유형으로, 정신과 의사는 C유형으로 서로 다르게 분류할 수 있다. 하지만 분과 셰리든의 분류법에 따르면 범죄심리학자와 정신과 의사가 모두 A를 D유형으로 공통되게 분류할 수 있다. 이처럼 전문가들의 분야가 각기 달라도 일관된 결과가 나오는 까닭에 현장에서 일하는 전문가들이 자주 이용하는 분류 유형이다.

1) 헤어진 연인

헤어진 연인 스토킹 유형은 과거에 피해자로부터 쓰라린 아픔을 겪은 뒤 미워하는 마음에서 스토킹을 시작한다. 주로 전 배우자, 전 동거인 등 헤어진 연인관계에서 나타나는 유형이며 스토커는 피해자에 대한 분노를 가지고 있다. 갑자기 격분하는 모습을 보이거나 피해자에 대한 적개심을 드러내기도 한다.

가해자는 피해자와 과거에 친밀한 관계였기 때문에 헤어진 이후로 여러 가지 갈등을 겪을 수 있다. 헤어진 부부 관계라면 자녀 양육 문제, 재산권 문제 등의 이유로 피해자를 더욱더 증오하게 된다. 만약 피해자가 새로운 사람을 만나게 되면 스토커는 질투심을 느끼며 공격적인 모습도 보일 수 있다. 피해자뿐만 아니라 피해자와 가깝다고 생각하는 사람들, 즉 가족이나 지인들도 위협할 수 있다.

헤어진 연인 스토킹 유형은 피해자도 원인 제공을 하고 있기 때문에 자신의 난폭성을 합리화하며 계획적으로 피해자를 괴롭히거나 명백하게 위협적인 모습을 드러낸다. 피해자의 물건을 부수는 등의 재산적 피해도 쉽게 입힌다. 심한 경우 정신적 치료가 필요한 수준의 언어적 공격을 퍼붓거나 생명을 위협하는 폭력도 행사한다. 이전 관계에서 가정 폭력이 있었다면, 스토커는 헤어진 이후에도 여전히 피해자에게 욕설을 내뱉거나 폭력을 행사하는 등 더욱더 쉽게 공격성을 드러낸다. 이 스토킹 유형은 주로 우연한 만남을 가장해 피해자를 괴롭힌다. 자신이 경찰에 체포돼 처벌받을 수 있다는 사실도 개의치 않으며 죄책감이나 양심의 가책을 느끼지도 않는다. 즉, 이 유형은 친밀한 관계에서 나타나는 갈등을 스토킹과 폭력으로 해소하며 피해자를 괴롭히는 것이다.

헤어진 연인 스토킹 유형은 멀렌의 거부당한 스토커 유형과 상당히 유사하다. 앞서 언급한 2021년 7월 18일 제주 중학생 살인사건의 피의자 백광석(당시 48세)을 예로 들 수 있다. 이 사건은 전 파트너 괴롭힘/스토킹 유형으로도 분류된다. 과거에도 옛 연인을 폭행한 전력이 있던 백광석은 사실혼 관계에 있던 여성에게 이별 통보를 받자 앙심을 품고 사건 발생 두 달 전인 5월부터 수시로 피해자의 집에 찾아가 위협과 폭력을 행사했다. 경찰은 7월부터 사실혼 관계 여성과 중학생 아들을 신변보호 대상자로 지정했지만, 백광석의 범행은 막지 못했다.

가해자는 피해자에 대한 격분을 피해자의 주변 사람에게도 표출했다. 백광석은 이별을 통보한 피해자에게 분노했을 뿐만 아니라 피해자가 자신의 아들에게 주는 부모로서의 사랑마저도 몹시 질투했다. 백광석은 철저한 계산과 계획으로 피해자들을 괴롭혔을 뿐만 아니라 지인인 김시남도 끌어들여 함께 아이를 살해했다. 당시 1심 재판부는 "두 피고인이 살해 의도를 갖고 미리 범행을 공모했다. 범행 당시 미리 살해 도구를 준비하지 않았다고 하더라도 충분히 계획 살인이라 볼 수 있다"고 판단했다.

헤어진 연인 스토킹 유형은 폭력 위험성이 높기 때문에 피해자와 스토커의 공간을 완전히 분리해야 한다. 스토커로부터 피해자를 보호하려면 이름이나 주소 등 인적 사항도 바꿔야 하며, 피해자를 완전히 은폐시켜야 한다. 충동성이 높고 난폭한 이 유형의 스토커는 경찰의 경고를 가볍게 무시할 수 있고, 피해자를 위협하기 위해 범죄도 마다하지 않으므로 스토커에게서 신속하고 완전하게 분리할 수 있는 형사사법의 강력한 개입이 필요하다.

2) 상사병

상사병 스토킹 유형은 자신이 사랑하는 사람을 피해자로 삼는다. 사랑하는 사람의 마음을 얻기 위해 피해자에게 원치 않는 꽃을 보내거나 사랑 고백을 담은 편지를 보내거나 피해자의 뒤를 밟기도 한다. 스토커의 머릿속은 피해자와 서로 사랑하는 사이가 돼 행복한 일상을 보내는 생각으로 가득 차 있다. 심지어 우연히 발생한 일들도 피해자와 사랑하는 관계로 발전하기 위한 과정에서 일어난 일이라 착각한다.

예를 들어, 피해자가 체크무늬 셔츠를 입은 것은 스토커 자신이 어제 체크무늬 셔츠를 입었던 것을 보고 따라 입은 것이라 생각하는 식이다. 또 피해자가 경영학 수업을 듣는 것도 스토커 자신이 경영학 전공이라는 사실을 알고 피해자가 따라 들은 것이라 착각하기도 한다. 이처럼 상사병 스토킹 유형이 이야기하는 피해자와의 사랑은 대부분 판타지에 가까운 일들이다. 대부분 피해자와 이전에 친밀한 관계를 가진 적이 없다는 점에서 헤어진 연인 스토킹 유형과는 차이가 있다.

상사병 스토킹 유형의 스토커들은 피해자가 빨리 자신을 알아봐주고 자신과 사랑에 빠지기를 갈망한다. 이들은 스스로 악의가 없다고 생각하기 때문에 우연한 만남을 가장해 피해자 앞에 자신을 드러내거나 주변 사람들에게 피해자에 대한 마음을 드러내기도 한다. 피해자의 친구와 지인들에게서 피해자에 대한 정보를 수집하고 피해자와 친해질 계기를 만들기 위해 항상 피해자를 추적하기도 한다. 이성적 판단으로 피해자를 사랑하기보다 판타지에 가까운 로맨스를 꿈꾼다. 하지만 상사병 스토킹 유형에는 망상과 같은 정신질환은 포함되지 않는다. 이들은 단순히 피해자에 대한 상사병, 즉 광적인 열망 때문에 스토킹을 하는 유형으로 분류된다.

상사병 스토킹 유형은 다른 유형에 비해 위험성이 낮은 편이다. 직접적으로 피해자를 협박하거나 위험이 될 만한 선물을 보내는 모습은 잘 나타나지 않는다. 피해자를 사랑할 뿐 괴롭히려는 의도를 가지고 있지 않으므로 공격적 모습은 보이지 않는다. 그럼에도 불구하고 피해자 입장에서는 자신의 의사를 무시하고 집착하는 모습을 보일 뿐만 아니라 자신의 일상을 감시하는 범죄자에 불과하기 때문에 두려움의 대상이 될 수밖에 없다.

상사병 스토킹 유형이 저지른 사건 중에서 대중에게 쉽게 각인되는 경우는 드물다. 위험성이 낮아 뉴스에 보도될 정도의 범행을 저지르기 어렵기 때문이다. 그 대신 드라마에서는 이 유형이 종종 캐릭터로 활용된다. 사랑을 쟁취하기 위해 과격한 행동도 서슴지 않는 캐릭터가 바로 상사병 스토킹 유형이다. tvN에서 방영한 〈사이코지만 괜찮아〉의 여주인공인 고문영은 특이하면서도 솔직하고 당당한 캐릭터로 그려진다. 그녀는 자신이 원하는 것을 갖기 위해서라면 주변 사람들의 시선 따위는 개의치 않는 성격의 소유자다.

특히 고문영은 남주인공인 문강태의 마음을 얻기 위해 지나친 행동마저도 서슴지 않는다. 문강태가 자신의 애정 표현을 받아주지 않자 그가 다니는 직장을 찾아가는 등 상대방의 의사와는 상관없이 자신이 하고 싶은 대로 행동한다. 심지어 문강태가 옷을 갈아입는 탈의실에까지 들어가 몸매를 감상하는 등 사적인 영역에 침입해 노골적 표현과 불법의 경계를 넘나들며 자신의 감정에만 충실한 모습을 보인다. 물론 고문영은 드라마 속 캐릭터이기에 상사병 스토킹 유형과 정확하게 일치한다고 보기에는 한계가 있다. 그러나 앞서 언급한 모습들만으로도 충분히 상사병 스토킹 유형이 지닌 맥락과 일치하며 그녀의 행동은 스토킹으로 다뤄질 수 있다.

상사병 스토킹 유형을 바로잡기 위해서는 우선 사랑을 잘못 인식하고 있는 인지적 관점에 변화를 줘야 한다. 준법의식과 범법행위에 대한 철저한 교육도 필요하다. 또한 피해자와 물리적 거리를 둠으로써 더 이상 판타지적 희망을 품을 수 없도록 해야 한다. 무엇보다 피해자가 자신의 행위를 얼마나 싫어하고 괴로워하고 있는지 충분히 이해할 수 있도록 반복적으로 강조해야 한다. 만약 스토킹을 지속한다면 자신이 잃게 될 것들에 대해서도 명확하게 이해할 수 있도록 인식시켜야 한다.

3) 망상적 집착

망상적 집착 스토킹 유형은 피해자에 대한 망상을 가지고 있고, 피해자에게 집착하고 매몰돼 있는 모습을 보인다. 조현병이나 심각한 경계성 성격장애 등 정신질환을 앓고 있을 수 있으며 과거 스토킹이나 성범죄 전력이 있거나 폭력 성향이 높게 나타날 수도 있다.

망상적 집착 스토킹 유형은 끊임없이 피해자에게 전화를 걸고 회사를 찾아가는 행동뿐만 아니라 신체적 공격이나 성폭행의 위험성도 지니고 있다. 피해자에게 건네는 말이나 행동을 살펴보면 이성적으로나 합리적으로 납득하기 어려운 부분이 많다. 스토커들은 피해자의 관심이나 사랑을 받고 있다고 주장하지만 피해자가 자신들에게 어떤 사랑이나 관심을 줬는지를 설명하지 못한다. 상사병 스토킹 유형은 피해자도 자신에게 관심을 주고 있다고 착각하는 반면, 이 유형은 피해자의 관점은 아예 생각조차 하지 못한다. 피해자와 상호 작용이 전혀 없었음에도 불구하고 자신이 피해자와 깊은 관계를 나누고 있다고 믿는다.

피해자는 대부분 선망의 대상인 전문가나 유명인사, 연예인 또는 그 지역에서 매력적인 사람으로 인정받고 있는 사람 등이다. 스토커는 자신과 전혀 친분이 없고 심지어 모르는 사이임에도 피해자와 서로 합의된 사이인 것처럼 행세하고 다닌다. 피해자와의 관계에 대한 환상을 넘어 비현실적으로 확신하고 있는 것이다. 만약 자신의 생각이 틀렸다는 것이 확인되면 다른 사람의 탓으로 전가시키며 자신의 망상적 집착을 유지하는 모습을 보인다. 또 피해자가 자신을 사랑하지 않는다는 사실을 누군가가 명확히 자신에게 인식시키려고 하면 피해자가 제3자에게 협박을 받고 있기 때문에 인정하지 못하고 있는 것이라 생각하기도 한다. 그럴 경우 스토커가 제3자도 공격할 수 있다.

아이돌의 사생팬이 망상적 집착 스토킹 유형의 전형적인 사례다. 베이비복스의 멤버 간미연의 사생팬은 자신이 그녀의 남자 친구라고 생각하며 지속적으로 선물을 보내는가 하면 해코지를 하려고 시도하기도 했다. 또 가수 이현우의 사생팬은 자신을 여자 친구라 상상하며 그의 집에 몰래 들어가 집안일을 대신 해놓거나 잠들어 있는 이현우의 옆에서 함께 잠을 청하기도 했다고 알려져 있다.

망상적 집착 스토킹 유형을 바로잡으려면 정신의학적 평가가 선행돼야 한다. 이들은 이성적 판단을 하지 못하고 피해자의 의사나 거절 반응을 전혀 신경 쓰지 않는 등 상대방의 관점을 고려하지 않으므로 치료 목적의 접근법도 고려해야 한다. 피해자는 가급적 스토커와의 논쟁을 피하고 스토커의 행동에 반응하지 않아야 한다. 사법기관에서는 이 유형의 스토커가 피해자의 관점을 전혀 고려하지 않은 채 망상적 집착에 따라 행동한다는 점에 주목해야 한다.

4) 가학성

가학적 스토킹 유형은 피해자를 먹잇감으로 보고 악의적인 의도에서 사냥하고 싶은 사람을 선택한다. 또한 안정된 환경에서 행복해 보이는 피해자를 골라 괴롭히고 흠집을 내면서 스토킹한다. 처음에는 상사병 스토킹 유형처럼 피해자의 관심을 얻기 위해 접근하지만 점차 피해자를 불안하게 만들어 피해자를 통제하고 권력을 행사하려 든다는 점이 다르다. 또 상사병 스토킹 유형이 피해자에게 몰래 연애편지를 주고 온다면 가학적 스토킹 유형은 피해자를 위협하는 내용의 편지를 몰래 전해주고 오는 수준이라 볼 수 있다.

가학적 스토킹 유형은 피해자의 일상을 파괴하기 위해 많은 노력을 들인다. 피해자의 집에 침입해 옷을 찢어놓거나 자신이 피운 담배꽁초를 일부러 두고 오거나 화장실 사용 흔적을 남기는 등의 모습도 보인다. 이처럼 피해자의 집, 직장, 사회관계 등 삶의 모든 측면을 통제하기 위해 위협적인 모습을 서서히 드러낸다. 이를 위해 피해자 가족뿐만 아니라 지인들까지도 스토킹하는 대담함을 보인다. 궁극적으로 스토커는 피해자가 완전히 통제력을 상실하고 무력감을 느낄 때 자신이 우월하다고 생각하기에 이른다.

가학적 스토킹 유형은 성향적으로는 주로 사디즘Sadism과 관련이 있으며 헤어진 연인 스토킹 유형과는 달리 정서적으로 냉담하고 정신병질적 특성을 보인다. 특히 피해자를 통제하는 것을 넘어 조종하려는 모습도 보인다. 피해자를 혼란스럽게 만드는 애정 어린 말과 위협적 태도도 함께 서슴지 않는다. 무엇보다 피해자의 사생활을 없애버리고 사회관계를 축소시키면서 자신의 울타리 안에 피해자를 가두려고 한다. 피해자에게 굴욕적인 말과 혐오감을 느끼게 만드는 이야기를 주로 하면서 피해자의 자존감도 훼손시킨다. 결국 정서적 측면과 신체적 측면을 넘나들며 피해자에게 폭력을 행사한다.

가학적 스토킹 유형은 가스라이팅Gaslighting을 떠올리면 이해하기 쉽다. 우선 심리적으로 피해자를 제압하고 자신이 원하는 대로 조종한다. 피해자의 대인관계와 사회활동을 모두 차단시키고 통제함으로써 스토커 자신은 우월감을 만끽한다. 그러는 사이 피해자는 점점 자신의 가치가 형편없게 추락하는 것을 느끼고 무력감에 젖어들 뿐만 아니라 스토커에게서 영원히 벗어날 수 없다는 인식에 사로잡히고 만다.

2021년 12월 10일 신변보호를 받던 전 여자 친구의 집을 찾아가 그녀의 어머니를 살해하고 남동생을 중태에 빠뜨린 이석준 사건은 가학적 스토킹 유형의 특성을 낱낱이 보여준다. 이석준은 피해자의 이별 통보를 받아들이지 못한 채 지속적으로 연락하고 피해자를 추적하며 스토킹하는 모습을 보였다.

이석준은 살인사건이 일어나기 닷새 전, 자택에 피해자를 감금하고 성폭행을 저지르며 폭력적인 모습을 보였다. 또한 휴대전화로 당시의 모습을 촬영해 협박하는 등 피해자를 통제하고 조종하려고 들었다. 성범죄에서 피해자의 성적인 모습을 영상으로 촬영하는 것은 이후에도 피해자를 자신의 마음대로 조종하기 위해 협박하려는 전형적인 가해 방식으로 볼 수 있다.

피해자는 부모님의 도움을 받아 가해자인 이석준을 경찰에 신고했지만, 형사사법 체계의 허술한 현실 탓에 가해자는 금방 풀려나고 말았다. 이석준은 자신을 경찰에 신고한 피해자에게 보복하기 위해 불법적으로 집 주소를 알아냈고 택배기사를 위장해 피해자의 집에 침입했다. 당시 집에는 피해자의 어머니와 남동생만 있었다. 이석준은 범행 대상을 피해자로 한정하지 않고 자신을 신고한 피해자의 가족들에게도 폭력적 모습을 숨기지 않았다. 결국 피해자는 스토커에게 가족을 잃고 일상이 난도질당하는 공포를 겪어야만 했다.

2023년 4월 27일 이석준은 보복살인, 강간상해, 성폭력 처벌법 위반(카메라 이용 촬영 등), 개인정보보호법 위반, 살인미수, 특수주거침입죄가 모두 유죄로 인정돼 무기징역을 확정받았다.[15] 이석준이 피해자에게 취한 의사소통 방식과 피해자에게 요구하거나 표출한 것에 따라 다른 스토킹 유형으로 설명할 수도 있다. 그러나 언론에 알려진 내용만을 토대로 추론했을 때 이석준은 가학적 스토킹 유형에 해당된다.

이 유형은 매우 위험하고 심각한 수준의 스토킹 특성을 지니고 있다. 가해자가 피해자에게 지속적으로 자신의 영향력을 행사할 가능성이 매우 높은 유형이므로 재범을 막기 위해선 다른 유형처럼 단순하게 접근해선 안 된다. 무엇보다 먼저 피해자를 스토커와 완전하게 분리시켜야 한다. 스토커가 반성적 태도를 보이거나 범행과 관련된 이야기를 한다고 해도 결코 쉽게 믿어선 안 된다. 또한 피해자를 통제하기 위해 범행 대상을 넓히거나 불법적인 일도 마다하지 않으므로 반드시 즉각적으로 제압하고 강제적으로 분리시켜야 한다.

3. 피해자와의 관계_경찰심리학

지금까지 살펴본 유형들은 스토킹 범행 특성, 동기, 피해자와의 관계 등을 다각적으로 검토해 스토킹 범죄를 설명하고 있다. 그러나 서로 다른 유형이 어떻게 구분되며 명확한 차이가 무엇인지를 설명하는 데에는 한계가 있다. 스토킹 유형 분류법의 단점을 보완하기 위해 경찰심리학자 크리스 모핸디Kris Mohandie와 동료들은 가해자와 피해자의 관계 그리고 스토킹의 사회적 맥락을 기반으로 레콘Relationship and context-based, RECON 유형을 개발했다.[16]

레콘 유형은 폭력성과 위험성에 따라 스토킹 행위를 명확하게 구분하고 각 유형별 위험 관리 전략도 제안한다. 주로 판사,

검사, 변호사 등 법 집행과 관련이 있는 사람들이 스토커의 위험성을 예측할 때 많이 활용한다. 법의학 정신건강 전문가, 피해자 인권 운동가 등 다양한 전문가들도 치료 및 심리학적 개입 방안을 제시할 때 참고할 만한 정보들을 담고 있다. 무엇보다 스토킹 유형의 구분법이 간단할 뿐만 아니라 신뢰도와 타당성이 높아 다양하게 활용된다.

RECON 스토킹 유형[17]

종류 I	친밀 관계	피해자와 이전에 연인관계였거나, 성적 접촉이 있었던 스토커 유형
		• 모욕, 간섭, 물리적 폭행 등 직접적으로 위협 • 시간이 지속될수록 스토킹 심각성이 증대하는 경향 • 이전의 성적 친밀감이 높을수록 신체적 공격의 위험도 증대 • 전 애인, 전 배우자, 전 동거인, 전 성적 파트너 등
	지인 관계	피해자와 친밀한 관계는 아니지만, 일면식이 있는 스토커 유형
		• 재산적 피해를 입히거나 간접적으로 위협 • 피해자와 친밀한 관계를 맺기 위한 시도가 나타날 가능성 • 친구, 직장 동료, 고용인 또는 의뢰인 등
종류 II	공적 대상	서로 일면식이 없으며, 피해자가 공인인 스토커 유형
		• 편지, 전화 등 연락을 시도하며 다른 유형에 비해 낮은 폭력성 • 정신병적 질환을 앓고 있을 가능성 • 보안 강화 등 피해자에 대한 접근성이 매우 낮을 경우 극단적 공격성 표출 • 유명인, 연예인, 정치인 등
	사적 대상	서로 일면식이 없으며, 피해자가 일반인인 스토커 유형
		• 피해자와 가까운 곳에 머무르며, 지켜보거나 미행하는 등 감시 • 피해자와 단순히 의사소통을 시도할 가능성 • 정신질환이 있을 경우, 폭력 위험성 가중 • 서비스업 종사자, 우연히 마주친 관계 등

레콘 유형 분류법에서는 네 가지 유형을 종류 I과 종류 II로 구분한다. 종류 I은 가해자와 피해자의 이전 관계를 바탕으로 친밀 관계 스토커Intimate stalkers 유형과 지인 관계 스토커 Acquaintance stalkers 유형으로 나눈다. 종류 II는 사회적 맥락을 고려해 서로 모르는 사이이거나 일시적으로라도 접촉한 경험이 있는지에 따라 공적 대상 스토커Public figure stalkers 유형과 사적 대상 스토커Private stranger stalkers 유형으로 나눈다.

1) 친밀 관계

친밀 관계 스토커 유형은 피해자와 이전에 성적 접촉이 있었던 친밀한 관계인 경우에 해당하며 가장 악질적인 모습을 보인다. 피해자들은 주로 전 애인, 전 배우자, 전 동거인, 전 성적 파트너와 같이 정서적으로 친밀하거나 신체적으로 밀접한 관계에 있던 사람들이다. 가해자는 주로 강력 범죄 전과가 있거나, 알코올 혹은 약물과 관련된 문제를 가지고 있다. 심각한 정신병력은 없으나, 인간이라고 보기에 어려울 정도로 집요하고 공격적인 행태를 보인다.[18]

친밀 관계 스토커 유형은 시간이 흐를수록 더욱더 난폭하고 악랄해지는 경향이 있으며 생명에 위협을 가하는 행동도 서슴지 않는다. 또한 피해자와 성적인 친밀감이 높았을수록 폭력적 모습을 더 쉽게 나타나는 경향이 있다.[19] 만약 피해자를 통제하거나 정서적으로 지배하려다 실패하고 피해자와 분리될 경우에는 과도한 분노와 극단적 공격성을 함께 보이기도 한다. 며칠 또는 몇 주에 걸쳐 난폭한 모습을 드러낼 수 있으며 무기를 사용하거나 자살 하겠다며 위협을 할 수도 있다.

　이처럼 악질적이고 위험성을 크게 드러내는 유형은 심리치료나 약물치료의 효과가 미미할 수 있다. 따라서 우선적으로 피해자와 가해자를 분리해야 한다. 둘을 분리한 이후부터는 가해자의 공격성이 극대화될 수 있으므로 형사사법 체계에서 가해자를 철저하게 감시하고 피해자의 안정성을 절대적으로 보장할 수 있는 방법이 동시에 마련돼야 한다.

2) 지인 관계

　지인 관계 스토커 유형은 여성 스토커가 지니는 특성과 관련이 있다.[20] 피해자와 친밀한 관계는 아니지만 서로 알고 지내는 사이이거나 일면식이 있는 관계에서 주로 나타나며 친구, 직장 동료, 고용인이나 의뢰인이 가해자가 된다. 이 유형은 친밀 관계 스토커 유형보다 폭력성이 낮지만 그렇다고 해서 피해자를 폭행하거나 재산상 손해를 입힐 가능성이 낮은 것은 아니다. 일단 위협이 시작되면 반복적으로 나타나고 비정기적으로 장기간 지속된다. 가해자는 피해자와 관계를 발전시키기 위해 불쾌함을 유발하는 물건을 보내거나 간접적으로 협박을 하기도 한다. 피해자와 정서적 유대감이 낮은 경우 폭력성이 낮게 나타날 수 있지만, 피해자와 친밀한 관계를 맺기 위해 집착하는 모습을 보이기도 한다.

　직접적으로 피해자를 공격하거나 위협적 행동을 하진 않지만, 피해자의 물건을 훔치거나 차량을 훼손시키는 등 재산적 피해를 입히거나 간접적 위협을 시도한다. 이들의 주 목적은 피해자와 친밀한 관계로 발전하는 것이다. 따라서 피해자의 애정을 갈구하다 좌절되면 질투와 분노 등 부정적 감정을 나타내기도 한다. 지인 관계 스토커에 대한 효과적인 위험관리 전략은 법적으로 행동을 강제하면서 정신건강 치료나 상담을 동반하는 것이다. 우선적으로 피해자와의 분리를 통해 폭력성의 증대를 막고 경계성 성격장애와 같은 정신건강의 문제가 악화되지 않도록 막아야 한다.

3) 공적 대상

공적 대상 스토커는 연예인이나 유명인, 국회의원, 정치인 등 세상에 널리 알려진 인물을 대상으로 스토킹하는 경우다. 거의 대부분 가해자는 피해자와 서로 모르는 사이다. 이 유형은 유명인의 관심을 끌기 위해 협박 편지를 보내거나 사적인 공간에 침범하는 등 피해자들에게 다가가기 위해 많은 노력을 쏟는다. 대체로 폭력 전과가 있는 경우보다 정신병적 문제가 있을 가능성이 더 높다. 정신질환이 있더라도 직접적으로 피해자를 위협할 가능성은 낮으며 점점 악화되는 경우도 드물다. 하지만 유명인과 소통하거나 다가갈 수 있는 기회가 적으면 적을수록 집착적 모습을 더욱더 보인다.

피해자들은 기본적으로 보안이 잘된 환경에서 생활하기 때문에 스토커와 직접 마주칠 일이 거의 없다. 스토커 또한 정신질환을 앓고 있기에 현실적으로 피해자에게 쉽게 다가갈 수 없다. 직접 만날 수 없기 때문에 주로 인터넷이나 SNS를 활용해 집착적인 모습을 보인다. 하지만 공적 대상 스토커 유형이 폭력성을 나타낼 경우에는 굉장히 치밀하고 앞뒤 가리는 것 없이 밀어붙이며 심지어 무기를 사용하는 등 치명적인 결과로 이어질 수 있다.[21]

공적 대상 스토커 유형은 일회성 폭력으로도 심각한 결과를 초래할 수 있다. 가해자가 난폭한 모습을 보이지 않았더라도 피해자를 전문적으로 보호할 수 있는 시스템을 마련해야 한다. 예를 들어 정신병질적 문제를 가진 스토커는 애정을 갈구하는 편지를 보내고 팬심을 드러내는 댓글을 매일 수백 개씩 쓰다가도 어느 날 갑자기 피해자를 살해하려고 마음먹을 수 있다. 따라서 이러한 스토커의 정신질환을 발견할 수 있도록 초기에 정신의학 및 심리학 차원의 개입을 해야 한다. 피해자가 자신을 거부한다고 느꼈을 때 스토커가 보였던 반응을 확인하고 공격성이 나타날 가능성을 우선적으로 분석해야 한다.

4) 사적 대상

사적 대상 스토커는 흔하게 관찰되는 유형은 아니다. 주로 정신질환이 있는 경우가 많고, 폭력 전과가 있는 경우도 있다. 이들은 서로 모르는 사이인 일반인 피해자를 대상으로 스토킹을 하며 우연히 알게 된 일반인 여성이나 자주 방문하는 영업점의 직원을 대상으로 삼기도 한다. 스토킹의 대상을 정한 이후에는 몰래 관찰할 수 있는 장소를 물색했다가 피해자의 앞을 스쳐 지나가거나 의미 없는 대화를 시도하는 등 직접적으로 접근하기도 한다. 피해자의 지근거리까지 다가가긴 해도 직접적으로 공격성을 드러내지는 않는다. 하지만 신체적 공격보다는 재산적 침해를 일으킬 수 있다. 주로 거리적으로 가까운 피해자를 선정해 집요하게 추적하는 모습을 보인다.

사적 대상 스토커 유형에 대한 위험관리 전략에서는 사건화시키는 것이 중요하다. 행위 자체만 놓고 보면 피해자에게 위협적이지 않고 스토킹을 당하고 있다는 사실조차 자각하지 못하는 경우가 많아 형사사법 체계의 심판을 받기 어려울 수 있다. 그러나 스토킹이라는 맥락은 일치하기에 피해자에 대한 폭력 위험성을 무시할 수는 없다. 스토킹의 강도가 점점 심해지고 피해자에 대한 감시나 추적이 오래 지속될수록 정신질환이 생겨날 수 있기 때문이다. 정신질환이 발병할 경우 폭력성도 증대될 수 있다.

표면적으로는 지금까지 설명한 스토킹 유형이나 사건들이 모두 유사하고 비슷한 행동을 수반하는 것처럼 보일 수 있다.[22] 하지만 스토킹 가해자는 그리 단순한 이유로 등장하지 않는다. 스토킹과 관련된 다양한 유형을 이해할 때 비로소 스토킹 범죄에 대한 다차원적 대책방안을 마련할 수 있다. 더구나 우리나라는 최근에서야 비로소 스토킹을 범죄로 규정하고 처벌할 수 있는 법이 제정됐다. 1990년대에 「스토킹 처벌법」을 제정하고 지속적으로 법을 다듬고 관련 연구를 수행해왔던 나라들과는 달리 현재 국내에는 스토킹에 대한 자료도, 실증적 연구도 턱없이 부족한 실정이다.

앞서 국내의 스토킹 가해자들을 외국에서 개발해 사용하고 있는 스토킹 유형론에 적용하여 이해한 것처럼, 외국의 유형론을 활용해 우리나라의 스토킹 사례를 파악하는 것도 괜찮은 방법이 될 수 있다. 하지만 좀 더 세심하고 면밀한 이해를 통해 공정하게 법을 집행하고 스토킹 범죄 및 피해자의 발생을 막고자 한다면 국내의 문화적 특성과 사고방식, 고유성 등을 고려한 연구가 선행돼야 한다.

예를 들어, 북미권에서 진행된 레콘 스토킹 연구에서는 미국의 인종 다양성을 고려해 백인뿐만 아니라 흑인, 소수의 아시아인까지 포함한 사례를 분석하여 스토킹과 스토커 유형을 구분하였다. 그러나 아직까지 한국은 미국처럼 다양한 인종이 살고 있지 않아 상황이 많이 다르다. 하여 우리나라의 상황을 이해하는 데 레콘 유형론을 그대로 적용하는 것은 무리가 있어 보인다.

우리나라에서 주로 나타나는 스토킹 유형을 따져보기 위해서는 우리나라의 문화적 특성과 한국인만이 가지고 있는 고유한 사고방식을 고려해서 스토킹 범죄를 들여다볼 필요가 있다. 피해자 보호를 위한 수사기관의 신속한 판단을 위해서나 스토커의 치료적 개입을 위해서도 한국형 스토킹 유형론은 유용하다.

4. 한국형 스토커

최근 우리나라에서도 스토커가 저지른 극악무도한 살인사건에 대한 보도가 늘어나면서 스토킹에 대한 국민들의 관심이 높아졌다. 다양한 전문가들도 스토킹 행위를 범죄로 규정하는 과정에 많은 관심을 갖기 시작하면서 한국형 스토커와 스토킹 범죄의 특징에 대한 질문들이 쏟아져 나오고 있다. 이는 곧 다른 범죄자보다 복잡하고 다면적 특성을 가진 스토커를 이해하고 합당한 개입을 실행하기 위한 첫걸음이 될 것이다.

이전까지는 스토킹을 과태료 처분 등의 경미한 범죄로 취급해 사건 기록이 미비했다. 하지만 2021년 10월 21일부터 「스토킹 처벌법」이 시행되면서 판결문 등 사건 내용이 자세하게 기록된 자료를 확보하는 것이 수월해졌다. 우리나라에서 발생하는 스토킹의 유형은 다른 나라에서 빈번히 발생하지 않는 다른 양상의 스토킹도 포함되어 있다. 일명 '한국형 스토킹'은 애정 등 관계 욕구뿐만 아니라 채무 관계나 층간소음 등과 같은 상황으로도 나타나기 때문이다.

한 국내 연구에서는 「스토킹 처벌법」이 제정된 2021년 10월 21일부터 2022년 11월 30일까지 약 1년간 「스토킹 처벌법」과 관련해 유죄를 받은 1심 판결문을 분석했다.[23] 해당 연구에서는 스토커의 정신질환 여부를 포함한 범죄 행동을 세분화해 유형화 하였다. 이것은 구체적으로 스토킹 위험 요인을 살펴보는 데 도움을 줄 수 있으며, 한국형 스토커에 대한 윤곽을 그릴 수 있는 결과*다.

이 연구 결과에서 제시한 그래프에 따르면, 유죄를 받은 가해자 중 70퍼센트 이상이 남성이었으며 연령층은 10대에서 60대까지 다양했다. 또한 이들 중 대다수는 스토킹 가해를 저지르기이전에 피해자와 친밀한 관계였으며, 전화나 메시지를 이용해피해자가 원치 않은 연락을 지속적으로 취했다. 피해자를 성추행한 가해자 대부분은 성적 수치심을 유발하는 메시지를 휴대전화 문자나 SNS 등의 온라인 매체를 통해 전송했다.

한국형 스토킹 유형은 학술적 이론에 따라 과학적으로 신뢰할 수 있는 통계 분석 기법**을 적용해 총 세 가지 유형으로 분류됐다. 세 가지 유형 모두 피해자와 가해자가 스토킹 범죄 발생이전에 친밀하게 지냈다는 공통점이 있다. 그러나 세 가지 유형은 스토킹 행위 특징, 이용 수단, 공격성 등에서 각기 다른 차이를 보였다. 그 결과 한국형 스토킹은 직접 공격형Aggressor, 간접접촉형Indirect Contacter, 미행 접근형Approacher으로 구분된다.

---

* 〈잠재계층분석을 이용한 한국 스토킹 유형화 연구〉는 「스토킹 처벌법」에 따라국내 스토킹 범죄 특성을 유형화했다는 데 큰 의의가 있다. 한국형 스토킹 유형화는 비교문화적 관점을 제공할 수 있기에 앞으로도 계속 연구되어야 하는 분야라고할 수 있다.

** 잠재계층분석Latent Class Analysis: LCA는 잠재 계층의 성장요인 분산을 모두 0으로고정한 후 변화궤적의 이질성을 분석하며, 유사한 특징을 가진 사람을 동일 집단으로 분류할 수 있다. 그래서 다소 다양한 변수가 있는 스토킹 사건들의 유사성을 바탕으로 집단을 분류하는 데 알맞은 방법이다. 유형화 연구에서 잠재계층분석이 주목받고 있는 이유는 이 분석이 대부분의 통계 방법과 달리 변수 중심적이 아니라 사람 중심적이기 때문이다.

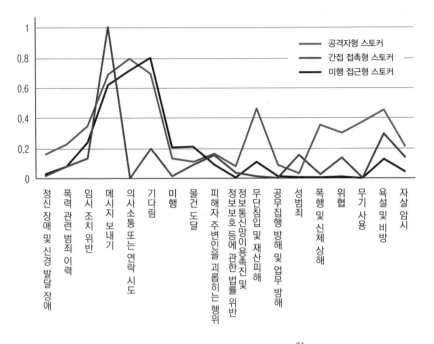

판결문에 나타난 스토킹 사건 유형[24]

1) 알코올 동반하는_직접 공격형

직접 공격형 스토킹은 전체 스토커 유형 중 32.2퍼센트를 차지한다. 이 유형은 다른 유형의 스토커보다 폭력적 성향이 짙을 뿐만 아니라 피해자를 비방하고 비난하는 언어 폭력의 비율도 거의 절반(43.8퍼센트)에 이른다. 또한 가해자 대부분(79퍼센트)이 대면 접근을 통한 스토킹 행위를 일삼기도 한다. 직접 공격형 스토커들이 대면 스토킹을 할 경우 알코올을 섭취하고 폭력을 행사할 가능성이 가장 높다.

직접 공격형 스토킹이라는 명칭에서도 알 수 있다시피 이 유형은 흉기를 이용한 폭행 등 공격적 행동을 할 확률도 높다. 폭행 및 상해를 저지를 가능성이 높으며(35.5퍼센트) 위협(30.1퍼센트)을 가하고 무기 소지 및 사용(37.5퍼센트) 가능성도 비교적 높게 나타났다. 위험성이 높은 만큼 다른 유형의 가해자보다 더 신속하고 적절한 개입이 필요하며 피해자와의 분리 조치 등도 함께 이뤄져야 한다.

실제로 이 유형 중 적지 않은 사람들(22.5퍼센트)이 폭력 관련 범죄 전과가 있고 스토킹 사건으로 입건됐다. 다른 유형보다도 평균적으로 오랜 기간의 징역형을 선고 받았다. 또 이 유형 중 3분의 1 이상(34.5퍼센트)이 잠정조치를 위반했다. 잠정조치는 피해자에 대한 스토킹 범죄를 중단하도록 명령하는 서면 경고, 피해자나 주거지 등으로부터 100미터 이내의 접근금지, 피해자에게 전기통신을 이용한 접근금지 등을 말한다.

직접 공격형 스토킹 유형의 가해자 중 대부분이 30~50대에 몰려 있다. 한 연구에서도 30세 이상의 스토커가 젊은 스토커보다 더 지속적으로 스토킹을 한다는 결과를 발표했다.[25] 하지만 국내 판결문을 토대로 한국형 스토커 유형의 위험 요인을 분석한 결과 연령과 스토킹 지속 기간에는 커다란 연관성이 없었다.

한편 스토킹 가해자들에게서 정신질환은 쉽게 발견되지 않는다. 그런데 직접 공격형은 다른 유형과 달리 일상생활을 하거나 스토킹 행위를 할 때 정신질환이나 신경장애 증상을 보이는 경우가 많다*. 이들에게 나타나는 가장 흔한 병명은 조현병과

---

* 직접 공격형 스토킹 가해자 중 16.3퍼센트의 스토커가 정신적인 문제를 보였다.

우울증이지만 단정하기는 힘들다. 다만 간접 접촉형, 미행 접근형 스토커에 비해 정신질환을 앓고 있는 비율이 전반적으로 높은 것으로 분석된다. 경찰의 잠정조치를 위반하는 스토커들에게서 사이코패스적 성향이 관찰된다는 연구도 있다.[26]

한국형 스토킹 유형인 직접 공격형은 모핸디의 친밀한 관계 스토커 유형과 비슷해 보인다. 직접 공격형 스토킹 유형과 친밀한 관계 스토커 유형은 모두 가해자와 피해자가 한때 친밀했었으나 이별 통보, 금전 채무 관계 혹은 그 밖의 이유로 관계에 금이 가면서 복수심이나 앙심, 분노를 느껴 상대방에게 공격성이 강한 폭력과 스토킹을 일삼는 유형이다. 따라서 피해자의 안전과 신변에 더욱 주의를 더 기울여야 한다.

2) 온라인에서만 강한_간접 접촉형

간접 접촉형 스토킹을 저지른 가해자는 전체 표본 중 28.3퍼센트를 차지한다. 이 유형은 주로 스마트폰으로 문자를 보내고 SNS를 이용해 피해자를 모욕하거나 괴롭히며 스토킹을 한다. 이러한 특성을 반영하듯 간접 접촉형 스토커는 대부분 젊은 20대에 많이 분포해 있고 디지털 기기를 다루는 데 매우 능숙하다. 스토킹 대상은 직접 공격형 스토커와 비슷하게 대부분 친밀했던 사람들이다.

리노이 맥펄린Leroy MacFarlane과 폴 보시지Paul Bocij가 2003년에 연구한 사이버 스토커Cyberstalker의 특성 중, 냉담한 사이버 스토커Composed cyberstalkers와 친밀한 사이버 스토커Intimate cyberstalkers는 간접 접촉형 스토킹 유형과 서로 공통점이 있다. 예를 들어, 간접 접촉형과 냉담한 사이버 스토커는 반복적으로 메시지를 보내 피해자를 협박하거나 위협해 공포감을 조성하는 점에서 유사하다. 또 친밀한 사이버 스토커와 간접 접촉형 모두 피해자와 이전에 친밀한 파트너였던 적이 많았고, 관계 유지를 거부한 피해자의 관심을 끌기 위해 스토킹을 저지른다.

한편 간접 접촉형 스토커는 피해자와의 관계 단절을 받아들이지 못해 피해자의 관심을 끌거나 비난 혹은 비방하기 위해 스토킹을 감행한다. 가장 눈에 띄는 특이점은 이들 중 15.3퍼센트가 스토킹 행위를 동반한 성범죄자라는 것이다. 또한 이들이 저지르는 성범죄는 직접 대면해서 이뤄지는 것이 아니라 온라인 성희롱, 통신수단을 이용한 음란행위, 신체 일부를 몰래 촬영하는 등의 형태로 이뤄졌다.

특이하게도 간접 접촉형 스토커는 오프라인에서는 약한 모습을 보인다. 이들은 공무집행방해 및 업무방해를 저지를 확률이 3.5퍼센트, 조치 위반이 13.2퍼센트에 불과하다. 이는 이 유형의 스토커가 수사기관에 반항할 가능성이 크지 않다는 것을 의미한다. 그래서인지 폭행과 같은 무거운 형사처벌보다 비교적 가벼운 과태료 등의 벌금형 이력이 많다.

3) 한 번 본 '지인'_미행 접근형

미행 접근형 스토킹은 전체 유형 중 약 40퍼센트에 이른다. 스토킹 형태로는 지켜보기(79.8퍼센트), 따라다니기(20.4퍼센트),

선물하기(20.8퍼센트) 등을 주로 일삼는다. 반대로 성희롱(0.4퍼센트), 협박(0.9퍼센트), 정보통신망 이용촉진 및 정보보호 등에 관한 법률 위반(0.4퍼센트) 등의 행태는 드물었다. 주 연령대는 30~40대였으며 대부분 직접 대면하는 방식(77.7퍼센트)으로 피해자를 괴롭혔다.

직접 공격형이나 간접 접촉형과는 달리 미행 접근형 스토킹의 가장 큰 특징은 스토커와 피해자가 스토킹 발생 이전에 친밀한 관계가 아닌 경우가 더 많다는 점이다. 예를 들어 미행 접근형 스토커들은 상점 점원과 같이 얼굴만 한 번 본 정도의 대상을 스토킹 표적으로 삼는 경우가 더 많았다. 또한 미행 접근형 피해자들은 스토커와 합의하고 소송을 취하하는 비율이 직접 공격형이나 간접 접촉형 피해자들보다 약 두 배 이상 높았다.

미행 접근형 스토커는 피해자를 협박하기 위해 무기 같은 공격적인 수단을 사용하기보다 피해자가 원치 않은 방문이나 물건을 전달하기 위해 주변을 배회하곤 한다. 이러한 성향 때문에 자칫 미행 접근형 스토커는 직접 공격형 스토커보다 안전하지 않을까 생각할 수 있지만 큰 오산이다. 신체적 위협을 받지 않더라도 미행 접근형 스토커처럼 사생활에 침투해 일상을 지속적으로 방해하는 행위는 심각한 공포감을 줄 수 있다.

미행 접근형 유형은 분과 셰리든의 상사병 스토킹 유형 스토커와 유사하다. 이들은 모두 피해자에게 다가가 신체적 위협을 가하기보다 불쾌한 언행이나 행동을 저지른다. 두 유형의 공통점은 스토커가 스토킹 행위를 통해 피해자에게 분노를 표출하기보다 잘못된 방식으로 구애하거나 집착한다는 것이다. 상대방이 더 이상 원하지 않는다고 분명한 의사 표시를 했음에도 불구하고 구애라는 이유로 상대방의 사생활에 편입하려는 행동은 명백한 스토킹이다.

한국형 스토킹 유형인 직접 공격형 스토킹, 간접 접촉형 스토킹, 미행 접근형 스토킹 유형 사이에는 서로 겹치는 특징도 다수 존재한다. 하지만 분명히 세 가지 유형의 스토킹 가해자 집단은 특징적인 차이가 있다.

간접 접촉형 스토킹 가해자는 미행 접근형 스토킹 유형과 다르게 피해자와 직접 대면하는 경우는 적지만 온라인에서 피해자를 괴롭히는 것을 더 선호한다. 직접 공격형 스토킹 가해자의 경우 대면으로 스토킹 행위를 선호하는 등 미행 접근형 스토킹 유형과 비슷하나 폭력 관련 전과, 알코올 사용 여부 등과 같이 좀 더 고위험적 요소를 가진 것으로 보인다. 미행 접근형 스토킹에서는 피해자와 가해자가 친밀한 관계일 경우가 더 적었으며 얼굴만 아는 지인 관계에서 일어난 사건이 더 많았다. 또한 이 유형에 의한 피해자는 다른 그룹에 비해 스토킹 소송을 취하할 확률이 높았다.

복잡한 특징을 가진 스토킹 가해자들을 효과적으로 관리하기 위해서는 스토킹 가해자의 위험성을 신중하게 평가하고 그 특성에 맞는 개입 방안을 적재적소에 배치해야 한다.[27] 특히 한국형 스토킹 유형 중 가장 고위험군으로 예상되는 직접 공격형 스토킹 가해자의 경우 예의 주시해야 한다. 더불어 공격성이 강한 스토커는 피해자와 가해자를 즉각 분리 조치시키고 다른 스토커보다 엄중한 처벌을 내려 경각심을 일깨워야 한다.

간접 접촉형 스토킹의 경우에는 사이버 스토커를 식별해내지 못하면 피해자가 범죄에 노출되는 것을 막을 수 없다. 따라서 적절한 개입을 위해 온라인 스토킹의 특성을 이해해야 한다. 미행 접근형 스토커는 스토킹 행위를 구애의 형태로 인식하는 경우가 많다. 스토킹과 구애에 대한 개념을 명확히 구분하도록 신중하게 대응하고 처벌할 수 있게 대비해야 한다. 스토킹은 때때로 강력 범죄의 전조 증상으로 나타나기도 한다. 이를 막기 위해서는 다른 범죄와 달리 단편적인 면보다 사건의 자세한 내막은 물론, 스토킹 유형화에 대해 알아두면 도움이 된다.

스토킹의 유형화는 수사나 범죄 예방을 위한 방향성을 정하는 데 필수적인 정보가 된다. 유형학은 스토킹 가해자에 대한 개입 시 가설을 세우는 데 유용한 첫 단계가 될 수 있다. 스토킹 행동 유형은 방대한 범죄 정보를 이해하고 행동의 동기나 기능에 대한 가설을 제시하는 데 도움이 되므로 실제 적용 환경에서 유용할 수 있다. 하지만 다른 한편으로 스토킹 행위에 대한 개입을 안내하는 데 있어 유형론의 한계가 존재한다는 점을 기억해야 한다.[28]

유형학은 설명 기능이 제한적이며 많은 유형이 단순한 설명에 그칠 수 있어 세심한 개입을 유도하는 데 본질적으로 한계가 있다. 더구나 유형학에만 기반한 개입 전략은 스토킹 행동의 복잡성과 이질성을 고려하지 못해 비효율적인 치료로 이어질 수 있다.[29] 효과적인 개입 전략을 개발하기 위해서는 스토킹 행동에 영향을 미치는 심리적, 사회적 요인에 대한 포괄적인 이해가 뒷받침돼야 한다. 이러한 점을 보완하기 위해 임상 혹은 정신건강 전문의가 필요하다.

현재로서는 스토킹과 정신병질의 연관성이 낮은 편이다. 하지만 잠정조치를 위반하는 등의 위험 요인을 수반한 스토킹 가해자의 경우 사이코패스와 연관성을 가질 수 있다.[30] 또한 정신질환 및 알코올 중독과 같은 치료적 개입이 필요한 것을 잊지 말아야 하며 더욱 신속하고 효율적인 개입을 강구해야 한다. 그래야만 우리는 또 다른 스토킹 살인사건을 막을 수 있다.

Ⅲ

망상, 애정결핍 그리고 분노
비뚤어진 욕망과 스토커의 심리

1. 벗어날 수 없는 관계의 덫

어머니가 돌아가신 상실감에 빠져 있던 젊은 여성 프랜시스는 뉴욕 지하철에서 핸드백을 주웠다. 그녀는 핸드백 주인인 중년 여성 그레타를 찾아 돌려준다. 두 여성은 이를 계기로 빠르게 가까워진다. 사실, 그레타는 친절한 여성을 찾기 위해 핸드백을 미끼로 프랜시스에게 접근한 것이다. 그레타는 친밀감을 형성해 프랜시스가 심리적 경계를 낮추게 만든다. 이후 그녀를 꼭두각시 인형처럼 부리기 위해 점점 그녀의 행동과 일상을 통제하기 시작한다. 프랜시스가 자신에게서 벗어나려고 하자, 결국 그레타는 서서히 공격성을 드러내기 시작한다. 놀랍게도 프랜시스는 그레타의 첫 번째 희생자가 아니었다.

영화 〈마담 싸이코Greta〉의 그레타처럼 스토커는 피해자의 친절함이나 연민 등의 감정을 이용한다. 그리고 다른 사람이 개입할 수 없도록 둘만의 관계를 공고히 다지기 위해 엄청나게 노력한다. 이때 만약 피해자가 관계에서 벗어나고자 하면 스토커는 피해자에 대한 통제권을 놓지 않기 위해 철저하게 숨겨왔던 자신의 공격성을 드러낸다. 영화에서 묘사된 것처럼 스토커는 처음부터 악의적인 목적을 가지고 다른 사람에게 접근하는 특성을 지니고 있다.

스토커는 악의적 의도가 없는 일상적 관계, 즉 가족이나 연인과 같은 혈연, 연인 사이에서도 나타난다. 주로 관계에 대한 불만을 복수 혹은 괴롭힘으로 해소한다. 친밀한 관계를 맺은 사람들이 서로 맞춰나가는 과정에서 불편한 감정을 표현하는 것은 문제가 되지 않는다. 하지만 비상식적인 행동이 지속되거나 비합리적인 행동이 반복된다면 스토킹 범죄로 이어질 수 있다. 스토킹은 친한 사람들 혹은 평범하게 보였던 사람들이 어느 날부터 갑자기 공포의 존재가 될 수 있다는 점에서 무엇보다도 무서운 범죄다. 스토커는 왜 이렇게 갑자기 두려운 존재가 된 것일까? 이들의 심리적 기제에는 무엇이 숨어 있는 것일까?

1) 성차별 의식과 가부장적 사고

스토킹과 같은 행동들이 과거에는 왜 구애의 방식으로 여겨졌던 것일까? 상대방의 닫힌 마음을 열기 위해 끊임없이 문을 두드려야 사랑을 쟁취할 수 있다는 통념이 받아들여졌기 때문이다. 인기리에 방영되던 로맨스 드라마에서도 수줍음 많고 의사 표현이 서툰 여주인공과 적극적이고 강인하며 열정적인 성격의 남주인공이 자주 등장하곤 한다.

남주인공은 우연히 알게 된 여주인공의 마음을 사로잡기 위해 그녀가 자주 가는 곳은 어디인지, 즐겨 먹는 음식이나 취향은 무엇인지 등에 대해 온갖 수단과 방법을 동원해서 알아낸다. 자신의 마음을 고백하기 위해 양 팔 가득 꽃다발과 선물을 들고 그녀의 집이나 직장 앞에서 로맨틱하게 기다린다. 그녀가 자신의 구애를 거부하면 술을 잔뜩 마신 채 그녀의 집으로 찾아가 고성방가를 하며 매달리기도 한다. 결국 여주인공은 마음이 약해져 사랑고백을 받아주며 해피엔딩으로 끝나는 식이다.

사랑이라는 깊은 감정을 서로가 나누는 과정을 다루는 로맨스 드라마에서 능동적이고 열정적으로 주도하는 대상은 대부분 남성으로 그려진다. 여성은 표현을 하지 않거나, 처음에는 거부를 했음에도 결국 남성의 마음을 받아주는 대상일 뿐이다. 즉, 사랑은 반드시 갈구해야만 멋지게 얻어낼 수 있는 것으로 표현된다. 물론 극적인 이야기를 통해 더 깊은 관계로 발전하는 이야기 전개가 잘못된 방식은 아니다. 다만 그 속에 쉽게 스며드는 스토킹의 그림자는 남성과 여성의 성역할을 차별적으로 인식하는 데에서 생겨날 수 있다.

은연중에 남성과 여성이 동등하지 않다는 생각은 스토킹을 애정 표현으로 둔갑시킨다. 남성은 보호 본능을 일으키는 여성에 대해 본능적으로 매력을 더 많이 느낀다고 한다. 여성은 자기주장이 약하고 사회적으로 능력이 부족한 사람으로 묘사되고, 남성은 강단이 있고 진취적이며 여성의 문제를 해결해주는 구원자로 나타난다.

드라마에 자주 등장하는 주인공 캐릭터 중에서 여성과 남성의 사회경제적 지위의 차이가 클수록 더욱더 격정적이고 로맨틱하게 다가오는 것과 일맥상통한다. 한국 사회에서 성차별적인 인식이 로맨스로 치부돼 오랜 시간 유지될 수 있었던 것은 가부장적 신념이나 강간 통념과 관련이 깊다고 볼 수 있다.

강간 통념이란 강간 피해자를 비난하고 강간에 대한 정당성을 부여하거나 강간 행위의 위법성을 축소시키는 신념을 말한다.[1] 쉽게 말해 여성은 당하는 것을 원한다거나 남성의 강압적 태도를 성적 표현의 방식으로 인식하는 왜곡된 편견이 담겨 있는 생각을 의미한다. 이러한 강간 통념에 사로잡힌 사람들은 피해자에게 책임을 전가하거나 피해자의 행동을 성적으로 오해하고 피해자가 음란하다고 누명을 씌우는 등 자신의 범죄 의도를 축소시키고자 한다. 주로 남성 지배적 관념과 밀접한 연관을 맺을 뿐만 아니라, 피해자를 부정적으로 바라보게 만드는 사회적 인식을 싹트게 하는 요인이다.[2]

과거 한국 사회는 유교 문화의 전통에 영향을 받아 남성 중심적 사고가 지배적이었다. 강간 통념 또한 여성보다 남성에게 더 많은 영향을 끼친다.[3] 실제 국내 연구에서도 남성이 여성보다 성폭력에 대해 더 관대한 것으로 조사됐다.[4] 설상가상 강간 통념은 범죄 행동의 책임을 피해자에게 전가하는 심각한 문제를 가지고 있다. 흔히 강간 통념 수용도가 높은 스토커는 진심으로 피해자가 자신을 유혹한 것이라 인식하기도 하고, 누구든지 사랑을 얻기 위해서는 스토킹을 해도 된다고 생각한다. 이러한 잘못된 통념이 스토커의 죄의식을 낮추게 하거나 스토킹을 정당화시키는 면죄부가 되기도 한다.

가부장적 신념도 비슷한 문제를 일으킨다. 부계 사회에서 나타나는 가부장적 사고는 전통적인 성역할을 중요하게 여기며 남성에게 권력이 집중되어 있는 관념을 수용한다. 부계 중심 사회의 가족 제도에 익숙한 사람이라면 남성은 여성에 대한 통제권을 갖고, 여성은 남성에게 종속되어 있다는 것을 당연하게 받아들인다.

그리고 가정을 안정화시켜야 하는 남성의 책임과 권리를 근거로 여성에 대한 남성의 위력 행사도 용인한다.[5] 또 전통적으로 가부장적 경향이 강한 사회에서는 성차별 의식을 문화적 견해로 치부해 피해자에 대한 편견이나 왜곡된 인식을 당연하게 받아들인다. 이러한 사고는 성범죄에 쉽게 접근할 수 있는 여지를 제공하며, 피해자에 대한 사회적 비난을 견고하게 만드는 밑바탕이 된다.

강간 통념과 가부장적 사고는 잘못된 성차별 의식을 바탕으로 견고하게 쌓아올린 비합리적 신념이다. 만성화된 성차별 의식에 사로잡힌 스토커는 스토킹을 범죄로 보지 않기 때문에 피해자가 느낄 두려움에 대해서도 전혀 이해하지 못한다. 자신이 가진 관념이 사회적으로 용납되는 수준이기에 심각성을 느끼지 않을뿐더러 피해자도 스토킹에 대해 열정적인 구애 정도로 받아들일 거라 치부한다.

가부장적 신념이나 강간 통념에 따른 성차별 의식은 스토킹 피해자를 무력하게 만들뿐만 아니라 수치심이나 죄책감으로 더 깊은 수렁에 빠지게 만든다. 이러한 스토킹이 범죄로 자각되기 위해서는 성평등 인식을 널리 확산시켜야 한다.

2) 강압적 통제로 자존감 회복

스토킹은 감시, 통제, 조종, 무력화, 구속과 같은 단어로 대표되는 범죄 행위다. 스토커는 자신의 의지대로 상대방을 지배하고 조종함으로써 스스로 자존감을 높이고 결핍된 욕구를 충족시키고자 한다. 그만큼 피해자를 통제하기 위해 많은 에너지를 쏟는다.

미국 캘리포니아대학교의 사회심리학자 얀 스테츠Jan E. Stets와 피터 버크Peter J. Burke는 신혼부부를 대상으로 추적 연구한 결과, 자기효능감Self-efficacy이 낮은 사람일수록 친밀한 관계의 대상을 통제하려는 욕구가 강하다는 것을 발견했다. 또한 친밀한 관계에서 상대방에 대한 통제 수준이 높아질수록 공격성도 높아진다는 것을 확인했다.[6] 자기효능감은 저명한 심리학자인 앨버트 반두라Albert Bandura가 언급한 개념으로, 외부 환경으로부터 어떠한 상황이 벌어졌을 때 스스로 적절한 대처 행동을 할 수 있다는 믿음을 말한다.[7]

자기효능감이 높은 사람은 위협적 문제 상황을 자신의 능력으로 해결하거나, 열심히 노력하면 결국에는 통제할 수 있다는 신념을 가지고 있다.[8] 그들은 문제 상황이 발생해도 피해야 할 위협보다는 달성해야 하는 도전 과제로 인식한다. 반면에, 자기 효능감이 낮은 사람은 문제 상황을 회피하고 실패할 것이라는 생각에 사로잡혀 쉽게 포기하는 경향이 있다.

신혼부부를 대상으로 한 연구에서 자기효능감이 낮은 사람은 문제 상황을 회피할 뿐만 아니라, 아주 가까운 사이의 상대방을 통제하려는 모습을 보였다. 그들은 스스로 문제 상황에 대한 통제력이 없다고 인식하고는 심리적으로 자신과 가깝다고 느끼는 사람을 통제함으로써 자신의 불안감을 달래고자 했다.

상대방에 대한 통제 욕구가 높아질수록 공격성도 높아진다는 연구 결과는 친밀한 관계에서의 스토킹 범죄가 강력 범죄로 진화하는 양상을 잘 설명해준다. 스토킹 범죄에서 최초의 공격 행동은 생명을 위협하는 치명적이고 직접적인 형태보다 피해자를 밀거나 멱살을 잡거나 물건을 던지는 등 간접적으로 위협하는 형태의 폭력으로 나타나는 경우가 많다. 스토커는 피해자의 신체적 훼손을 목적으로 삼지 않는다. 심리적 위압감을 조성해 관계의 우위를 선점하고, 자신의 부정적 감정을 표출하기 위한 수단으로 활용한다.

멜로이는 스토커가 자신이 느끼는 분노나 두려움과 같은 부정적 감정을 회피하기 위해 행하는 폭력을 '정서적 표출로 인한 폭력Affective violence'으로 설명했다.[9] 신체적 훼손을 일으키는 '약탈적인 폭력Predatory violence'과 다르다고는 해도 정서적 표출로 인한 폭력도 폭력이다. 게다가 이러한 폭력이 반복될수록 더욱더 심각한 공격성을 초래하고 약탈적 폭력을 수반할 가능성이 높아진다.

심리적 어려움을 겪는다고 해서 모든 사람이 다른 사람을 통제함으로써 불안함을 해소하고자 하는 마음을 갖지는 않는다. 많은 연구에서 스토커들이 스토킹을 시작하거나 피해자에게 점점 더 공격적인 방식으로 스토킹을 하면서 피해자에 대한 통제권을 강화하려는 경향이 짙다는 사실이 밝혀지고 있다.[10] 즉, 스토커는 피해자를 통제하기 위해 스토킹을 시도한다. 하지만 이는 자기개념의 안정성을 찾거나 정서적 불안정성을 낮추기 위한 잘못된 방법이다. 무엇보다 피해자를 통제하는 수준이 높아질수록 피해자에 대한 공격성도 높아질 수 있다는 점을 주목해야 한다.

3) 관계불안 해소를 위한 집착

영화 〈왓쳐Watcher〉의 여주인공 줄리아는 누군가로부터 지속적인 시선을 느끼며 불안감이 점점 심해져간다. 누군가가 아무 이유 없이 자신을 감시하고 있는 것 같은 시선을 느낀 이후 줄리아의 일상은 점점 무너져간다. 자신이 스토킹 당하고 있다는 명확한 증거가 없어 경찰에 신고해도 헛수고일 뿐이다. 남편마저도 줄리아의 말을 대수롭지 않게 듣는다. 결국 줄리아는 스토커가 만들어놓은 시선 감옥에 갇혀 전전긍긍한다. 왜 스토커들은 이처럼 피해자의 일상을 무너뜨리려고 할까?

피해자는 단 한 번의 스토킹으로 위압감을 느끼는 것이 아니다. 누군가가 나를 감시하고 있다는 분위기를 지속적으로 느끼고, 자신의 일상이 점차적으로 조여오는 것 같은 불안한 감정 등을 통해 심리적 위협을 경험한다. 피해자가 느끼는 심리적 압박감은 스토커의 편집증적이고 집착적인 행태로 인한 결과다. 일반적으로 스토커에게 스토킹은 문제를 해결하기 위한 과정이나 수단이 아니다.

그들은 사회적 지위가 높은 사람을 스토킹함으로써 자신이 그와 동급이 된 듯한 착각을 하기도 하고, 누군가를 스토킹하면서 자신의 불안한 일상과 부정적인 자기상Self-image을 덮어버리려고 한다. 또한 스토킹 행위를 통해 부정적 감정을 해소하려는 등 집착적이고 강박적인 특성이 내포돼 있다. 즉, 그들에게 스토킹은 행동 그 자체로 의미가 있다.

스토커는 하루 중 많은 시간을 피해자에게 할애한다. 스토킹을 하는 시간뿐만 아니라, 스토킹을 준비하는 단계에서부터 피해자에 몰입한다. 피해자에게 몰두하는 행위 자체가 스토킹에 더욱더 집착하는 에너지가 되기도 한다. 따라서 스토커의 집착 정도를 판단할 때 단순하게 스토커가 하루에 몇 시간 또는 몇 번 스토킹 행위를 했는지에 머무르지 않고 하루 중 얼마나 피해자를 생각하거나 피해자와 관련된 행동을 했는지까지도 헤아려야 한다.

피해자에 대한 스토커의 집착은 무료했던 삶의 원동력이 되거나, 자신의 존재 가치를 높이는 영양분이 되기도 한다. 스토킹은 누군가와 어떤 식으로든 연결돼 있다는 생각을 떠올려주어 자신의 삶을 더욱 안정적으로 느끼게 해준다. 스토커는 헤어진 연인에게 사과를 해야 한다는 이유로 주변을 배회하거나, 접근할 타이밍을 찾기 위해 피해자의 일상을 감시하기도 한다. 동경하던 피해자의 숨은 정보를 많이 찾아낼수록 피해자에 대한 자신의 영향력이 커진다고 생각

해, 피해자의 집이나 직장에 침입하고 피해자의 정보를 도용하기도 한다.

플로리다애틀랜틱대학 심리학과 교수 로렌스 밀러 Laurence Miller는 성인기 애착 유형 중 집착형 애착 유형Preoccupied attached이 스토킹 범죄와 관련이 있다고 설명한다.[11] 성인기 애착 유형은 심리학자 킴

플로리다애틀랜틱대학 심리학과 교수 밀러

바살러뮤Kim Bartholomew와 레너드 호로위츠Leonard M. Horowitz 가 제안한 이론으로서 안정형Secure, 집착형Preoccupied, 거부형 Dismissing, 두려움형Fearful으로 구분된다.[12] 밀러의 연구 외에도 여러 연구에서 스토커들이 집착형 애착 유형과 관련이 높다는 결과가 나왔다.[13]

집착형 애착 유형은 다른 사람에게 수용되는 경험을 통해 자신의 가치를 인식하고자 한다. 스토커에게서는 피해자와의 관계를 통해 자기 자신에 대한 안정감을 느끼고자 하는 심리로 드러난다. 만약 피해자가 관계를 거부하거나, 이별을 요구하면 스

토커는 자기 자신에 대한 불안감이 높아지면서 피해자에게 집착적인 모습을 보인다. 그리고 피해자와 관계를 회복하거나, 그렇지 못할 경우 피해자를 위협함으로써 자신의 불안을 낮추고자 한다.

스토커의 집착적 특성은 질투, 분노와 같은 부정적 감정과 관련이 있는 것으로 알려져 있다. 밀러는 질투 또는 분노에 사로잡힌 스토커가 피해자 또는 피해자 주변 인물에게 응징의 대가로 스토킹을 한다고 설명한다.[14] 멜로이는 자신의 부정적 감정을 피해자 탓으로 돌림으로써 피해자에 대한 질투나 보복으로 스토킹을 시도한다고 봤다.[15] 즉, 스토커는 피해자와의 관계가 불안정하다는 생각이 들면 피해자가 자신을 거부하고, 무시한다는 생각에 사로잡혀 질투와 분노 등 제어되지 않는 부정적인 감정을 느낀다. 이 감정을 없애기 위해 스토킹과 같은 집착적 행동을 하게 된다.

이러한 심리적 기제 때문에 집착형 애착이 강한 스토커들은 관계를 회복하거나 피해자를 처벌함으로써 자신의 가치를 회복하고자 한다. 이때 발생하는 피해자를 향한 지속적인 괴롭힘은 어떠한 형태로든 피해자와의 관계를 이어나가고 있다는 잘못된 인식과 연관돼 있어 스토커가 자신의 행동을 쉽게 중단하기 어렵게 만든다. 집착적 애착 특성에 비춰 볼 때 스토킹 행위를 공격 행위의 심각성만으로 따져서는 안 된다. 반복 횟수나 초밀착적인 괴롭힘 등 집착이 나타나는 경우에도 스토킹 행위로 고려해야 한다.

4) 분노와 나르시시즘

최근 들어, 디지털 공간에 숨어 상대방을 집요하게 깎아내리고 지적하며 만족감을 느끼는 스토커가 증가하고 있다. 이들은 연예인을 헐뜯기도 하고, 자신과 관계없지만 대중적으로 이슈가 되는 사람을 향해 무자비한 인신공격을 퍼붓기도 한다. 특정 대상을 선정해 비난하고 괴롭힘으로써 자신을 더 대단한 존재로 인식하며 스스로에게 우월감을 부여한다.[16]

병적인 나르시시즘은 타인에 대한 기만 행위를 당연하게 여긴다. 자신을 권력자로 인식하거나, 우월한 존재로 각인시키고 싶어 하는 사람은 다른 사람을 이용하는 행위에도 양심의 가책이나 죄책감 같은 감정을 느끼지 못한다. 그들은 자신의 목적 달성을 위해 수단과 방법을 가리지 않는다. 자신은 곧 스마트한 사람이고, 다른 사람을 이용하는 방식이 아무나 행할 수 없는 능력이라고 생각한다.

병적인 나르시시즘을 겪는 사람은 자신과 아주 가까운 사람이 자신을 거부하고 인정하지 않거나 자신에 대해 긍정적인 반응을 보이지 않을 때 극심한 분노를 느낀다. 그 결과 극악한 스토킹으로 이어지기도 한다.[17] 그들은 자신을 감히 거절하는 행위를 자신을 위협하는 행위로 받아들인다. 그리고 수치심 또는 굴욕감을 느끼거나, 깊은 슬픔에 빠질 경우 방어적 수단으로 분노를 일으킨다.[18]

스토커가 느끼는 분노는 피해자에 대한 적대감을 고조시킨다. 그들은 피해자의 행동이 잘못됐음을 깨닫게 해줄 목적으로 스토킹을 일삼는다. 예를 들어, '나는 너보다 잘난 사람이므로 스토킹을 통해 내가 너의 잘못된 점을 가르쳐주겠다. 너는 괴로움을 통해 배워야 한다'고 생각하며 스토킹을 당하는 원인은 곧 피해자에게 내포된 운명이라며 곧 피해자에게서 합리화한다.

심리학자 카이 리 청Kai Li Chung과 셰리든은 연구를 통해 나르시시즘적 성향이 높은 사람일수록 스토킹의 심각성에 대해 아무렇지 않게 인식하는 경향이 크다는 점을 발견했다.[19] 나르시시즘적 성향의 스토커는 자신만의 세계관에 빠져 있어 다른 사람의 감정에 쉽게 공감하지 못하고 자신과 다른 생각을 존중하지 못한다. 자신의 행동으로 다른 사람이 괴로워할 수 있다는 점이나 자시의 행위가 잘못된 것임을 인정하지 않는다.

또 나르시시즘 성향이 높으면 이기적이고 허영심이 가득해 착취적인 대인관계를 지향하기 때문에 피해자의 입장을 동등하게 고려하지 않는다.[20] 특히 갈등을 겪거나 어떤 문제에 직면했을 때 자신에 대한 비난을 회피하거나 무시함으로써 책임을 피해자에게 전가한다.[21] 그래서 나르시시즘적 성향이 강한 스토커들에게서 피해자를 비난하거나 자신의 행동에 대해 반성하지 않는 뻔뻔한 태도를 쉽게 관찰할 수 있다.

지금까지 살펴 본 스토커의 심리적 특성을 현대 사회는 대수롭지 않게 여긴다. 스토커들은 그저 대인관계 능력이 부족해 사회성이 낮은 개인으로 인식되거나, 집단 내에서 문제를 일으키지 않는 조용한 사람으로 기억되기도 한다. 또 그 스토커가 나와 직접적 연관이 없다면 어떤 문제도 없는 평범한 사람으로 치부하는 경향이 있다. 그러나 스토커는 어느 누구보다 잔인하고 악질적이며 피해자의 삶을 갉아먹는 괴물이다. 평범한 사람들도 괴물에게 당할 가능성은 적지 않다.

스토커는 다양한 이유로 자신의 범죄 행위를 합리화하며 피해자에게 책임을 전가한다. 한번 스토킹의 늪에 빠져버린 피해자는 심리적 위압감에 사로잡혀 쉽게 빠져나오지 못한다. 자신을 불편하게 만드는 말과 행동이 스토킹과 관련이 있는지 구분하여 잠재적 위험에서 신속하게 벗어나려면 스토커의 심리적 특성을 잘 알아야 한다.

스토커가 스토킹을 통해 얻고자 하는 심리적 요인은 다양하다. 스토커들은 공통적으로 누구라도 자신과 같은 상황에 처하면 스토킹을 할 수밖에 없다고 생각하는 경향이 강하다. 또한 자신의 잘못을 인정하고 반성하기보다 상황이나 피해자를 탓한다. 자신의 스토킹을 범죄로 인정하지 않고, 운이 나빴다고 생각하거나 법이 잘못 적용됐다며 억울함을 토로하기도 한다. 대다수의 범죄자들이 그렇듯 스토커 또한 범행을 부인하거나 축소 보고하려는 경향이 두드러진다.[22]

스토커의 심리적 특성을 이해하려는 취지는 병리적 문제가 없는 사람이 어째서 비합리적이고 비이성적인 행동이나 사고를 일으키는지에 대한 의문을 해소하기 위한 것이다. 결코 그들의 행위를 합리화하거나 묵인할 수 있다는 전제 때문이 아니다. 이를 통해 스토킹 범죄의 위험성에 대해 좀 더 알 수 있고, 스토킹 범죄 예방을 위해 어떠한 노력이 필요한지를 생각해볼 수 있다.

2. 스토커의 행동을 지배하는 심리

1) 심리학적 이론

스토킹에서 나타나는 스토커의 심리적 특성은 일상에서도 드러난다. 사람의 행동 양식은 오랜 기간 유지해온 특성이므로 쉽게 변하지 않는다. 스토킹 또한 스토커가 선택한 행동 양식이기 때문에 스토커가 가지고 있던 기존 심리적 특성이 고스란히 담겨 있다. 예를 들어, 피해자에게 집착하거나 통제하는 모습을 보인다면 삶에서도 비슷한 경향의 행동 특성이 나타날 수 있다. 따라서 스토커가 일반적으로 지니고 있는 심리적 기제를 들여다볼 수 있다면, 스토커가 왜 스토킹을 하는지, 피해자를 선택하는 방법이 무엇인지, 또는 스토킹을 그만두지 못하는 이유가 무엇인지 찾을 수 있다.

심리학에서는 인간 행동의 심리적 기제를 이해하고, 다양한 행동 양식이 나타나는 이유를 탐구한다. 스토킹 범죄에 대해서도 스토커의 심리적 기제가 무엇인지 확인하고자 하는 연구들이 활발히 진행되고 있다.* 스토커의 심리적 특성에 대해서는

---

* 이론을 통해서 범죄 행동을 설명하는 것은 범죄를 납득하기 위한 과정이 아니다. 범죄 행동이 나타나지 않도록, 이에 적합한 예방책을 마련하기 위한 노력이다. 따라서 무엇으로부터 범죄 행동이 시작되고, 어떠한 것에서 가장 큰 영향을 받는지 알아야 한다. 단, 이론의 한계를 인정해야 한다. 이론은 모든 범죄 행동을 설명할 수 없으며, 누구나 그 이론에 따라 범죄를 저지른다는 것은 아니다.

크게 정신질환의 유무에 따라 범죄자를 구분한다. 정신질환자의 행동 양식은 인과적으로 설명할 수 없다. 또한 정신질환 여부에 따라 피해자 선정 방법이나 범죄 행동이 다르다. 따라서 각 특성에 따라 스토킹 범죄가 어떻게 나타날 수 있는지 구분해 이해해야 한다. 무엇보다 스토킹 범죄는 정신질환이 있는 사람뿐만 아니라 정신질환이 없는 사람도 저지를 수 있는 범죄라는 점이 중요하다. 우리는 스토커의 일반적인 심리적 기제뿐만 아니라 정신질환이 있는 스토커의 심리적 기제가 어떠한지 모두 살펴보아야 한다.

먼저 스토킹과 관련해 빈번하게 언급되는 이론들을 살펴보면, 정신질환을 원인으로 갖기보다 주로 결핍이나 왜곡된 인식 등을 토대로 부적응한 행동 양식을 지닌 경우가 더 흔하다. 스토커가 주변에서 흔히 관찰할 수 있는 사람이라고 가정해보자. 그러면 그가 우리와 얼마나 다른 사고를 지니고 있는지 알 수 있다. 단, 모든 스토커의 심리적 기제를 설명할 수는 없으므로 일부분을 들여다보면서 스토킹 범죄 심리를 이해해야 한다.

실제 사건을 스토커의 관점으로 재구성한 사례를 살펴보면 스토커들이 어떤 심리적 기제를 통해 스토킹을 하게 되는지 이해할 수 있다. 여기에 제시된 사건 내용은 실제로 스토커와 면담을 하거나 스토킹 사건을 분석하면서 얻은 결과를 바탕으로 재구성한 가상의 이야기다. 특히 성별에 대한 선입견이 생기지 않도록 가해자와 피해자의 이름을 성 중립적인 영어 색깔로 대신했다. 스토커의 심리 상태와 위험성에 집중할 수 있어 심리학적 이론에 대해 쉽게 이해할 수 있을 것이다.

애착이론

그린과 옐로는 약 3개월 동안 교제를 했던 사이였다. 그린이 이별을 요구하자 옐로는 6개월간 그린을 스토킹하기 시작했다. 그린의 회사에 그린을 험담하는 내용의 투서를 넣고 그린의 귀 갓길을 매일 염탐했다. 또 그린이 외출한 사이 현관의 도어락을 열기 위해 수백 번 시도하다가 문이 열리자 집 안으로 들어가 그린의 물건을 만지고 사진을 찍는 등의 행동을 했다.

옐로는 그린과 헤어진 뒤로 삶의 의욕을 잃었다. 자신은 아 무것도 할 수 없는 존재가 됐고, 직장에서도 모두 자신을 욕하 는 것 같아서 일도 그만뒀다. 그린과의 관계를 회복하기 위해 그린에게 빌려줬던 돈을 갚으라고 독촉도 했다. 옐로는 그린이 자신을 성적 대상으로만 치부했다고 험담하고 다니면 잘못을 뉘우치고 돌아올 것이라 생각했다.

옐로는 자신이 기다리고 있으면 그린이 언제든 돌아올 것이 라 생각했다. 자신이 기다리고 있다는 것을 알리기 위해 그린에 게 계속 연락했다. 그사이 그린의 마음이 바뀐 것은 아닌지 확 인하고자 집에 침입해 그린의 물건들을 살펴본 것이다. 그린이 경찰에 신고한 이후에도 옐로는 우연히 지나가는 길이었다면서 그린의 집이나 직장 근처를 계속해서 배회했다.

옐로는 경찰로부터 그린에게 접근하면 안 된다는 경고를 받 았다. 이후에는 얼굴만 보고 오는 것은 문제가 되지 않을 거라

판단하고 그린에게 연락을 하지 않은 채 근처에서 지켜보기만
했다. 옐로는 경찰의 처벌을 받았고 결국 다시는 그린과 만날
수 없다는 것을 깨닫게 됐다. 옐로는 더 이상 어떻게 살아가야
할지 막막함을 느꼈다.

정신분석가 존 볼비John Bowlby가 처음으로 주창한 애착이론
Attachment Theory은 스토커의 집착에서도 다룬 것처럼 스토커의
심리적 특성을 잘 설명하는 것으로 알려져 있다.[23] 인간은 성장
하는 동안 양육자의 태도에서 중요한 영향을 받는다. 인간의 생
존 본능은 애착을 통해 형성된다. 만약 양육자와 애착이 형성되
지 않으면 생존하기 힘들다는 심리적 기제가 생긴다. 애착은 다
른 사람의 행동에 반응하는 양식으로 나타난다.

애착이론을 토대로 바살러뮤와 호로위츠는 성인기 애착이론
을 개발했다.[24] 성인기 애착이론은 안정형과 세 가지의 불안정
형Insecure 애착 유형, 즉 집착형, 거부형, 두려움형으로 구분된다.

성인기 애착이론

안정형	불안정형		
	집착형	거부형	두려움형

안정형 애착 유형은 친밀한 관계에서 안정감을 느끼고 다른
사람의 반응이나 태도로부터 자유롭다. 자신감을 가지고 갈등
관계를 건설적으로 해결하고자 한다. 반면 불안정형 애착 유형

은 대인 관계에서 안정감을 쉽게 경험하지 못한다. 특히 집착형 애착 유형은 헤어진 배우자와 연인 등 친밀한 관계였던 사람을 스토킹하는 스토커에게서 빈번히 나타난다.[25]

집착형은 정서적으로 불안정해 친밀한 사람에게 과도하게 집착하고, 다른 사람에게 의존해 자신의 가치를 평가한다. 부정적인 자아상을 지니고 있기 때문에 다른 사람에게 긍정적 평가를 받아야만 불안감을 해소할 수 있다. 그러나 자기 자신의 공허함은 다른 사람을 통해 충족될 수 없다. 또 모든 관계가 항상 긍정적일 수만은 없다. 따라서 집착형 스토커는 분노와 심한 좌절감을 느낀다. 이들에게 관계 단절은 자신을 무너뜨리는 행위이며 이를 막기 위해 스토킹으로 관계 회복을 시도하는 것이다.

옐로는 자신의 삶을 그린과의 관계에 지나치게 의존했다. 그린과의 관계가 단절되는 것을 자기 자신을 부정하는 것으로 간주했다. 옐로는 자신의 삶을 회복하기 위해 그린에게 집착하는 모습을 보였다. 그린이 경찰에 신고한 이후에도 불안감을 해소하기 위해 그린을 스토킹했고, 자신의 마음처럼 관계가 회복되지 않자 심한 좌절감을 느꼈다.

집착형 애착 유형은 심리적 불안감을 해소하고자 또 다른 대상자를 찾기도 한다. 하지만 일시적 완화 효과에 불과할 뿐 궁극적인 문제 해결까지는 이르지 못한다. 집착형 애착이 많은 사람은 긍정적 자아상을 형성해 스스로 독립적 개체임을 인식하기 위해 노력해야 한다. 또 자신의 삶을 타인과의 관계에 의존하지 않도록 진정한 내면을 들여다볼 수 있는 건강한 심리적 경험이 필요하다.

애착은 다른 사람과의 관계에서 나타나는 심리적 특성이므로 애착에서 비롯한 심리적 문제는 대인관계에 큰 영향을 끼친다. 누구나 한번쯤 어린 시절부터 학교생활 등 또래 관계에서 나타나는 문제의 패턴을 파악하고, 빈약한 자아상을 갖고 있지는 않은지 점검해볼 필요가 있다. 사회에 잘 적응하지 못하고 대인관계에서 반복적으로 문제를 일으킨다면 전문가 상담이나 심리치료를 통해 자신의 내면을 탐색해보면 도움이 된다.

관계적 목표 추구이론

블랙은 평소 흠모하던 화이트를 5년간 스토킹했다. 지인을 통해 우연히 알게 된 화이트는 재력가이며 주변 사람에게 신망을 받는 사람이었다. 화이트는 사람들에게 베풀기를 좋아해 블랙을 포함한 여러 사람들에게 금전적인 도움을 주기도 했다.

두 사람은 함께 어울리는 시간이 잦아지면서 친한 사이로 발전하게 됐다. 블랙은 화이트에게 사랑 고백을 했으나 거절당했다. 그 후로 블랙은 화이트에게 매일 수십 통씩 전화와 문자를 했고, 화이트의 가족들에게도 선물 공세를 펼쳤다. 블랙은 다른 사람들에게 자신이 화이트와 연인인 것처럼 행동했다. 화이트는 거부 의사를 수십 차례 밝혔으나, 블랙은 더더욱 화이트에게 자주 연락하며 잘해주기 위해 안간힘을 썼다.

화이트가 자신을 계속 받아주지 않자, 블랙은 술을 마시고 화이트를 찾아가 물건을 던지거나 고성을 지르며 욕설을 퍼붓는 등 난폭한 모습을 보였다. 화이트가 경찰에 신고하자, 블랙은 스토킹을 부인하며 화이트를 성(性) 편력이 심한 사람으로 매도했다. 이후에도 괴롭힘의 수위를 조절해가며 스토킹을 멈추지 않았다.

블랙은 빚 독촉에 시달리고 있었고, 화이트와 함께하면 경제적 문제에서 벗어날 수 있을 것이라 생각했다. 화이트의 거절은 진심이 아니라 생각했고, 자신의 노력이 부족한 탓이라 여겼다. 블랙은 술을 마시면 행동을 제어할 수가 없었고, 화이트에게 화를 낸 뒤에는 다시 마음을 얻기 위해 사과를 하거나 잠시 연락을 하지 않는 등 더 많은 노력을 쏟아부었다. 결국 블랙은 처벌을 받게 됐지만 여전히 화이트가 자신과 교제한 사이라고 주장하면서 스토킹 범죄를 부인했다.

관계적 목표 추구이론Relational Goal Pursuit Theory은 강압적으로 친밀한 관계를 유지하려고 하는 행동을 설명하는 이론이다.[26] 심리학자 윌리엄 쿠파치William R. Cupach와 브라이언 스피츠버그Brian H. Spitzberg는 친밀한 관계가 단절된 후에도 화해를 시도하거나 끊임없이 접근하는 등 강압적으로 관계 회복을 추구하는 사람들에 대해 연구했다.[27]

관계적 목표 추구이론에 따르면 스토커는 친밀한 관계를 형성하는 것이 자신의 행복과 가치 실현에 연관성이 높다고 생각해 스토킹에 더 많은 시간과 에너지를 투자하는 경향이 있다고 한다. 이처럼 강압적으로 관계 형성을 요구하는 사람들은 목표 연결성Goal-linking, 자기효능감, 반추Rumination, 합리화Rationalization, 감정의 홍수Emotional Flooding 등 다섯 가지 요인에 영향을 받는다고 설명한다.

강압적인 관계 형성을 요구하는 사람들이 영향 받는 요인	• 목표 연결성 • 자기효능감 • 반추 • 합리화 • 감정의 홍수

목표 연결성은 자신의 목표 추구와 피해자를 강하게 연결 짓는 특징을 말한다. 쉽게 말해 피해자와 친밀한 관계를 유지해야만 자신이 행복해지고 가치 실현을 할 수 있다고 생각하는 것이다. 목표 연결성은 '너 없인 행복할 수 없다', '너는 내가 반드시 가져야 한다', '세상에 나를 알아주는 사람은 너밖에 없다'와 같은 생각과 관련이 있다. 그만큼 스토커들은 관계 단절을 쉽게 받아들이지 못한다. 그리고 자신의 노력과 투자에 따라 관계가 회복될 것이라는 생각에 매몰돼 열심히 노력하면 목표를 달성할 수 있을 것이라며 자신감을 가지기도 한다.

관계적 목표 추구이론에서 언급하는 자기효능감은 자신감을 바탕으로 상대방과 원하는 관계를 형성하거나 유지할 수 있을 것이란 신념을 의미한다. 스토커는 과장되거나 왜곡된 자기효능감을 토대로 피해자와 친밀한 관계를 추구하려는 목표를 계속 유지한다. 반면 반추는 자신이 바라는 목표를 달성하지 못할 것이라는 걱정에 사로잡혀 피해자와 친밀한 관계를 회복하기 위해 더더욱 몰두하려는 행위와 관련이 있다.

한편 스토커는 피해자가 거부 의사를 명확하게 표시해도 합리화를 통해 올바르게 받아들이지 않는다. 합리화가 지속될 경우 피해자에 대한 강압적 행동의 강도가 심화될 수 있다. 만약 자신의 목표가 좌절될 것이라고 판단되면 분노, 질투, 수치심 등의 부정적이고 비관적인 감정이 홍수처럼 밀려오기도 한다. 이때 스토커는 감정을 해소하기 위해 받아들이고 적응하기보다 피해자를 위협하거나 공격하는 식으로 난폭하게 변한다.

즉, 스토커가 강압적 방법을 동원해서라도 피해자와 친밀하게 지내려고 하는 것은 자신의 행복과 가치실현 등 고차원적 목표와 연결돼 있기 때문이다. 이때 피해자가 거부하거나 스토커가 외부로부터 방해를 받으면 더욱더 확고하게 관계를 추구하며 스토킹에 몰두하는 결과로 이어진다.

블랙은 화이트를 통해 자신이 경제적으로 풍족한 삶을 누리며 사회적 지위도 높일 수 있을 것이라 생각했다. 블랙은 화이트의 마음을 얻기 위해 모든 시간과 에너지를 투자해 화이트에게 도움이 될 만한 일들을 했다. 화이트의 가족들과 친구들에게도 자신의 멋진 모습을 보이고자 했다. 그러나 화이트가 계속 거절하자, 블랙은 극심한 분노와 질투를 느낀다. 경찰의 처벌로 더 이상 화이트에게 접근할 수 없게 되자 화이트를 험담하며 상대방의 가치를 평가절하하는 식으로 입장을 바꾼다.

관계적 목표 추구이론에서는 스토커처럼 강압적으로 관계를 형성하려는 사람들이 친밀한 관계를 요구하는 것을 넘어 더욱 더 고차원적 목표를 상정한다고 설명한다. 따라서 그들과의 연결고리를 끊어내야 스토킹 피해를 입지 않을 수 있다. 그리고 친밀한 관계가 유지돼도 그들이 원하는 목표를 실현할 수 없다는 인식을 심어줘야 한다. 또는 관계 거부에 대한 잘못된 합리화를 차단해야 스토킹을 중단하는 데 도움이 될 수 있다.

대인관계는 개인 간 특성이 상호 작용하면서 얻는 일종의 사회적 경험이다. 대인관계가 반드시 특정 형태를 띠어야 한다는 당위성은 없다. 대인관계를 통해 반드시 무엇을 얻어야만 하는 것도 아니다. 상대방에게 특정한 목표, 예를 들어 '결혼할 사람'이라든가 '나만을 생각해주는 사람'과 같은 목표를 부여하고 강압적으로 관계를 형성하려는 시도는 대인관계를 더욱더 힘들게 만들 뿐이다.

누구나 친구, 직장동료 등을 만나는 과정에서 불편한 대인관계를 맺기도 하고, 자신이 원치 않는 대인관계를 수용해야 할 때도 있다. 건강한 대인관계를 맺고자 한다면 자신과 관계를 분리해 이해해보면 도움이 된다. 또한 대인관계가 자신의 문제 상황을 모두 해결해주지 않는다는 것도 깨달아야 한다. 집단 혹은 사회 속 개인의 모든 대인관계가 원만할 수는 없으며, 대인관계를 통해 자신의 가치를 결정하는 것도 바람직하지 않다는 것을 경험해 인지하는 것이 바람직하다.

정체성 통제이론

블루와 레드는 서로 연인관계였으나, 성격 차이로 다툼이 잦아지자 레드가 헤어지자고 말했다. 블루는 헤어지고 싶지 않았지만, 마음이 떠난 레드를 붙잡고 싶은 마음도 없었다. 결국 레드와 헤어지게 됐지만, 헤어진 이후에도 여전히 레드의 SNS를 염탐하고 친구들에게 레드의 소식을 물어보는 등 레드에 대한 관심을 놓지 않았다.

그러다 며칠 뒤 블루는 한 친구에게 레드가 블루의 친한 친구와 교제했었다는 소식을 들었다. 블루는 그동안 레드와 함께 보냈던 시간과 대화가 모두 거짓으로 느껴졌다. 무엇보다 자신의 친한 친구와 몰래 만나왔다는 사실로 인해 블루는 레드를 가벼운 사람으로 치부했으며, 그런 사람을 믿고 의지했던 것이 자신을 농락한 것과 다를 바 없다고 생각해 엄청난 분노를 느꼈다. 레드의 사과에도 분은 풀리지 않았다.

블루는 자신이 그런 취급을 당했다는 사실을 참을 수 없었다. 또 레드가 주변사람에게 경솔한 사람으로 비치지 않아야만 했다. 블루는 주변 사람들에게 언제나 위풍당당한 모습을 보였고, 항상 친구들에게 대단한 사람으로 보이고자 했다. 레드와 친구에게 속을 정도로 자신이 바보 같은 사람으로 보이는 것은 참을 수가 없었다. 블루는 레드의 일거수일투족을 감시하며, 그의 이성 관계를 자신이 대신 정리해줘야 한다고 생각했다. 블루는 매일 레드에게 전화를 걸어 귀가 시간을 확인했고, SNS 게시물을 통해 레드가 만나는 사람 중에 이성이 있는지 수시로 살펴봤다. 블루는 레드에게 자신과 헤어진 지 얼마 되지 않았기 때문에 다른 이성을 만나선 안 되며, 모두 레드를 위한 일이므로 자신의 요구에 따라야 한다는 것을 매일같이 전화로 설명했다.

레드는 블루에게 매번 사과를 했고, 블루가 정한 통금 시간에 맞춰 귀가하는 등 블루의 요구를 그대로 따랐다. 블루는 레드의 가족들에게도 연락해 레드의 음탕함에 대해 험담을 일삼았다. 두려움을 느낀 레드는 블루의 뜻을 따를 수밖에 없다고 생각했다. 블루는 레드가 자신에게 순종적인 모습을 보이자 분노가 가라앉는 것을 느꼈다. 이후 블루는 다른 사람을 만나면서 레드에 대한 관심을 놓게 됐다.

이후 레드가 경찰에게 신고해 블루는 처벌을 받았다. 블루는 누구든지 자신의 상황에 놓이면 화를 참을 수 없을 것이며, 레드는 통제가 필요한 사람이라고 주장했다. 자신의 행동은 레드에게 올바른 길을 가르치기 위한 목적에서 나온 것이었으며, 레드의 가족들도 그것을 알아야만 한다고 이야기했다. 블루는 범죄로 처벌받는 것에 대해서는 법으로 정해진 것이니 따라야겠지만 다시는 레드와 같은 사람을 만나지 않도록 잘 살아야겠다고 생각했다.

정체성 통제이론Identity Control Theory에서는 누구나 자신이 어떠한 사람인지 알고 싶어 한다고 설명한다. 그러나 대부분 진짜 내면의 자신을 들여다보기보다 다른 사람들에게 비춰지는 자신의 모습을 더 궁금해하기 마련이다. 자신이 어떠한 사람으로 보이고 싶은지 고민하고, 그들의 시선에 어울리게 행동하기 위해 수많은 시행착오를 겪는다. 학교, 직장 등 여러 집단에서 사회화를 거치며 자기정체성을 확립하고자 하는 것이다. 이렇듯 정체성 통제이론은 자신이 원하는 모습대로 남들에게 비춰지기 위해 생각하고 행동하는 경향성을 다룬다.

정체성 통제이론에 따르면 자기정체성은 다른 사람과 함께 어울릴 때 자신이 어떠한 행동을 하고 어떠한 태도를 취해야 하는지 결정하는 데 중요하게 작용한다. 사람이 살아가면서 중요한 선택을 해야 하는 순간에 직면했을 때 내리는 결정이나 행동을 자기정체성이 좌우하는 만큼 명확하게 인지해야 한다. 자기정체성이 불분명한 사람은 판단을 내려야 할 중요한 사건이 발생했을 때 불안감을 크게 느끼고 쉽게 안정감을 찾지 못할 수 있다.

사회심리학자 스테츠와 버크가 실시한 신혼부부 대상의 연구가 바로 정체성 통제이론을 토대로 진행한 대표적인 연구다.[28] 사람은 저마다 사회적 관계를 통해 자기정체성을 확립하려고 한다. 자기정체성과 불일치하는 상황을 맞닥뜨렸을 때 자기효능감이 낮은 사람은 친밀한 상대를 통제함으로써 자기효능감을 회복하거나 자기정체성을 다시 확인하려 한다.

정체성 통제이론에 따르면 친밀한 상대에 대한 통제가 더욱더 강해질수록 공격성이 나타난다. 다른 사람에 대한 통제력을 증가시켜 자기정체성과 불일치하는 상황에 대해 보상받으려고 하는 것이다. 그러나 다른 사람을 통제하는 것은 결국 그 사람에 대한 권력을 점점 더 갖게 되는 것이며, 상대방이 복종하지 않을 때에는 처벌, 즉 공격성을 쉽게 드러내게 된다.

블루의 스토킹도 정체성 통제이론으로 설명할 수 있다. 블루는 레드와 다시 만나는 것을 원하지 않았음에도 레드를 스토킹했다. 자신이 친한 친구와 레드에게 농락당했다는 것에만 집중한 나머지 객관적으로 판단해야 할 사항에도 과도하게 격분하는 모습을 보였다. 자신이 쌓아온 자기정체성이 레드로 인해 무너진 것에 분노하며, 자신이 겪고 있는 상황을 바로잡기 위해 레드를 통제하려고 한 것이다. 이러한 분노를 해소하기 위해 레드뿐만 아니라 그의 가족들까지 스토킹한 것으로 볼 수 있다.

자신이 어떠한 사람인지 명확하게 인지하지 못하고, 자기정체성이 불분명하다고 해서 모두가 스토킹을 저지르지는 않는다. 또한 이러한 심리적 문제가 스토킹에 정당성을 부여하지도 않는다. 자기효능감을 높이고 자기정체성에 대한 안정감을 확보하고자 한다면 다른 사람에 대한 강압적 통제가 아니라 다른 방법을 찾아야만 한다.

자기정체성의 올바른 확립과 자기효능감의 향상은 단시간 내에 이뤄지지 않는다. 게다가 누구나 자기정체성을 상실하거나 자기정체성으로 상황을 통제하지 못하는 시기를 거친다. 일반적으로는 혼란스러운 과정을 거쳐야 자기개념에 대한 안정감을 확보할 수 있고 나아가 안정감 있는 독립된 자아를 형성한다. 우리는 모두 자신의 개성을 드러내고 싶어하면서도 또래들과 동질감을 느끼고 싶은 사춘기를 지나, 어느 것 하나 자신 있게 해내지 못하면서도 빨리 사회에 적응하는 모습을 보여야만 하는 사회초년생 시절 등을 보내면서 자기정체성을 찾고 성장한다.

올바른 자기정체성은 아직 자기개념이 불안정한 시기에 부모의 정서적 지지와 안정적인 또래 관계를 경험할 때 확립된다. 또 학교생활이나 친구들 앞에서 자신의 의견을 피력하고 자신과 생각이 다른 사람의 피드백을 수용하는 과정을 거치면서 건강한 자기정체성을 건설적으로 발전시키려 한다.

지금까지 언급한 이론 이외에도 많은 연구에서 스토킹 행동과 심리적 기제의 관계에 대한 설명을 시도하고 있다. 모든 스토킹 행위를 특정 이론으로 설명할 수는 없다. 제아무리 정교한 이론이라고 해도 스토킹을 합리화시킬 수는 없다. 누군가가 스토커와 유사한 심리적 특성을 지녔다고 해서 반드시 스토킹을 할 것이라는 의미도 아니다. 스토킹과 관련된 이론들을 살펴봄으로써 스토킹에 대한 경각심과 현실적 예방책을 찾기 위한 노력을 게을리해서는 안 된다는 메시지를 기억해야 한다.

스토킹 범죄에서는 간혹 일반적으로 이해하기 어려운 현상도 나타난다. 스토커들이 일면식이 없는 사람을 스토킹하기도 하고, 상식적으로 납득하기 어려운 이유로 스토킹을 지속하기도 한다. 이러한 행동들은 어떻게 이해할 수 있을까? 영화에 등장하는 미치광이 스토커나 잔인하게 사람을 공격하는 사이코패스 스토커도 실재하는 것일까? 이들은 어떤 병리학적 문제에 봉착해 있는 것은 아닐까?

2) 병리학적 이론

지난 수십 년간 수많은 학자들이 스토킹에 대한 견고한 정의를 구축하기 위해 다양한 연구를 시도했다. 그럼에도 여전히 스토킹을 정의하는 데 어려움을 겪고 있다. 정확히 상대를 몇 번 괴롭혀야 스토킹을 한 것일까? 상대의 주거지나 직장에 일방적으로 접근한 이력이 있을 때 스토킹이 성립하는 것일까? 전혀 마음에 들지 않는 상대가 데이트 신청을 위해 두 번 이상 전화를 걸었을 때 스토킹이라고 볼 수 있을까? 어떠한 괴롭힘 행위가 얼마만큼 반복돼야 스토킹 행위로 인정될까?

대부분 스토킹에 대해 관심을 가질 때면 제일 먼저 법적 정의를 찾아본다. 스토킹이라는 용어 자체는 형사사법 체계에서 굉장히 최근에 등장했다. 국내의 경우 스토킹 행위에 대한 법적 정의는 「스토킹 처벌법」 제2조에 따라 "스토킹 처벌법상 상대방의 의사에 반하여 정당한 이유 없이 상대방에게 접근하거나 따라다니는 행위, 상대방의 주거, 직장, 학교 등 그 부근에서 기다리거나 지켜보는 행위 등을 하여 상대방에게 불안감 또는 공포심을 일으키는 것"을 의미한다.

그러나 스토킹의 심각성을 인지하고 처벌하기 시작한 수많은 국가들 사이에서도 이에 대한 정의는 일치하지 않는다. 멜로이는 법률에서 정의한 스토킹이 대개 세 가지 요소들을 반영하고 있다고 설명한다. 첫 번째로 상대방이 원치 않는 침입적 행위의 패턴, 두 번째로 침입적 행위와 관련된 내재적이거나 외재적인 위협의 존재, 마지막으로 위협을 당한 사람이 겪는 합리적

공포감과 같은 침입 행위에 대한 결과들이다.[29]

그러나 스토킹 범죄 행위에 따른 법적 처벌을 위한 정의로는 스토킹 행위를 이해하기에 부족한 측면이 있다. 특히 법적 절차상에서 규정하고 있는 스토킹 행위는 임상적 환경에서 정의하는 스토킹과는 의미 면에서 차이가 있다.[30] 임상적 환경에서는 스토킹을 보다 더 다양하게 관찰하고 측정하고 있어 스토킹 행위를 이해하는 데 더 용이하다.

멜로이와 셰이나 고서드Shayna Gothard는 임상적 관점에서 스토킹을 '특정인에게 가해지는 위협과 괴롭힘의 비이상적이거나 장기적인 패턴'이라고 정의했다.[31] 다라 웨스트럽Darrah Westrup과 윌리엄 프레무William Fremouw는 이러한 정의가 스토킹을 이해하는 데 부족한 측면이 있다고 지적했다. 이들은 특정인을 향해 불쾌하고 침해적이고 두려움과 공포를 유발하는 한 가지 또는 두 가지 이상의 행위들을 계속 반복하는 것으로 스토킹을 정의했다.[32] 뮬렌과 그의 동료들은 스토킹에 대해 반복적인 행위로서 불쾌하고 침해적이며, 합리적 판단이 가능한 사람이 보았을 때 공포감을 야기하는 것으로 추가 설명을 덧붙였다.

이들의 정의를 종합해보면, 결국 스토킹은 반복되는 행위의 복합체로서 위험성을 내포한다. 스토킹 행위들을 하나하나 개별적으로 바라봤을 때는 위험성이 적거나 무고하게 보일 수 있다.[33] 그러나 불쾌한 행위가 반복적으로 지속되고 누가 봐도 충분히 공포감과 불안감을 야기한다고 예상되면 스토킹 가해 행위로 봐야 한다는 점을 간과해선 안 된다.

스토커가 온라인에서 피해자를 괴롭히는 것이 단순히 관심 있는 사람의 SNS를 살펴보는 것처럼 보일 수도 있다. 하지만 남들 모르게 피해자의 신상정보를 유포하는 등 매우 악질적인 가해 행동을 할 수도 있고, 오프라인에서 무기를 들고 피해자를 쫓아다니며 심각한 상해를 입히거나 죽음에 이르게 할 수도 있다. 심지어 한 가해자가 앞서 언급한 두 가지 상황의 가해 행위를 모두 행할 수도 있다. 무엇보다 스토킹 가해자의 프로파일은 매우 다양할 수 있다는 점을 염두에 둬야 한다.

스토킹 가해자는 다양한 심리와 복잡한 행동 양식이라는 특성을 지니기에 '(모든) 스토커는 망상에 사로잡혀 있다', '(모든) 스토커는 피해자를 공격한다'처럼 한 가지 프로파일로 정의내릴 수 없다.[34] 스토킹 사건에 대해 법적 판단을 내려야 하는 상황에서 제한적인 관점의 법적 정의에 따른 규정은 반드시 필요하다. 그러나 임상병리학적으로 바라보는 스토킹 행위자에 대한 해석이 병행된다면, 심리 상담이나 정신질환 관련 치료를 통해 스토킹 범죄를 줄이는 데 도움이 될 것이다.

정신질환과의 관련성

스토커는 왜 특정한 누군가를 스토킹하는 것일까? 스토커는 평범한 보통 사람과 어떻게 다를까? 정신질환에 기인한 스토킹의 경우, 가해자가 자신의 행위에 대해 범죄성을 인지하지 못하는 상태에서 가해 행위를 지속할 수도 있다. 스토킹과 정신질환의 관련성을 다룬 해외의 선행 연구를 보면 스토커들의 절반 이

상이 정신장애를 앓고 있는 것으로 나타났다.[35]

스토커의 정신질환은 어떤 기준으로 평가할 수 있을까? 스토커를 정신의학적으로 살펴볼 때 우선적으로 참고할 수 있는 자료는 〈정신질환 진단 및 통계편람Diagnostic and Statistical Manual of Mental Disorders, DSM〉이다. 〈DSM〉은 미국정신의학회American Psychiatric Association; APA에서 발간한 책으로 정신질환자의 장애를 진단하고 분류하는 데 널리 사용되고 있다.

〈DSM〉과 관련된 스토커의 심리장애 유형으로는 약물 관련 장애, 우울증, 적응장애 등 기타 정신증적 증상을 포함한다. 특히 감정적으로 극적인 특성을 보이는 반사회성 성격장애, 경계성 성격장애, 자기애성 성격장애 등 B군으로 분류되는 성격장애에 해당하는 병리적이고 성격적인 특성도 포함된다.[36]

미국과 호주에서 형사사법 절차 과정에 있는 스토커들을 대상으로 연구를 진행한 결과 약 50퍼센트에 이르는 사람이 일종의 정신장애 증상을 겪고 있었다. 이들에게는 일반적으로 성격장애, 조현병, 우울증, 및 약물 사용 장애가 나타났다.[37] 그렇다면 스토커는 몇 개의 정신질환을 갖고 있는 것일까? 한 가지의 정신병적 증상을 보이는 경우도 있고, 여러 질환과 증상이 복합적으로 나타나는 경우도 있다.[38]

하지만 스토킹은 정신장애가 아니라 행동이라는 점에 주의를 기울여야 한다. 정신장애는 스토킹에 영향을 끼칠 수도 있고 아닐 수도 있다. 또 장애와 관련된 증상의 특성이나 개인적, 환경적 요인 등은 스토킹이 아닌 다양한 양상으로 나타나기도 한다.[39] 따라서 정신장애의 복잡하고 다면적인 특성을 고려하면, 정신장애가 스토커에게 미치는 영향의 결과는 다양하게 발현될 수 있다는 사실을 알 수 있다.[40]

물론 형사사법기관과 정신보건기관에서 주의를 요하는 스토킹 사건에서 가해자가 정신장애를 앓고 있는 경우가 많아 정신장애를 스토킹 강력 범죄의 위험요인으로 볼 수도 있다.[41] 거듭 말하지만 모든 스토커가 정신질환을 갖고 있는 것은 아니다. 스토킹 행위와 정신질환의 증상은 다를 수 있기에 스토커가 정신질환을 앓고 있다고 해서 무조건 고위험군으로 보거나 공격성이 매우 높다고 판단해서는 안 된다.

치료적 측면에서 볼 때, 가해자의 스토킹이 피해자에 대한 편집증적Paranoid 또는 애정망상적 믿음Erotomanic delusional beliefs에 기인한 경우에는 정신병적 증상이 직접적인 원인이 되기도 한다. 이런 경우 만약 스토킹 행위의 원인인 정신질환을 성공적으로 치료한다면 스토킹 행위를 멈출 가능성이 높다. 다만 약물 치료법은 효과가 나타나기까지 오랜 시간이 걸리거나 망상을 해소하기보다 약화시킬 뿐이라는 한계도 존재한다.[42] 그런 이유에서 스토킹은 정신약리학 이외에도 실질적이고 심리학적인 개입을 통해서도 관리돼야 한다.

배리 로젠펠드Barry Rosenfeld는 스토킹 범죄자들의 절반 이상이 몇 년 안으로 같은 범죄를 저지른다는 연구 결과를 발표했다. 그는 재범을 예측할 수 있는 요인으로 반사회성, 경계성, 자기애성 성격장애를 꼽았다. 더불어 이런 장애에 사용되는 약물이 재범률을 예측할 때 효과적이라는 것을 밝혀냈다.[43] 또한 정신증적 증상이 있는 사람이 효과적인 치료와 관리를 받지 않으면 다시 스토킹 행위를 저지를 가능성이 현저히 높아진다는 결과도 제시했다.[44]

스토커의 행동을 관리하기가 상당히 어렵고 피해자에게 커다란 위험을 초래할 여지가 있을 경우 반드시 임상적으로 정신질환을 치료하거나 형사사법적으로 개입하고 판단해야 한다.[44] 따라서, 주변에서는 스토커가 어떤 정신질환과 심리적 어려움에 놓여 있는지 파악해야 하며 가해 행위를 효과적으로 중단시키기 위해서도 병리학적 관점의 접근과 대응을 해야 한다.

다른 나라에서는 스토킹 사건과 관련해 법원에서 가해자의 정신질환 검사를 따로 요구하는 경우를 종종 볼 수 있다.[46] 소피아 지에기엘레브스키Sophia F. Dziegielewski와 앨버트 로버츠Albert R. Roberts는 재범을 낮추기 위한 스토커의 제재, 임상적 치료 그리고 효과적인 피해자 보호가 유기적으로 엮일 때 스토킹 법안이 성공적으로 작동한다고 했다.[47] 임상적 치료가 실제 원인을 파악하고 해결함으로써 단순한 처벌보다 재범 방지에 더욱 효과적인 요소 중 하나임을 알 수 있다.*

우리나라의 스토킹 처벌법에도 재범 예방을 위한 정신질환

---

* 최근 우리나라에서도 정신질환 관련 범죄가 나날이 증가하고 있다. 경찰청 범죄 통계에 따르면 정신질환자에 의한 범죄가 2012년 5,298건에서 2021년 8,850건으로 67퍼센트 증가했다. 정신질환에 의한 강력범죄 또한 과거에 비해 증가했고 이들의 재범률은 다른 강력범죄보다 높다.

진단과 심리 상담에 관한 규정이 있다. 「스토킹 처벌법」 제19조 제1항에 의하면, 법원은 스토킹 범죄를 저지른 사람에 대해 200시간 범위에서 재범 예방에 필요한 수강명령 또는 스토킹 치료프로그램의 이수명령을 병과할 수 있다. 이에 따라 수강명령 또는 이수명령에서는 재범 예방을 위해 스토킹 행동에 대한 진단 및 상담이 이뤄지고 있다.

또한 실질적이고 내실 있는 프로그램과 치료 그리고 그 결과에 대한 연구도 전무한 실정이다. 실제로 대검찰청과 경기대학교에서 진행한 〈스토킹 고위험군 식별을 위한 범죄심리학적 판단 지표 개발을 위한 연구〉과정에서 프로그램 대상자인 스토킹 사범들과 인터뷰를 한 결과 치료 프로그램에 대한 회의적 의견을 들을 수 있었다.

이처럼 스토킹 가해자에 대한 정확한 진단과 평가가 제대로 이뤄지지 않는 상태에서 단체로 수강하는 프로그램이 얼마나 효과가 있을지 예측하기 어렵다. 그러나 2021년 「스토킹 처벌법」이 제정된 이후로는 점진적으로 실제 범죄 특성에 맞춰 프로그램 내용이 개선돼 범죄에 제대로 대응하기 위한 노력이 이뤄지고 있는 듯하다. 그럼에도 아직 정신질환 환자에 대한 치료 환경은 열악하다. 법원에서는 정신질환 범죄자에게 치료감호 판결을 선고하고 치료감호소로 보낸다. 문제는 치료감호소가 국립법무병원 단 한 곳뿐이라는 점이다. 심지어 의사 한 명당 담당하고 있는 환자가 80명이 넘어 관리에도 어려움이 있다.[48]

이런 문제점을 극복하고자, 2022년 서울 경찰청은 수사 단계에서부터 스토킹 범죄자들이 전문 상담사들에게 심리상담 및 치료를 받을 수 있도록 스토킹 행위자 상담프로그램 시범사업을 진행했다. 스토킹 행위자들은 대개 자신의 행위에 대한 심각성을 몰랐다가 상담프로그램을 통해 깨닫게 되는 경우가 많았다고 한다.[49]

상담프로그램은 전문 자격이 있는 상담사가 치료 계획을 세우고 면담을 진행한다. 상담사들은 스토커의 범죄 행위만 보는 것이 아니라 정신질환의 징후나 증상 등을 포착해 정신의학적인 치료까지 연계해준다.[50] 스토킹 범죄자들이 상담에 동의하지 않을 경우 치료가 진행되지 않는다는 한계가 있지만, 수사 단계에서부터 치료를 시작할 수 있다는 점에서 스토킹 재발 방지를 위한 커다란 진전을 이룬 셈이다.

우리나라의 스토킹 법은 다른 나라와 비교해 20여 년 이상 늦게 제정되었다. 법이 이제 막 시행되는 단계인 만큼 개선해야 할 점들이 분명 존재한다. 무엇보다 영미권 국가처럼 사법 절차 내에서 가해자들의 정신질환에 대한 평가가 자연스럽게 이뤄지도록 인식 개선이 필요하다. 전문가들은 한발 더 나아가 전문적으로 정신질환을 다루는 치료법원이나 정신건강법원을 마련해 좀 더 밀접하고 적절한 치료를 제공하고 대응해야 한다고 강조한다.[51]

범죄 행위 분석을 통해 재발을 방지하려는 노력도 필요하다. 그러나 스토킹 범죄에서는 가해자들을 행동하게 만든 원인을 살펴보는 것도 중요하다. 외국에서는 이미 정신질환과 관련된 범죄의 심각성을 인지하고 여러 장치를 마련해 효과적으로 대응하고 있다. 우리나라도 현재 늘어나고 있는 스토킹 범죄 동향을 살피고 정신질환이 범죄의 원인 또는 위험 요인이라면 이에 맞는 대응과 치료 프로그램을 운영할 수 있도록 제도를 마련해야 한다.

에로토마니아

유니콘이 존재한다거나 귀신을 믿는 사람을 보면 우리는 그가 비현실적인 세계에 살고 있다거나 망상에 사로잡혀 있을 것이라 생각한다. 과연 어떠한 것을 망상이라고 말할 수 있을까? 망상의 정의를 구체적으로 특정 짓기는 힘들다. 믿음이나 관념은 구체적으로 파악하거나 체계적으로 측정하기가 어렵기 때문이다.[52] 다만, 어떤 신념이 매우 터무니없거나 타당하지 않고, 절대불변의 원칙을 고수하거나, 다른 사람이 전혀 공감할 수 없으며, 과하게 몰입돼 있다면 망상이라고 부를 수 있다.[53] 망상은 이분법적으로 나뉘거나 뚝뚝 끊어지는 형태보다는 복잡하고 다차원적인 현상으로 나타난다.

초기 스토킹 연구에서 가장 흔하게 발견된 성격 진단의 예는 에로토마니아Erotomania, 즉 애정망상장애다.[54] 애정망상장애는 전체 인구에서 자주 발생하는 질환은 아니나 스토킹을 행하는 집단에서는 종종 발견된다.[55] 스토킹 행위자에게서 흔하게 발견되는 에로토마니아란 무엇일까?

애정망상의 개념은 여러 학자들을 통해 발전해온 만큼 다양한 명칭으로 불렸다. 먼저 18세기에 프랑스 정신과 의사 장 에티엔 도미니크 에스키롤Jean-Étienne Dominique Esquirol은 에로토마니아를 정신질환의 한 형태인 '상상의 질병'으로 봤다.[56] 그는 애정망상장애가 어떤 대상을 향한 공상이든 실제 발생할 수 있는 생각이든 과도한 사랑을 표현하는 만성적 대뇌 질환이며 판단 오류를 동반하는 상상력의 병

정신건강의학과 전문의 에스키롤
(1772~1840년)

리라고 했다. 이후 에스키롤은 애정망상 장애가 자신과 교류가 아예 전무했거나, 자신과 관련이 거의 없는 상대에게도 가질 수 있는 과장되고 비합리적인 정서 애착이라고 특징지었다.[57]

에로토마니아는 1921년 프랑스 정신건강의학과 전문의 가시앙 드 클레랑보Gatian de Clérambault의 연구 주제였다. 이후 그의 이름을 따서 클레랑보 신드롬Clérambault syndrome으로 불리기도 한다.[58] 팀 길렛Tim Gillett은 클레랑보가 에로토마니아의 두 가지 형태를 강조했다고 전한다.[59] 1차적 형태는 정신증적 발현 증상으로 성적 망상Erotic delusion이 환각Hallucination 없이 갑자기 발병해 만성화되는 특성을 지닌다. 반면 좀 더 포괄적인 2차적 형태는 점진적으로 발병하며 여러 상대를 사랑의 대상으로 삼는 경향이 있다.[60]

애정망상장애는 청소년기부터[61] 노령까지 어느 나이에서든지 발병할 수 있다.[62] 그리고 성별 구분 없이 남녀 모두에게서 발견된다. 10대 청소년기에 아이돌에 반해 무언가를 갈망하고 상상하는 것에서부터 심각한 정신질환을 동반하며 끊기 힘든 망상에 이르는 수준까지 에로토마닉한 판타지의 범위는 광범위하다.[63]

정신건강의학과 전문의 클레랑보
(1872~1934년)

애정망상 장애 증상이 있는 상당수의 사람들은 사랑의 대상이나 욕망의 대상에 매우 집착하며 자신이 대상에게 사랑받고 있다고 굳건히 믿는다.[64] 흥미롭게도 이들은 종종 자신보다 지위가 높은 사람을 대상으로 삼는다.[65] 또한 애정망상장애를 가진 이들은 자신의 판단이 틀렸음에도 자신의 믿음을 굳게 지킨다는 특징을 갖고 있다. 즉, 망상을 멈추지 않는다. 이는 망상장애에 속한다.[66] 다음 표는 〈DSM〉에서 분류한 망상장애 중 애정망상 유형이다.

에로토마니아 유형 망상장애 특성[67]

1. 실생활에서 발생할 법한, 기이하지 않은 망상이 최소 한 달 이상 지속된다.
2. 망상은 보통 "높은 지위에 있는 사람이 자신을 사랑한다"라고 믿는 것을 포함한다.
3. 망상을 중심으로 한 기능 외에 다른 기능은 손상되어 보이지 않을 수 있다.
4. 기분 삽화는 개인이 망상적 신념을 지니는 기간에 비해 짧다.
5. 이들은 조현병 기준에 부합하지 않으며 증상은 약물 사용이나 의료 상태에 기인한 것이 아니다.
6. 환각(촉각적 및 후각적)이 존재한다면, 망상적 신념과 관련이 있어야 한다.

에로토마니아는 해당 질환을 가진 환자와 그의 대상이 되는 이들 모두에게 심각한 고통을 줄 수 있기에 임상 전문의들은 질환의 시작과 진행 과정에 많은 관심을 가졌다.[68] 과연 어떤 사람들이 누군가에게 사랑받고 있다는 착각에 쉽게 빠지는 것인지 원인을 파헤쳤지만 아직까지 명확한 생물학적 발병 원인을 밝혀내지 못했다.

다만 인간은 기본적으로 사랑받고 싶은 동기를 가지며,[69] 사회적 관계에서 지속적으로 거부당하고 거절당할 경우 자신보다 남들에게 인정받고 우위에 있는 사람에게 자신이 사랑받고 있다는 환상에 의지하는 경향성이 있다고 해석한다.[70] 또 사회적으로 고립된 사람들은 상대적으로 대인관계에 대한 경험이 적고, 자신의 필요에만 과도하게 집중하는 성향이 있기 때문에 상대방과 연인관계로 발전할 여지에 대한 단서를 읽지 못하는 경향이 크다.[71] 이렇듯 애정망상장애에 취약한 이들은 사회적으로 고립되고 관계에 대한 경험이 전무한 특성을 보이며, 망상을 통해 이러한 부정적인 경험들을 상쇄하고자 한다.

포밀리아 마스트로나르디Pomilla A. Mastronardi와 그의 연구진에 따르면, 일반인 집단에 비해 의사나 의료진들이 스토킹에 더 많이 노출돼 있다고 한다. 정신의학 전문의를 대상으로 스토킹하는 환자들은 연인을 상대로 스토킹을 하는 사람들보다 정신질환을 앓고 있을 가능성이 더욱 높다. 이들은 일상적인 대인관계를 유지하고 형성하는 데 심각한 어려움이 있어 치료를 목적으로 만나는 관계에서 비현실적 기대를 품거나 의료진의 친절함을 잘못 받아들이곤 한다.[72]

애정망상장애가 있는 사람은 대인관계를 맺는 과정이 서툴다. 상대방과 일반적 상호 작용을 통해 충분히 파악할 수 있는 부분들을 놓치거나, 대화 속의 진짜 의미를 이해하지 못할 뿐만 아니라 우연히 발생한 일들을 자신과 연결해 생각하기도 한다. 완곡한 행동이나 간접적인 표현으로 거절 의사를 밝히면 자신에게 유리한 방향으로 해석하는 경향도 강하다. 즉, 상대방이 자신을 사랑한다거나, 연인관계라고 여기는 잘못된 신념이 자리잡고 있기 때문이다. 앞서 이야기했던 스토커 유형으로 따져본다면, 무능한 구혼자형과 친밀감 추구형 스토커와 유사하다.[73]

대부분의 정신질환은 치료가 가능한 반면, 임상적 환경에서 애정망상장애의 진단은 매우 드물게 이뤄졌다.[74] 애정망상장애를 치료하는 임상 연구 또한 거의 존재하지 않는다.[75] 흔치 않은 사례지만 데스노이어스 헐리Desnoyers Hurley의 연구에 따르면, 에로토마니아를 앓고 있는 지적장애 환자를 대상으로 인지행동 심리치료Cognitive Behavioural Psychotherapy와 사회적 지원을 통해 증상을 상당히 약화시킨 성공적인 사례가 있다.

연구자들은 초기에 해당 환자를 대상으로 약물 치료를 시도해서 유의미한 효과를 보게 되었다. 하지만 시간이 지날수록 이 방법들은 효능이 사라지게 되어, 다른 방안을 강구해야만 했다. 다양한 방안을 모색한 끝에 인지행동 심리치료를 적용했고 환자는 자신의 삶과 인간관계에 관해 이야기하는 과정에서 자신의 문제를 자연스럽게 이끌어냈다. 이렇듯 인지행동 심리치료는 개인의 문제해결 방법에 대해 소통하는 장을 마련하여 망상에 대한 치료적 접근을 가능하게 했다.[76]

심리치료의 핵심은 환자가 가급적 망상에 대한 이야기를 하지 않도록 대화 주제를 바꿔주고 망상 이야기를 한다면 중립적인 응답을 하는 것이다. 일반적으로 환자들은 망상과 관련된 이야기를 할 때 상대방에게 긍정적이거나 부정적인 관심과 대답을 받게 된다. 이때 상대방의 긍정적인 응답이나 부정적인 응답은 환자의 증상 개선에 도움이 되지 않는다. 망상에 대해 중립적으로 대답하며 타 행동으로 관심을 돌리고 강화시키는, 즉 다른 행동 차별강화Differential Reinforcement of Other behavior: DRO 방법이 효과적이다.[77]

예를 들어, 어떤 망상 환자가 실제로는 존재하지 않는 아기가 있다고 하면서 망상적 이야기를 시작할 때, "우리 이제 저녁 먹으러 가지 않을래요?"와 같이 대답하는 것이다. 이럴 경우 더 이상 아기에 대한 이야기를 하지 않기 때문에 망상에 대한 내용을 더 이상 다루지도 않고 강화하지도 않는다. 위와 같은 치료를 포함해 사회적 지원을 받은 환자들은 망상적 증상이 현저히 줄었다.[78]

정신과 의사 메리 시먼Mary V. Seeman은 에로토마니아 치료를 위해 단계별 개입을 제안했다. 첫 번째 단계로 망상이 지속되는 심리적 요인을 파악하기 위해 치료적 동맹Therapeutic alliance을 구축해야 한다. 치료자와 내담자 사이에 생긴 긍정적 신뢰와 협력 관계는 문제의 원인을 보다 더 효과적으로 찾을 수 있어 치료 효과를 높일 수 있기 때문이다.[79] 두 번째 단계로 자아존중감을 회복하기 위한 전략을 세우고 사회적 지원을 제공하는 것이다. 마지막 단계로 인지 편향을 줄이기 위한 점진적인 기술을 적용해야 한다. 시먼은 치료 호전을 위해 약물 치료와 위험성 관리도 기본적으로 병행돼야 한다고 강조했다.

에로토마니아 증상을 치료하기 위해 모색됐던 대표적인 치료 방법 두 가지 외에도 교차 검증을 통한 많은 연구가 앞으로 진행되어야 한다. 애정망상장애와 스토킹의 연관성을 고려한 임상적 방법은 아직 기초적인 접근법에 불과하다. 그럼에도 불구하고 치료를 통해 스토킹 범죄를 낮추는 데 힘을 보탤 수 있다는 점에서 의미가 크다.

경계성 성격장애

스토커와 일반인을 구분하는 차이는 무엇일까? 전문가들의 연구에 따르면 스토킹 행위를 하는 집단에서 경계성 성격장애 Borderline Personality Disorder가 두드러지게 나타나는 것으로 밝혀졌다.[80] 과거에 많은 임상 전문의들은 경계성 성격장애 환자들이 우울증, 불안장애 등과 같은 정신 건강 문제를 가진 환자들과 다른 것은 분명하나, 차이점을 명확하게 설명하는 것에 어려움을 겪었다고 한다.[81]

특히 경계성 성격장애가 삽화적이고 다채로운 특징을 띠고 있어 경계성 성격장애 특성에 기반한 증상인지 다른 질환에 의한 증상인지 구분하는 것이 쉽지 않았다. 더구나 여러 정신질환을 동시에 앓는 것이 흔했기에 기존의 진단기준으로 경계성 성격장애를 분류하는 데에도 애를 먹었다. 이러한 이유로 지금까지 경계성 성격장애 특성은 굉장히 혼동스럽고 다양한 개념으로 소개돼왔다.[82]

경계성 성격장애는 명칭에서도 유추할 수 있듯이 정신증과 신경증 어딘가의 경계에 정신질환의 원인이 있다고 생각돼 붙은 이름이다.[83] 먼저 정신증은 망상이나 두드러진 환각 증상이 발현되는 질환으로 비교적 제한적인 의미로 정의할 수 있다. 정신증은 일반적으로 사람들이 쉽게 받아들이는 현실을 다르게 받아들이는 증상이다. 쉽게 말해 현실과 비현실을 지각해 그 차이를 구분하지 못하는, 즉 현실 검증 능력에 심각한 문제가 있는 경우이다.[84]

반면 신경증은 일반적으로 경험할 수 있는 형태로 나타난다. 신경증의 대표적인 증상으로 불안, 슬픔, 우울, 분노, 정신적 혼란, 낮은 자존감 등이 있다. 행동으로 나타나는 증상인 회피, 경계, 충동성, 강박적 행동, 무기력과 같은 증상도 포함한다. 대인 관계 측면에서는 의존성, 공격성, 완벽주의와 같은 형태로 표출되기도 한다. 신경증이 있는 사람은 새롭고 낯선 환경에 적응하거나 주변의 분위기 또는 생활 패턴과 루틴을 바꿀 수 있는 능력이 부족하다.[85]

이 같은 특성 때문에 학자들은 신경증은 심리 치료적 개입을 통해 증상을 완화시킬 수 있지만, 정신증은 치료가 불가한 것으로 생각했다.[86] 하지만 이제는 정신증과 신경증의 이분법적 개념이나 경계성 성격장애로 명명하는 것을 회의적으로 바라보는 추세다. 그리고 좀 더 실증적이고 이론적인 방법을 통해 경계성 성격장애의 주요 특징을 정의하려는 노력이 이뤄지고 있다.[87]

최근 들어 경계성 성격장애의 발병 원인을 정신증과 신경증 사이의 어딘가에서 찾아내지 않고 독립적 방법으로 진단받을 수 있는 근거가 개발되었다. 〈정신질환 진단 및 통계 편람 Diagnostic and Statistical Manual of Mental Disorders-V〉에 따르면 경계성 성격장애 진단을 내리기 위해서는 아홉 가지 기준 중 다섯 가지 사항을 충족해야 한다.

경계성 성격장애 특성이 있는 환자들은 다른 사람들에 비해 폭발적인 분노를 가지고 있고, 화나 충동성을 조절하는 데 어려움을 느끼기 때문에 강한 폭력성과 공격성을 띤다. 공격성과 폭

경계성 성격장애 일반적 특성 〈DSM-V〉[88]

- 다음 아홉 가지 하위 유형 중 다섯 가지 이상을 충족해야 함
1. 버려지는 것(실제 또는 상상)을 피하기 위해 필사적으로 노력함
2. 과대 이상화와 과소평가의 극단 사이를 반복하는 것을 특징으로 하는 불안정하고 격렬한 대인관계 양상
3. 정체성 장애: 자기 이미지 또는 자신에 대한 느낌의 현저하고 지속적인 불안정성
4. 자신을 손상할 가능성이 있는 최소한 두 가지 이상에서의 충동성
   (예: 소비, 물질남용, 좀도둑질, 부주의한 운전, 과식 등)
5. 반복적 자살행동, 제스처, 위협 혹은 자해행동
6. 현저한 기분의 반응성으로 인한 정동의 불안정
   (예: 강렬한 삽화적 불쾌감, 과민성 또는 불안이 보통 수시간 동안 지속되며 아주 드물게 수일간 지속됨)
7. 만성적인 공허감
8. 부적절하고 심하게 화를 내거나 화를 조절하지 못함
9. 일시적이고 스트레스와 연관된 피해적 사고 혹은 심한 해리 증상

※ 경계성 성격장애 진단기준은 독자의 이해를 돕기 위해 제시한 것이기 때문에, 이 기준만을 보고 장애 진단을 내려서는 안 되며, 반드시 전문가에게 평가와 진단을 받아야 함.

력성은 타인뿐만 아니라 자신을 스스로 해하는 형태로 나타나기도 한다. 경계성 성격장애를 가진 환자들은 전반적으로 예민하고 자신의 감정에 압도돼 있으며 자신의 삶이 문제와 위기로 가득 차 있다고 생각한다. 이들은 늘 매우 혼란스러워하고 좌절감을 느낀다.[89]

경계성 성격장애는 유전, 신경증, 정서 등 다양한 요인에 의해 발병되는 것으로 알려져 있다.[90] 특히 유년기나 청년기에서 겪었던 부정적인 경험이 트라우마로 남아 악화될 수 있다.[91]환

자 중 3분의 1이 청년기에 강간이나 성적 학대를 당했거나 유년
시절에 영양 결핍과 폭력을 경험했다고 한다.[92] 정신의학과 교
수 메리엔 굿맨Marianne Goodman과 그의 연구진은 경계성 성격
장애가 있는 사람들의 40~70퍼센트 정도가 아동기에 성적 학
대를 당한 경험이 있을 것이라 예측했다.[93]

생애주기 관점에서 볼 때 경계성 성격장애는 청년기에 가장
많이 발병하였다가 중년기에서 노년기로 갈수록 성격장애 증상
의 출현은 점차 줄어드는 양상을 띤다.[94] 연구에 따르면 경계성
성격장애의 특정 증상들이 시간이 지날수록 줄어드는 것은 극
단적 행동들이 점점 사라지기 때문이라고 한다.[95]

경계성 성격장애는 전체 인구의 0.2~1.8퍼센트 정도가 가
지고 있다고 한다.[96] 경계성 성격장애 특성을 보이는 사람 중 비
교적 병원에 짧게 머무는 경우가 15~25퍼센트, 입원해 장기간
머무르는 경우가 30~50퍼센트에 이른다.[97] 이들의 70~80퍼센
트는 자해 또는 자살을 시도한 경험이 있으며, 10퍼센트는 자살
로 생을 마감하기도 한다.[98]

경계성 성격장애를 겪는 환자들은 실제 상황에서든 상상으
로든 자신이 혼자 남겨지는 것을 굉장히 어려워한다. 또한 자신
이 버림받는 것을 피하고자 전력을 다하는 특성을 보인다. 좀
더 심각한 수준에 이른다면 이상화Idealization에서 무가치함
Devaluation의 기분 상태를 왔다 갔다 하면서 상대방과 불안정하
고 강렬한 관계를 맺는다. 이 과정에서 우울, 분노, 불안과 같은
극적인 기분 변화를 경험한다.[99]

즉, 경계성 성격장애 특성인 불안정한 애착관계 형성이[100] 스토킹 행위를 발전시키는 등 부정적 영향을 미치는 원인이 될 수도 있다.[101] 또한 애정망상장애와 유사하게 경계성 성격장애 환자들도 종종 치료사나 의료 관계자를 대상으로 강한 감정을 발전시킨다. 이는 효과적인 심리치료를 방해하는 요인으로 작용하기도 한다.[102]

수재너 케이슨Susanna Kaysen은 자전적 소설《처음 만나는 자유Girl, Interrupted》에서 경계성 성격장애로 인해 겪은 경험들을 다뤘다. 실제로 자신이 정신병원에서 겪었던 생활을 서술했는데[103] 그 사례를 통해 성격장애의 발병 원인을 알 수 있다. 케이슨은 부모에게 인정받고 수용되고자 노력했으나 모두 실패했다. 그녀의 자아 정체성과 부모의 기대 사이에는 큰 괴리가 있었다. 이러한 유년 시절의 부정적 경험들이 트라우마로 남아 성격장애 질환을 악화시킨 것이다.

케이슨은 활기차고 열정이 넘치는 여성이었지만 다른 이들에게 종종 이해받지 못하거나 오해를 사기도 했다. 그녀는 심각한 불안감과 지독한 불면증에 시달렸으며 예측불허한 성생활을 하는 증상을 보였다. 또한 심각한 우울증과 무력감 그리고 고립과 거절에 대한 강박 증상을 겪으며 몇 번의 자살 시도도 했다.

소설은 케이슨이 아스피린 50알과 알코올을 함께 복용해 극단적인 선택을 한 후 정신병원에서 다양한 정신장애 환자들을 만나는 장면에서 시작한다.[104] 그녀를 담당한 병원 관계자는 케이슨이 정신적으로는 자신의 삶을 부정적으로 바라보고 혼란스러워하며, 신체적으로는 불규칙한 수면 패턴을 갖고 있다고 보고했다. 이것은 경계성 성격장애를 악화시키는 요인이 될 수 있다.[105]

경계성 성격장애를 치료하려면 심리치료를 가장 먼저 시도해야 한다. 여러 치료법 중에서도 효과적인 치료 프로그램으로는 변증법적 행동 치료Dialectical Behavior Therapy: DBT와 마음 헤아리기 치료Mentalization-Based Treatment를 꼽을 수 있다. 변증법적 치료는 일종의 인지행동 요법으로 집단치료와 개인치료를 통해 환자가 자신의 감정과 충동적 행동을 잘 조절할 수 있도록 도와준다.[106]

변증법적 행동 치료는 마샤 리네한Marsha Linehan 박사가 만성적인 중증 감정 문제를 겪는 고위험군 환자의 치료를 목적으로 개발했다.[107] 그는 경계성 성격장애를 감정조절 문제로 인식하고 인지, 대인관계, 정서 기능의 결핍, 행동조절장애, 자기-조절장애Self-dysregulation와 관련 있다는 것을 밝혀냈다. 또한 경계성 성격장애 특성의 개념을 구축함으로써 치료의 중요한 시발점을 마련했다. 이후 경계성 성격장애 환자의 감정에 대한 이해도가 높아지면서 변증법적 행동 치료의 보급과 사용이 증가됐다.

리네한 박사는 내담자에게 생각과 행동 방식의 변화를 무작정 요구하면 저항과 분노를 초래하므로 내담자의 동조와 수용을 이끌어내는 전략을 사용해야 한다고 강조한다. 변증법적 행동 치료에 임하는 내담자들은 먼저 자신을 있는 그대로 받아들이고 인지하는 것을 시작으로 변화의 필요성에 대해 안내를 받는다.[108] 즉, 변증법적 행동 치료 프로그램은 변화 기반 치료 방식이라 할 수 있다.

변증법적 행동 치료는 크게 수용 기술과 변화 기술로 나뉜다. 수용 기술은 마음챙김과 고통감내, 변화 기술은 감정조절과 효과적인 대인관계로 세분화된다. 행동 치료를 위한 구조화된 기술 훈련은 내담자의 치료 진행 상황에 따라 수용적 접근과 변화적 접근으로 나눠 수행한다. 예를 들어 먼저 내담자가 자신의 상태를 수용하도록 마음챙김 기술과 고통감내 기술을 훈련시키고, 치료가 잘 진행될 경우 감정조절 기술이나 효과적인 대인관계 기술을 함께 훈련할 수도 있다. 내담자가 당장 변화하고 싶은 욕구가 크다면 변화 기술만 집중적으로 진행할 수도 있다. 즉, 수용 기술과 변화 기술을 각각 진행할 수도 있고, 순차적으로 또는 동시에 진행할 수도 있다. 무엇보다 내담자의 치료 욕구와 변화 정도에 맞춰 훈련할 수 있다.[110]

마음챙김은 변증법적 행동 치료의 핵심으로 자기 인식, 비판

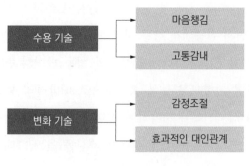

변증법적 치료-기술 훈련의 모듈[109]

적 관찰, 현재와 순간에 집중하기 같은 기술들을 포함한다. 고통감내는 환자가 고통스러운 사실을 받아들이고 어려운 상황 속에서도 의미를 찾아보게 해 파괴적이거나 극적인 행동 없이 상황을 감내하고 수용하도록 돕는 기술이다. 효과적인 대인관계는 갈등에 적절히 대응하고 관계를 잘 구축하며 자신의 주장을 효과적으로 펼칠 수 있도록 돕는 기술이다. 감정조절은 자신의 감정을 올바르게 인식해 적당한 대응을 하도록 가르친다. 예를 들어, 자신의 감정과 반대되는 행동이나 자기 진정 기술로 감정을 조절하도록 한다.[111]

마음 헤아리기 치료는 피터 포나기Peter Fonagy와 앤서니 베이트먼Anthony Bateman이 개발한 치료 기법이다. 환자 자신의 정신 상태가 자신의 행위에 어떠한 영향을 끼치는지 이해하도록 도와줌으로써 충동성과 정서적 불안정성을 줄여준다. 의료진은 환자의 관계가 너무 밀착되지 않는 수준을 유지하면서 환자가 최적의 각성 수준Optimal arousal level을 지속하도록 돕는다. 경계성 성격장애 환자들은 상호 작용에 매우 민감하기 때문에 환자가 치료에 과도하게 몰입하면 감정을 자극시켜 오히려 증상이 악화될 가능성이 크다.[112]

경계성 성격장애 환자들은 지속적인 심리치료에 어려움을 느낀다. 실제로 치료를 시작한 지 얼마 안 돼 포기하는 비율이 22~30퍼센트에 달한다.[113] 주로 치료에 만족하지 못하거나 동기가 부족하거나 자신이 처한 상황 등의 이유로 그만둔다. 이처럼 공격적인 행위나 몸과 마음을 스스로 파괴하는 행위들로 인해 치료가 쉽지만은 않다.

하지만 경계성 성격장애 환자들이 정신보건시설이나 사회적 지원을 많이 이용할 수 있도록 적절한 대응 방안을 반드시 마련해야 한다.[114] 또한 유년기에 누구나 성격장애 증상이 나타날 수 있고 성장하면서 부적응한 사회적 행동으로 이어질 가능성이 높으므로 초기 단계에 개입해 증상을 완화할 수 있도록 도와야 한다. 경계성 성격장애의 주요 증상인 충동성과 애착 불안정성은 초기 관심과 치료로 크게 호전될 수 있다는 점을 명심해야 한다.[115]

사이코패스적 특징

사이코패스Psychopathy라는 단어를 모르는 사람은 별로 없을 것이다. 사이코패스라는 용어는 1941년 미국의 정신건강의학과 의사 허비 클레클리Hervey Milton Cleckley가 쓴 《정신의 가면 The Mask of Sanity》을 통해 알려졌다. 이 책은 사이코패스를 판단하는 임상적 기준과 사례로 구성돼 있다. 클레클리는 사이코패스의 특징으로 병적으로 자기중심적이고 타인을 속이며 후회나 수치심을 잘 느끼지 못하는 점을 꼽았다. 특히 냉담하고 타인의 감정을 알아차리는 공감 능력의 부재를 사이코패스의 특징으로 강조했다.[116]

에릭 실버Eric Silver와 연구진은 사이코패스의 특징을 충동성, 범죄 다양성, 냉담성, 공감 또는 죄책감 결여로 정의했다. 또한 폭력성과도 관련이 있다고 보았다.[117] 이와 비슷하게 제임스 헴

필James F. Hemphill과 스티븐 하트
Stephen D. Hart도 사이코패스의 주요
증상으로 오만한 대인관계 스타일,
정서적 경험의 결여, 충동적인 행동
패턴을 꼽았다.[118] 많은 학자
가 사이코패스에 대해 연
구를 진행했고 그들이 제
시한 사이코패스의 공통된
심리적 특징들이 어떻게
범죄와 연관되는지 추적하는
연구를 하고 있다.

미국의 정신건강의학과 의사 클레클리
(1903~1984)

　사이코패스를 논할 때 항상 반사회적 성격장애에 대한 질문
이 동시에 따라온다. 이는 사이코패스가 보이는 충동성, 죄책감
의 결여, 공격성, 기만 등의 특성이 반사회적 성격장애와 중첩
되는 부분이 있어서다. 하지만 '사이코패스는 반사회적 성격장
애다'라고 단정할 수는 없다. 한 연구에 따르면 반사회적 성격
장애의 3분의 1 정도가 사이코패스에 해당하는 것으로 나타났
다.[119] 사이코패스와 유사점을 보이는 반사회적 성격장애의 특
성은 정신장애를 진단하는 〈DMS-V〉에서 제시한 반사회적 성
격장애 진단기준에서 확인할 수 있다.[120]

반사회적 성격장애 일반적 특성 〈DSM-V〉[121]

A. 15세 이후에 시작되고 아래와 같이 다른 사람의 권리를 무시하는 행동 양상이 있으며, 다음 일곱 가지 하위 유형 중 세 가지 이상을 충족해야 함

1. 체포의 이유가 되는 행위를 반복하는 등 법적 행동에 관련된 사회적 규범에 맞추지 못함
2. 반복적인 거짓말, 가짜 이름 사용, 자신의 이익이나 쾌락을 위해 타인을 속이는 사기성이 있음
3. 충동적이거나, 미리 계획을 세우지 못함
4. 신체적 싸움이나 폭력 등이 반복됨으로써 나타나는 불안정성 및 공격성
5. 자신이나 타인의 안전을 무시하는 무모성
6. 일정한 직업을 갖지 못하거나 혹은 당연히 해야 할 재정적 의무를 책임감 있게 다하지 못하는 것 등의 지속적인 무책임성
7. 다른 사람을 해하거나 학대하거나 다른 사람의 물건을 훔치는 것에 대해 아무렇지도 않게 느끼거나 이를 합리화하는 등 양심의 가책이 결여됨

B. 최소 18세 이상이어야 한다.
C. 15세 이전에 품행장애가 시작된 증거가 있다.
D. 반사회적 행동은 조현병이나 양극성장애의 경과 중에만 발생되지는 않는다.

사이코패스의 범죄는 잔인한 폭력성과 깊은 연관성이 있어 자신의 목적을 달성하기 위해 폭력을 도구적으로 사용하는 경향이 있다.[122] 이러한 사이코패스의 속성을 고려하면 사이코패스의 스토킹 행위는 포식자의 특성을 띠고 있으며, 포식자로서 스토킹을 도구적으로 이용하는 것일 가능성이 높다.[123] 따라서 우리는 스토킹 범죄에서 비교적 강렬하고 두드러지는 범죄적 특성을 보이는 이들에 대해 '사이코패스는 아닐까' 하는 합리적

의심을 해볼 수는 있다.

그러나 예상과 달리 사이코패스 성향을 가진 대부분의 사람들은 범죄로 입건되기는커녕 사회에서 준수한 역할을 하면서 살아간다.[124] 주로 커뮤니티 사이코패스Community psychopaths로 지칭되는 이들은 사이코패스의 특성을 지니지만, 범죄적 행동을 겉으로 드러내진 않는다.[125] 이들은 다른 사람들의 레이더망에 걸리지 않도록 교묘하게 친구, 가족, 사회를 속이는 데 능하다. 그래서 이들의 스토킹 행위를 파악하고 대처하는 것은 어렵다.[126]

애정관계가 목적이 아닌 다른 동기를 가진 스토커 중 일부는 사이코패스의 정서적 냉담성을 드러내기도 한다. 분과 셰리든은 이들을 가학적 스토커 유형으로 구분하며, 전체 스토커 중 12.9퍼센트에 해당한다고 한다. 가학적 스토커는 피해자들을 먹잇감으로 여기고 강박적으로 그들의 삶을 파괴한다. 이들은 스토킹 행위를 점진적으로 확대해 피해자가 무력감을 느낄 때 만족감을 얻는다.[127]

한편 제니퍼 스토리Jennifer E. Storey와 연구진은 보통의 스토커가 가족 구성원 혹은 전 연인처럼 상당한 친분 관계에 있는 사람을 스토킹 대상으로 삼는 반면, 사이코패스 성향의 스토커는 친분 관계가 별로 없는 피해자를 겨냥한다고 봤다. 그중에서도 특히 애정망상장애 증상이 있는 경우, 공인이나 낯선 사람처럼 사적인 친분 관계가 전혀 없는 사람들을 범행 대상으로 삼는 경향이 있다고 한다.[128]

이렇듯 사이코패스 성향은 스토킹 위험 요인 중 하나인 감정의 결핍과 높은 연관성이 있다. 사이코패스 스토커들은 피해자와 강한 유대관계를 맺기를 원하는 것이 아니므로 상사병이나 짝사랑 등의 연애와 관련된 감정을 보이지 않는다. 이들은 주로 대인관계에서 우위를 점해 상대를 지배하거나 상대의 지위를 이용할 목적으로 스토킹을 한다. 즉, 감정적 연대보다는 가학적 욕구, 자신의 이득을 위해 스토킹 빈도를 높이고 잔인한 방법으로 상대를 괴롭힌다.[129]

사이코패스가 고위험군으로 분류되는 정신질환인 만큼 치료 방법을 개발해 스토킹 범죄를 줄일 수 있다면 좋겠지만, 안타깝게도 확실한 치료 방법은 없다. 사이코패스는 기본적으로 스스로 변화해야 하는 이유 자체가 없다고 생각하기 때문에 치료 자체가 매우 어려울 뿐만 아니라[130] 긍정적인 변화가 나타났던 치료도 별로 없다. 하지만 그렇다고 해서 치료 시도가 전혀 없었던 것은 아니다.

사이먼 프레이저 대학교Simon Fraser University 교수이자 임상-법의학 심리학 전문가인 스티븐 하트는 사이코패스 치료를 위한 두 가지 접근법을 제시했다. 첫 번째는 다른 범죄자들에게 사용하는 일반적 프로그램을 적용해본 뒤 그들과의 차이가 무엇이고 어떤 부분에서 조정이 필요한지를 확인해 발전시켜 나가는 것이다. 다른 한 가지 방법은 처음부터 프로그램을 개발하는 것이다. 사이코패스의 특성상 치료 프로그램에 쉽게 지루함을 느끼기 때문에 그들의 흥미를 유발할 만한 요소를 포함하는 방법이다.[131]

예를 들어 '선택 전략'이라는 기술을 적용해볼 수 있다.[132] 만약 치료 프로그램에 참여하는 사람에게 변화를 요구하는 방식을 사용한다면 이는 참여자에게서 무언가를 빼앗는 느낌을 주기 때문에 프로그램 참여 동기 강화에 별로 도움이 되지 않는다. 하지만 치료 프로그램 참여자에게 "우리는 당신을 변화시킬 수 없어, 그리고 우리는 시도조차 하지 않을 거야. 그런데 만약 당신이 무언가 배우고 싶다면 우리는 당신이 변화할 수 있는 법을 알려줄 거야"와 같은 메시지로 접근한다면 참여자의 호기심을 유발할 수 있다.

즉, 변화에 대한 이야기보다 참여자가 인생에서 무엇을 중요하게 생각하는지, 무엇을 원하는지에 초점을 맞추는 것이다. 이렇듯 친사회적인 삶을 위한 다양한 기술과 선택권을 제공하는 방법으로 치료 프로그램을 구성해야 한다. 그러면 참여자는 자신의 사이코패스 성향을 변화시킬 수 있는 방법에 관심이 있는지, 또 이를 개선할 수 있는 기능들을 습득하고 싶은지에 대해 지속적으로 고민하게 되고, 이를 통해 주체적인 결정을 내리도록 유도할 수 있다.

3. 한국형 스토커의 심리적 특성

우리나라에서 발생한 스토킹 사건의 가해자 전주환이나 이석준의 범행 특성을 살펴보면 피해자에 대한 집착, 통제, 분노 등이 나타난다. 이들은 피해자를 이성적 대상으로 생각해 쫓아다니고 정보를 수집하는 등 집착하는 모습을 보였다. 또한 피해자의 주변인과 직장에 영향력을 행사할 것처럼 통제력을 과시하기도 했다. 결국 이들은 피해자를 악랄하게 살해했고, 그 사건들을 계기로 많은 사람이 스토킹 범죄의 위험성을 인식하게 됐다.

우리나라에서 일어나는 스토킹 범죄에는 이와 같이 살인과 악랄한 공격만이 나타나는 것일까? 역사적, 문화적 차이가 있다고 해도 스토커들에게는 공통적으로 보이는 특성이 존재한다. 과연 오랜 기간 축적된 해외의 연구 결과로만 우리나라의 스토커를 이해하는 데 무리가 없을까? 유사한 환경에서 인간의 심리적 기제가 크게 다르지 않다 해도 국가별로 뿌리 깊게 자리 잡은 신념이나 사고방식은 스토커의 심리에 어느 정도 영향을 끼칠 수 있을 것이다.

한국형 스토커들에게는 어떤 심리적 특성이 있을까? 우리나라의 스토킹 범죄자를 대상으로 심리적 특성을 연구한 결과,[133] 한국형 스토커의 유형은 성차별(통념), 반사회성(충동성), 조종(경계성) 등 세 가지 유형으로 나뉜다.* 각 유형은 서로 다른 성격 특성으로 조사됐다. 실제 사건을 재구성한 사례로 한국형 스토커의 심리적 유형이 각각 어떻게 다른지 살펴보겠다.

---

* 이 연구의 판별분석 통계기법 결과 표를 보면 집단별 중심값의 거리가 떨어져 있다. 즉, 세 가지 유형의 특성이 차별적으로 분포되어 있음을 알 수 있다.

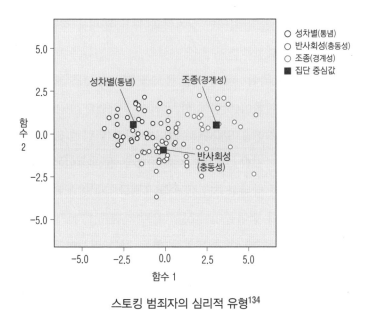

스토킹 범죄자의 심리적 유형[134]

1) 열 번 찍어 안 넘어가는 나무 없다_성차별 통념[**]

네이비는 아르바이트를 하면서 우연히 퍼플을 알게 됐고 지극 정성으로 퍼플의 기분을 맞춰주며 온갖 선물로 구애하기 시작했다. 결국 둘은 사귀게 됐고 이후 동거를 했다. 그러나 퍼플에 대한 네이비의 간섭과 잔소리가 점점 늘어갔다. 네이비는 퍼플이 만나는 사람들에 대해 험담을 늘어놓고 사회적 활동을 통제하기 시작했다. 주로 여자라면 외양을 조신하게 신경 써야 하며, 가벼워 보이지 않도록 남자들과 친하게 지내면 안 된다고 신신당부했다. 네이비는 퍼플의 사회적 활동을 탐탁치 않게 여

[**] 해당 논문에서는 성차별(통념) 유형으로 기재돼 있다.

겼으며, 이전에 알고 지내던 남자들과 모두 관계를 정리하도록 강요했다.

결국 퍼플은 네이비에게 이별 통보를 했지만, 네이비는 사랑 표현이 서투른 퍼플이 홧김에 한 말이라 생각했다. 며칠 후, 네이비는 퍼플이 자신을 SNS에서 차단한 사실을 알게 됐고 화를 내며 퍼플을 찾아갔다. 네이비는 퍼플에게 애인이 있는 여자가 남자들과 어울려 다니고 치장을 하고 다니는 게 잘못된 것이라면서 이별 요구를 받아들이지 못했다. 여자 친구에게 당연히 요구할 수 있는 것인데 이별 통보를 하는 것은 퍼플이 꽃뱀이기 때문이라며 소리를 질렀다. 퍼플은 네이비가 무서워 서둘러 집에 들어가 버렸다.

네이비는 퍼플을 알고 있는 지인들을 만나 자신이 꽃뱀 퍼플에게 당했으며, 남자들과 문란한 관계를 지속하기 위해 이별 통보를 했다고 소문을 냈다. 네이비는 퍼플에 대한 안 좋은 소문이 퍼져나가면 퍼플이 자신에게 돌아올 것이라 생각했고, 이번 기회에 퍼플의 못된 버릇을 고칠 수 있다고 생각했다. 그러나 그 후에도 퍼플에게서 연락이 없자, 네이비는 퍼플이 일하는 가게를 찾아갔다. 네이비는 퍼플이 여자이기 때문에 감정표현이 서툴고 좋아도 좋은 내색을 하지 못하는 것이라 생각했다. 남자인 자신이 좀 더 적극적으로 다가가야 관계가 회복될 수 있다고 생각하며 가게 앞에서 퍼플을 기다리기로 했다.

퍼플이 자신을 보고도 무시하며 길을 걸어가자 네이비는 그의 뒤를 따라 걷기 시작했다. 네이비는 퍼플이 다른 사람의 시선을 의식해 자신에게 다가오지 못하는 것이라 생각하고 인적이 드문 거리가 나올 때까지 퍼플을 따라가기로 했다. 퍼플은 네이비가 따라오고 있다는 것을 알고 있었고 곧바로 경찰에 신고했다. 네이비는 출동한 경찰에게 제지를 받고는 퍼플과 대화도 나눠보지 못한 채 집으로 돌아왔다. 이후 네이비는 자신의 직장에 신고 사실이 통보되자 퍼플 주변에 계속 맴돌았던 것에 대해 굉장히 후회했다.

성차별 통념 유형은 잘못된 사회적 통념을 바탕으로 성차별적 인식이 팽배한 스토커에게 나타난다. 이들은 주로 여성에 대한 고정관념에 사로잡혀 여성의 사회적 지위나 의사결정 능력이 남성보다 더 낮다고 여긴다. 그리고 여성비하적 사고를 토대로 스토킹을 합리화하는 경향이 강하다. 이성에게 호감을 표시할 때 '열 번 찍어 안 넘어가는 나무 없다'라는 신념에 따라 대부분의 여성이 자기 주장을 펼치기가 어렵기 때문에 강압적이고 일방적인 구애 방식을 내심 선호한다고 생각한다. 심지어 이 유형의 스토커는 스토킹 행위가 연애에서 나타날 수 있는 일반적인 행동이라 간주한다.

실제로 스토킹 통념에 대한 국내의 연구에서도 이와 비슷한 결과를 찾아볼 수 있다. 해당 연구에서는 남성과 여성 모두 스토킹에 대해 '실연당한 사람이 자신을 떠난 사람의 마음을 되돌리기 위한 구애의 극단적 형태'로 볼 가능성이 높다고 언급했다.[137] 이것은 성별에 대한 시각이 차별적일수록 애정관계에서

나타나는 불평등한 남녀의 역할을 당연하게 받아들일 수 있다
는 것을 의미한다. 즉, 성평등 의식이 낮으면 스토킹 통념을 그
대로 받아들일 수 있다는 것이다.

과연 성차별적 시각이 두드러지는 스토커의 성격 특성으로
는 어떠한 것들이 있을까? 성차별(통념) 유형에 속하는 스토커
들은 임상적으로는 심리적 문제가 없거나 심각한 스트레스도
경험하지 않는다. 이들은 사회에 적응하는 데 큰 어려움을 느끼
지 않으며 일상에서도 범죄 행위와는 거리가 먼 생활을 한다.
다만 스토킹 행위를 구애의 방법으로 합리화하는 탓에 자신의
행동이 피해자에게 위협이 될 수 있다는 사실을 쉽게 받아들이
지 못한다. 자신의 행동은 상대방을 괴롭히는 스토킹이 아니라
오히려 진정성 있는 호감의 표현인 것이다. 따라서 자신의 진정
성 있는 호감의 표현을 상대방이 언젠가는 알아줄 것이라고 생
각해 스토킹을 멈춰야 할 이유를 찾지 못한다.

이처럼 범죄자들은 대개 자신의 생각이나 판단이 틀릴 수 있
다는 것을 고려하지 못한다. 특히 통념은 오랜 시간에 걸쳐 자
리 잡은 인식이기 때문에 쉽게 바뀌지 않는다. 또한 성차별 통
념 유형에 속하는 사람들은 대부분 사회생활을 잘하는 사람으
로 보이고 싶다는 욕구가 있다. 이러한 사람들은 스토킹에 대한
범죄 처벌로 인해 사회적 평판이 추락할 수 있다고 예상하면,
스토킹에 대한 동기부여가 낮아질 수 있다. 잘못된 고정관념으
로 인한 부적절한 합리화는 교육이나 징벌적 처분으로 선도를
시도할 수 있다. 만약 사회적 지위에 대한 손해가 명확하게 예

견되고, 자신의 행위가 사회적으로 받아들여지지 않는다는 것
이 공개적으로 드러난다면 스토커는 스토킹을 계속 유지해야
할 이유를 찾지 못할 것이다.

2) 복수는 나의 것_반사회성*

그레이는 어머니가 바람을 피우고 있다는 사실을 알게 됐다.
그레이에게 가족은 너무나도 소중한 존재였기 때문에 어머니의
내연남인 골드에 대한 분노가 치밀어 올랐다. 아버지는 아직 이
사실을 모르고 있었기에, 그레이는 자신만이 이 문제를 해결할
수 있다고 생각했다. 그리고 모든 수단과 방법을 동원해서라도
골드를 쫓아버리고 싶었다.

그레이는 어머니의 휴대전화에서 알게 된 골드의 연락처로
매일같이 욕설 문자를 보냈다. 또 골드의 행적을 따라다니면서
어디서든 지켜보고 있다는 식으로 협박 문자를 보내기도 했다.
그뿐만 아니라 몰래 골드의 자동차 사이드미러를 부쉈고, 골드
가 길을 걷고 있을 때 자신의 자동차로 골드를 치어버릴 듯이
위협 운전을 한 뒤 도주하기도 했다.

결국 골드는 경찰에 신고했고 그레이는 조사를 받게 됐다.
그레이는 경찰 조사에서 모든 범죄 행동을 시인했으며, 처벌을
받더라도 골드가 먼저 자신의 가족을 위협했고 공격받아 마땅
한 짓을 했기 때문에 잘못을 인정할 수 없다고 말했다.

---

* 해당 논문에서는 '반사회성(충동성)' 유형으로 기재돼 있다.

반사회성 유형은 피해자에 대한 분노 또는 보복을 위해 스토킹을 하는 경우가 많다. 피해자 때문에 불이익을 받았으므로 자신이 스토킹하는 것을 공공연하게 드러내는 데 거리낌이 없고 피해자는 마땅히 그런 대우를 받아야 한다며 스토킹을 정당한 행위로 치부하기도 한다. 또한 누구라도 자신과 같은 상황에서 똑같은 반응을 보일 것이라 확신하며 법조차도 자신의 억울함을 밝혀주기에는 부족하다고 여긴다. 반사회성 유형에 해당하는 스토커가 만약 강력한 분노를 느끼게 되면 극단적으로 공격적인 행태를 표출하기도 한다. 이들의 공격적 태도는 강력 범죄로 이어지거나 심한 욕설과 피해자의 물건을 파손하는 등 위협적인 상황을 연출할 수도 있다.

반사회성 유형의 성격 특성을 살펴보면, 주로 행동 통제력이 부족해 문제 행동을 한 경험이 있으며 반항적이고 충동적인 면을 보인다. 또한 규범 준수에 대한 인식이 약해 학교생활이나 직장 등에서 규칙을 잘 지키지 못하거나 교사나 상사와 잦은 갈등을 겪었던 것으로 조사됐다. 이들은 분노에 사로잡혀 사리분별력이 떨어지면 즉각적인 공격 행동을 드러낸다. 그리고 분노를 해소하기 위해 상대를 괴롭히는 행위에 몰두하고, 범죄를 계획했더라도 순간의 충동을 참지 못해 범죄를 일으킬 수 있다.

스토커에게서 반사회적 성향이 쉽게 관찰되는 것은 아니다.[138] 반사회적 성격은 공격적 성향을 지니고 있으나, 자기중심적 성향과 충동성 때문에 자신의 행동을 드러내지 않으면서 다른 사람에게 오랜 시간 동안 심리적 에너지를 쏟지 못한다. 피해자와의 관계 개선을 위해 범행이 장기간 지속되는 일반적인 스토킹과는 양상이 다르다. 반사회적 유형은 상황에 맞는 적절한 감정 표출을 어려워하고, 부정적인 감정에만 집중하는 경향이 있다.

3) 너는 나의 꼭두각시_조종 *

오렌지는 실버와 헤어질 결심을 했다. 그러나 쉽게 헤어질 수 없었다. 실버는 오렌지가 자신을 떠나면 자살해 버리겠다고 협박했고 실제로 칼로 손목을 그어 피가 나는 사진을 보내기도 했다. 오렌지는 오래전부터 실버와 이별하기 위해 여러 번 시도했지만, 실버는 오렌지를 놓아주지 않았다.

실버와 오렌지는 같은 학원에서 처음 만나 연인으로 발전했다. 실버는 오렌지가 도움이 필요하면 무엇이든 바로 해결해줬고, 오렌지는 그런 실버가 든든했다. 그러나 시간이 갈수록 실버는 오렌지의 일거수일투족을 주시하며 간섭하는 모습을 보였다. 오렌지가 실버의 생각이나 계획에 따르지 않으면 자신을 사랑하지 않거나 이용하고 있다며 화를 내기도 했다. 오렌지는 자신의 사랑을 증명하기 위해 실버가 요구하는 것들을 다 들어줄 수밖에 없었다.

결국, 오렌지는 실버에게 이별 통보를 했고 실버의 연락을 거부하면서 다시 관계를 회복하고 싶지 않다고 말했다. 하지만

---

* 해당 논문에서는 조종(경계성) 유형으로 기재돼 있다.

실버는 계속해서 사과 문자와 통화를 시도했다. 오렌지가 연락을 받지 않으면 욕설 문자를 보내고 하루에 수십 통이 넘게 부재중 전화를 남기기도 했다. 실버는 오렌지가 보는 앞에서 자신의 사랑을 증명하기 위해 자살하는 모습을 보여줄 거라는 말을 하기도 했고, 오렌지의 가족 때문에 서로의 사랑이 틀어진 거라 말하며 가족을 위협하는 메시지를 남기기도 했다.

오렌지는 경찰에 신고를 했고, 경찰에서 오렌지에게 접근하지 말라고 경고하자 실버는 더 이상 직접적인 연락을 보내지는 않았다. 실버는 오렌지의 집 근처를 배회하며 오렌지의 모습을 계속 지켜봤다. 매일같이 오렌지의 집 앞에 꽃다발을 두고 오거나, 오렌지가 좋아했던 인형을 선물로 놓고 오기도 했다. 실버는 오렌지가 학원을 마치고 귀가하는 시간에 맞춰 기다리기 위해 아르바이트도 그만뒀다.

실버는 오렌지에게 헤어질 수 없는 이유를 적은 장문의 편지를 우편함에 꽂아뒀다. 실버는 서로 완벽한 소울메이트이기 때문에 절대로 헤어질 수 없으며, 오렌지도 자신이 필요하다는 것을 알고 있으면서 다른 이유로 내색하지 못한다는 것을 이해한다고 편지에 적었다. 그리고 오렌지가 없는 삶은 행복할 수 없고, 오렌지 또한 반드시 자신과 함께해야만 행복한 삶을 살 수 있기 때문에 함께 지낼 수 없다면 같이 죽는 게 더 낫다는 내용도 담겨 있었다.

결국, 실버는 경찰에게 잡혀 유치장에 갇혔고, 더 이상 아무것도 할 수 없어지자 자신에게 아무것도 남지 않았다고 느꼈다.

조종 유형은 다른 사람을 조종하려는 경향성이 관찰되거나, 경계성 성격장애와 관련된 심리적 특성이 나타나는 경우에 해당한다. 즉, 이들은 다른 사람을 도구적으로 이용하거나 지나치게 의존하는 등 대인관계에서 불균형적인 모습을 보인다. 또한 이들은 주로 자신의 이익에 따라 다른 사람을 이용할 수 있다고 생각하거나, 의존적 대인관계를 경험한 것으로 조사됐다. 극도로 자주 연락할 뿐만 아니라 피해자의 일상을 위협하는 협박 메시지를 보내거나 자해 가능성을 언급하면서 피해자에게 위압감을 주기도 한다. 관계 유지를 위한 동정심과 연민 유발, 집착적 행동을 보이며 끊임없이 피해자 주변을 배회하기도 한다. 사회생활에서도 원만한 관계를 유지하기보다 부적응한 모습을 보인다.

실버처럼 자기개념이 불안정해 자신에 대한 안정성을 찾기 위해서라도 피해자를 본인이 원하는 방향대로 통제하려는 것이 바로 조종 유형이 특성이다. 또한 목표를 이루기 위해서는 자신이 원하는 대로 행동하는 피해자가 필요하기 때문에 많은 시간과 에너지를 투자해 피해자와의 관계에 몰두하기도 한다. 만약 집착이 실패할 경우에는 공격적인 태도로 돌변한다.

특히 부정적 정서에 집중하는 경향이 있어 전반적인 심리의 불편감을 호소하며 집착이나 특정 생각을 반복해 되새김하는 특징이 있다. 또한 자신이 원하는 반응을 얻기 위해 비현실적 생각이나 비합리적 행동을 할 때도 있다. 스토킹을 하는 동안에는 피해자와의 관계를 돈독히 다지기 위해 어쩔 수 없는 과정이라 생각하며 자신에게 닥치는 어떠한 손해도 감당하려 든다.

한마디로 조종 유형은 관계를 회복하거나 유지하기 위해 스토킹을 한다. 스토킹을 피해자와 자신을 이어주는 연결고리로 인식하기도 한다. 심지어 스토킹을 하는 동안에도 피해자와의 관계가 여전히 끊어지지 않았다고 생각하며 피해자를 지속적으로 감시한다. 피해자가 긍정적 신호를 보내고 있다는 비현실적인 사고에 사로잡혀 경찰이나 제3자의 개입에도 피해자와 관계를 쉽게 끝내지 못한다. 따라서 불가항력으로 피해자와 직접적 연결고리가 끊어졌다는 것을 명확하게 인식시키거나 대인관계에서 나타나는 심리적 어려움에 대한 전문치료가 필요하다.

지금까지 다양한 접근을 통해 스토킹 범죄와 스토커에 대해 살펴봤다. 스토킹 범죄를 이해하고 스토커의 특성을 면밀히 들여다보는 것도 중요하지만 피해자로서 나 자신을 돌볼 수 있어야 한다. 다음 장에서는 피해자의 전반적 특성을 살펴보고 피해자가 자신의 안전을 위해 조치할 수 있는 방법은 무엇이 있는지 자세히 다뤄보고자 한다.

IV

연민, 양가감정 그리고 트라우마
스토킹 피해 극복

"잠이 많아 걱정이던 제가 수면제를 복용한다."

"매일 밤 불안한 마음 때문에 잠이 오지 않았다. 겨우 잠이 들어도 꿈속에서 같은 일이 반복된다."

"혼자 있기 무서워 고향에 가고 싶지만 가족들이 걱정할까 봐 털어놓을 순 없다."

"영원히 빠져나갈 수 없는 덫에 걸린 것 같은 느낌 때문에 극단적 생각을 한 적도 있다."

"출근해 사내 메신저를 켤 때마다 '또 어떤 메시지가 와 있을까' 라는 겁이 난다. 너무 조마조마하다."

직장 동료였던 전주환에게 2년여 동안 스토킹을 당했던 피해자의 탄원서에 나온 내용이다.[1] 피해자는 2022년 9월의 저녁 어느 날 서울 지하철 2호선 신당역 여자 화장실에서 살해당했다. 피해자는 직접 치안센터를 방문해 피해 사실을 신고했을 정도로 강인하고 용감한 사람이었다. 숨을 거두기 1년 전인 2021년 10월에는 가해자로 인해 자신의 일상이 얼마나 끔찍하게 변화했는지 법원에 탄원서를 제출하기도 했다. 그럼에도 우리는 그녀를 잃었다.

스토킹 피해자는 엄청난 심리적 고통을 경험한다. 스토커의 물리적 접근이나 공격으로 신체적 피해를 당하는 경우 일정 기간 동안 치료를 받으면 몸의 상처는 대개 깨끗하게 아문다. 그러나 피해자가 경험하는 심리적 고통은 마음과 머릿속에 남아 좀처럼 사라지지 않는다. 피해 당사자가 아니라면 상상도 할 수 없을 정도다. 심지어 스토커가 경찰에 체포돼 구금된 상태이거나 실형을 선고받아 교도소에 수감돼 있음에도 여전히 두려움에서 헤어 나오지 못한 채 고통을 안고 살아가기도 한다.

우리는 스토킹의 피해자가 얼마나 고통스러워하고 힘들어하는지 잘 모른다. 간혹 피해자의 고통을 제대로 이해하지도 못한 채 그들의 상처를 과소평가하기도 한다. 또 위로라는 명분으로 피해자에게 감히 해서는 안 되는 말을 해 가슴에 비수를 꽂기도 한다. 이처럼 잘 모르거나, 심지어 좋은 의도로 건넨 말임에도 피해자에게 2차 가해를 하는 우를 범할 수 있다는 것을 주의해야 한다.

피해자의 고통은 가해자의 스토킹 행위가 끝난다고 사라지지 않는다. 스토킹 피해자에게 또 다른 피해를 주지 않기 위해서는 피해자의 입장을 세심히 살피고 그들의 심리를 이해하려 노력해야 한다. 피해자가 느끼는 불안과 공포, 보복에 대한 두려움 등의 심적 어려움과 사회·경제적 어려움을 이해하고 사건 발생 이후 일상으로 돌아와도 가시지 않는 마음의 상흔을 살펴야 한다. 또 사건과는 상관없는 심리적, 정신적 어려움을 겪을 때마다 떠오르는 스토킹 피해의 트라우마를 극복할 수 있도록 피해자와 함께 머리를 맞대야 한다.

1. 심리적 증상과 장애

1) 스트레스와 불안

스토킹과 같은 범죄 피해를 당하는 많은 피해자가 침습, 부정적 기분, 해리, 회피, 각성 증상과 같은 심리적인 증상들을 경험한다.[2] 이와 같은 증상들은 범죄 피해를 당한 사람이든, 그렇지 않은 사람이든 생소한 개념일 것이다. 사실 범죄의 피해자가 된다는 것은 일상적인 일이 아니다. 그래서인지 피해 당사자조차 자신이 왜 힘들어하고 자신 안에서 어떠한 일이 벌어지고 있는지 몰라 혼란을 겪는다. 하지만 우리 모두 알아야 한다. 알아야만 일상으로 좀 더 안전하고 빠르게 복귀할 수 있다.

내분비계 생리학자 한스 셀리에Hans Sely
(1907~1982년)

생물학적 스트레스의 존재를
최초로 증명한 주요 인물 중 한명으로 평가됨.

침습Intrusion은 외상성 사건에 대한 고통스러운 기억이 나의 의지와 상관없이 반복적으로 갑자기 침입하듯이 들이닥치는 현상을 일컫는다. 국어사전에는 '갑자기 침범해 공격하는 것'이라는 뜻으로 정의돼 있다. 충격적인 사건이 예고도 없이 자주 머릿속에서 불현듯이 떠올라 괴롭다면 침습 때문이다. 외상과 관련된 고통스러운 꿈을 계속해서 꾸거나 자신이 경험한 사건이 지속적으로 반복되는 것처럼 느끼는 것도 침습에 해당한다. 이외에도 사건과 관련이 있는 단서나 자극에 노출될 경우 플래시백Flashback*을 경험하게 되고, 장기적으로 극심한 심리적 고통이 생기거나 가슴이 아프고 손과 발이 저리는 등의 생리적 반응이 나타나기도 한다.

부정적 기분Negative mood은 행복, 만족 또는 사랑과 같은 긍정적 감정을 지속적으로 느끼지 못하는 것을 의미한다. 피해자는 범죄 피해로 인해 불안하고 초조한 감정을 이미 경험했기에 그와 관련된 생각이 떠오르면 우울해지는 등 부정적 기분을 빈번하게 느낀다. 언제까지 고통 속에서 살 수는 없으므로 행복이나 만족감을 위해 개인적으로 부단히 노력하지만 부정적 기분은 쉽게 사라지지 않는다. 피해자들은 일시적으로 긍정적 감정이 생겼다가도 이내 부정적 감정에 계속 빠지게 되고 영영 행복해지지 못할 것 같은 감정에 사로잡힌다.

해리Dissociation는 쉽게 말해 나 자신이 여러 개의 자아로 분

---

* 과거 경험한 트라우마와 관련한 자극을 접했을 때, 그 기억에 강하게 몰입되어 당시 느꼈던 감정이나 심리 상태가 그대로 재현되는 증상이다.

리되는 것이다. 자기 의지대로 자신을 바라보는 객관화와는 성격이 다르다. 즉, 피해자 스스로가 다른 사람의 시점에서 관찰하는 것처럼 느껴 혼란에 빠지는 상태다. 시간이 느리게 가는 것처럼 느끼는 식으로 주위 환경이나 사물, 자기 자신의 현실을 비정상적이고 변화된 감각으로 인지한다. 해리는 두부 외상, 알코올 또는 약물 등의 이유가 아님에도 불구하고 외상성 사건의 중요한 부분을 왜곡해 기억하거나 기억하지 못하는 증상이다. 피해자들은 자신이 겪은 사건을 알고 있다는 사실 자체만으로도 고통을 겪기 때문에 종종 일종의 자기 보호를 위해 사건과 자신을 분리시켜 기억해내지 못하기도 한다.

회피Avoidance는 사건과 관련이 있는 고통스러운 기억, 생각, 감정 또는 그러한 것을 떠올리게 만드는 상황을 피하려고 노력하는 것을 의미한다. 피해자 중에는 사건을 떠올리지 않기 위해 피해 사실을 경찰에 신고하지 않는 사람도 있다. 또 심리적 고통을 완화할 수 있는 치료를 포기하는 경우도 있다.

각성Arousal은 정신을 차리고 주의 깊게 살피어 경계하는 태도라는 사전적 의미 그대로 외상 사건 이후 또다시 발생할 수 있는 잠재적 위협을 대비해 온 몸의 신경과 감각이 깨어서 경계 태세에 돌입한 상태를 말한다. 따라서 각성 증상을 경험하는 피해자는 수면에 들기 어렵거나 수면에 들더라도 수면을 유지하는 데 어려움을 겪는다. 또한 전형적으로 사람 또는 사물에 대한 언어적이거나 신체적 공격성으로 표현되는 민감한 행동을 보이기도 하며, 전혀 그럴 만한 일이나 자극이 없음에도 분노가 폭발하기도 한다. 이 외에도 과한 각성 및 흥분이 나타나는 것, 집중력에 문제가 생기는 것, 과도하게 놀라는 반응을 보이는 것 등이 해당한다.

침습, 부정적 기분, 해리, 회피, 각성 등의 다섯 가지 불안 범주의 세부적인 증상이 아홉 가지 이상이 나타나면 가정뿐만 아니라 사회·경제·대인관계에도 지장이 생긴다. 이러한 증상이 충격적인 사건을 경험한 후 3일에서 1개월까지 지속된다면 미국정신의학회에서 발행한 〈DSM-Ⅴ〉에서 규정한 구분법에 따라 급성 스트레스장애Acute Stress Disorder[3]를 의심해볼 수 있다. 각 증상의 발현 시기와 강도는 사람에 따라 다를 수 있다. 각 증상이 나타나는 순서도 일정하지 않다. 누군가는 다섯 가지 증상을 순차적으로 모두 겪을 수 있고, 또 다른 누군가는 다섯 가지 중 두세 가지 범주에 해당하는 증상을 겹쳐서 겪기도 한다.

급성 스트레스장애 진단기준

충격적이고 고통스러운 외상 사건을 경험한 뒤 3일에서 1개월 이내에 불안, 두려움 공포, 해리 증상 등이 나타나는 불안장애의 한 유형을 의미한다. 미국정신의학회에서 발간한 정신질환의 DSM-5에 따르면, 다음 기준을 만족하는 경우 급성 스트레스장애로 진단한다.

A. 실제적이거나 위협적인 죽음, 심각한 부상, 또는 성폭력에 대한 노출이 다음과 같은 방식 가운데 한 가지 이상에서 나타난다.

  1. 외상성 사건(들)에 대한 직접적인 경험
  2. 그 사건(들)이 다른 사람에게 일어난 것을 생생하게 목격함

3. 외상성 사건(들)이 가족, 가까운 친척, 또는 친한 친구에게 일어난 것을 알게 됨

    주의점: 가족, 친척, 또는 친구에게 생긴 실제적이거나 위협적인 죽음의 경우에는 그 사건(들)이 폭력적이거나 돌발적으로 발생한 것이어야만 한다.

4. 외상성 사건(들)의 혐오스러운 세부 사항에 대한 반복적이거나 지나친 노출 경험(예: 변사체 처리의 최초 대처자, 아동 학대의 세부사항에 반복적으로 노출된 경찰관)

    주의점: 진단기준 A4는 노출이 일과 관계된 것이 아닌 한 전자미디어, 텔레비전, 영화 또는 사진을 통해 노출된 경우에는 적용되지 않는다.

B. 외상성 사건이 일어난 후에 시작되거나 악화된 침습, 부정적 기분, 해리, 회피, 각성의 다섯 개 범주 중에서 어디서라도 다음 증상 중 아홉 가지 이상에서 존재한다.

침습 증상

1. 외상성 사건(들)의 반복적, 불수의적, 침습적인 고통스러운 기억

    주의점: 아동의 경우 외상성 사건(들)의 주제 또는 양상이 표현되는 반복적인 놀이가 나타날 수 있다.

2. 꿈의 내용과 정동이 외상성 사건(들)과 관련되어 반복적으로 나타나는 고통스러운 꿈

    주의점: 아동의 경우 내용을 알 수 없는 악몽으로 나타나기도 한다.

3. 외상성 사건(들)이 재생되는 것처럼 그 개인이 느끼고 행동하게 되는 해리성 반응(예: 플래시백. 그러한 반응은 연속선상에서 나타나며, 가장 극한 표현은 현재 주변 상황에 대한 인식이 완전히 소실될 수 있음)

    주의점: 아동의 경우 외상의 특정한 재현이 놀이로 나타날 수 있다.

4. 외상성 사건(들)을 상징하거나 닮은 내부 또는 외부의 단서에 노출되었을 때 나타나는 극심하거나 장기적인 심리적 고통 또는 현저한 생리적반응

부정적 기분

5. 긍정적 감정을 경험할 수 없는 지속적인 무능력(예: 행복, 만족 또는 사랑의 느낌을 경험할 수 없는 무능력)

해리 증상

6. 주위 환경 또는 자기 자신과 관련된 현실에 대한 변화된 감각(예: 스스로를 다른 사람의 시각에서 관찰, 혼란스러운 상태에 있는 것, 시간이 느리게 가는 것)
7. 외상성 사건(들)의 중요한 부분을 기억하는 데 장애를 겪음(두부 외상, 알코올 또는 약물 등의 이유가 아니며 전형적으로 해리성 기억상실에 기인)

회피 증상

8. 외상성 사건(들)에 대한 또는 밀접한 관련이 있는 고통스러운 기억, 생각 또는 감정을 회피하려는 노력
9. 외상성 사건(들)에 대한 또는 밀접한 관련이 있는 고통스러운 기억, 생각 또는 감정을 불러일으키는 외부적 암시(사람, 장소, 대화, 행동, 사물, 상황)를 회피하려는 노력

각성 증상

10. 수면교란(예: 수면을 취하거나 유지하는 데 어려움 또는 불안한 수면)
11. 전형적으로 사람 또는 사물에 대한 언어적 또는 신체적 공격성으로 표현되는 민감한 행동과 분노 폭발(자극이 거의 없거나 아예 없이)
12. 과각성
13. 집중력의 문제
14. 과장된 놀람 반응

C. 장애(진단기준 B의 증상)의 기간은 외상 노출 후 3일에서 1개월까지다.
　주의점: 증상은 전형적으로 외상 후 즉시 시작하지만, 장애 기준을 만족하려면 최소 3일에서 1개월까지 증상이 지속되어야 한다.

D. 장애가 사회적, 직업적, 또는 다른 중요한 기능 영역에서 임상적으로 현저한 고통이나 손상을 초래한다.

E. 장애가 물질(예: 치료약물이나 알코올)의 생리적 효과나 다른 의학적 상태(예: 경도 외상성 뇌손상)로 인한 것이 아니며 단기 정신병적 장애로 더 잘 설명되지 않는다.

※ 정확한 진단을 위해서는 반드시 정신건강의학과에 내방해 의사의 진료를 받아야 함.

급성스트레스장애 증상에서 볼 수 있듯이 피해자는 스토킹 피해로 온갖 심리적 어려움을 겪는다. 장애의 유무는 반드시 정신건강의학과 전문의에 의해 객관적 검사 결과를 기반으로 엄격하게 진단돼야 한다. 이제부터 살펴볼 라벤더와 브라운의 사건은 실제 스토킹 피해 사례를 통해 재구성한 것이다. 사건을 따라가다 보면 스토킹 피해로 인한 심리 변화 과정을 통해 피해자가 처한 고통과 심리적 특성 그리고 어떤 스트레스 증상이 나타나는지 좀 더 깊숙이 이해할 수 있다.

관계의 시작

라벤더는 브라운과 1년간 교제했다. 직장인 동호회 모임에서 알게 된 브라운은 처음부터 라벤더에게 굉장히 자상했다. 브라운은 라벤더가 끼니에 맞춰 식사를 했는지, 잠은 잘 잤는지, 과로를 하고 있지는 않은지를 물으며 살뜰히 챙겼다. 관계가 어느 정도 가까워진 후부터 브라운은 퇴근 시간에 맞춰 라벤더의 회사 앞으로 마중을 나갔다. 라벤더의 귀가 시간이 늦어지면 다음 날 출근해야 하는 것도 잊은 채 라벤더의 운전기사 노릇을 자처했다.

브라운은 라벤더의 고민도 잘 들어줬다. 라벤더가 직장에서나 친구들 사이에서 어려움을 겪을 때면 서슴없이 라벤더의 편을 들어주며 라벤더를 힘들게 하는 사람들에 대한 욕을 대신해주기도 했다. 그런 브라운을 아는 사람들은 '참 자상하고 섬세한 이성 친구'라며 칭찬했고, 라벤더 또한 브라운이 자랑스러웠다.

브라운과 라벤더의 연애는 순탄하게 흘러갔다. 라벤더는 자기만을 바라보는 브라운의 지고지순한 모습에 다시금 어릴 때처럼 가슴이 설레는 사랑을 하게 된 것 같아서 기뻤다. 브라운은 사귄 지 한 달이 채 지나지 않은 시점에 "너를 진심으로 사랑한다"고 고백하며 동거를 제안했다. 이른 감이 있기는 했지만 라벤더는 브라운이 정말로 자신을 아끼는 것을 느낄 수 있었기 때문에 함께 살기로 결심했다.

동거가 시작되자 브라운은 사랑한다는 이유로 라벤더의 출근과 퇴근, 귀가 시간을 꼼꼼히 확인했다. 라벤더가 예고 없이 늦게 귀가를 하거나 친구를 만나느라 잠시라도 연락이 안 될 때에는 불같이 화를 냈으며 누구와 만나고 어떤 활동을 하는지 간섭했다. 라벤더는 브라운의 행동이 거슬리기는 했지만 항상 "세상 누구보다도 너를 아끼고 사랑한다"고 말하는 브라운의 열렬한 사랑 표현 방식이라고 생각했다.

주변에서도 라벤더만을 바라보는 브라운을 보며 '해바라기 같은 사랑'이라고 불렀다. 라벤더는 사람들의 칭찬을 듣는 것이 내심 좋았기 때문에 내내 마음속에서 거슬려왔던 부분에 더 이상 집중하지 않았다. 하지만 관계가 깊어지면서 브라운의 간섭은 더욱 심해졌다. 브라운은 라벤더가 부모님과 동생들을 만나러 본가에 가는 것을 반기지 않았다. 이따금 브라운의 허락을 간신히 받아 본가에 다녀온 날에는 가족들과 어떤 이야기를 나눴는지 계속해서 캐물었다. 본가에 다녀온 날이면 라벤더는 밤 늦게까지 잠자리에 들 수 없었다.

누군가를 더 알아보고 싶은 마음이 생기고, 설레는 마음으로 상대를 만나기 시작할 때 우리는 기쁘고 행복한 감정을 느낀다. 하지만 나를 좋게 봐주고 행복하게 만들어주는 대상, 내가 사랑하고 나를 사랑하는 존재는 가끔씩 우리의 시야를 좁게 만들기도 한다. 그러면 우리는 상대방의 단점보다 장점에 더욱 주의를 기울이고 단점을 사소한 것으로 치부해 크게 신경 쓰지 않는다.

라벤더 역시 이와 같은 과정을 겪었다. 지극히 자연스러운 인간의 감정이다. 브라운이 라벤더에게 접근해 애정 공세를 펼쳤고, 라벤더도 브라운의 행동이 싫지 않았기 때문에 둘은 동거를 시작했다. 또 사랑하는 사람에 대한 걱정과 염려는 당연한 것이라 생각해 브라운의 집착과 통제, 간섭을 잘 알아차리지 못했다. 어쩌면 라벤더는 머릿속으로는 이미 이상함을 감지했을 수도 있다. 그러나 라벤더는 한결같이 자상한 브라운에 대한 주변의 칭찬 때문에 희미하게 감지되는 위험신호를 무시했다.

의심과 회의

함께 살게 된 후로 브라운은 라벤더의 친구들을 험담하며 더 이상 만나지 못하게 했다. 갑자기 연락이 뜸해진 라벤더에게 친구들이 서운함을 느끼면서 전처럼 친하게 지내지 못하게 됐다. 직장인 동호회에서 브라운을 만나서 사귀게 됐지만 다른 이성 회원들이 많다는 브라운의 염려 때문에 모임에서 탈퇴도 했다. 심지어 브라운은 라벤더가 회사 동료와 업무 때문에 주고받은 문자까지 몰래 확인하고 무슨 사이인지 따져 묻기도 했다. 그러다 싸움이 커지는 일도 빈번해졌다.

라벤더는 브라운의 행동이 더 이상 '애정에 기반한' 것이 아니라고 생각했다. 언제부턴가 브라운도 라벤더의 생각을 눈치 챘는지 전처럼 라벤더의 동선을 꼼꼼하게 체크하지 않았다. 그러나 그것은 라벤더의 착각이었다. 라벤더가 브라운에게 알리지 않고 잠깐 마트에 들르거나, 몰래 친구와 연락을 해서 만나려고 할 때마다 브라운은 어김없이 문자로 어디에서 무엇을 하는지 물었다.

처음 몇 번은 우연의 일치라고 생각했다. 하지만 비슷한 일이 계속해서 벌어지자 점점 이상한 생각이 들었다. '내가 친구를 만나려고 했던 걸 어떻게 알았지?' 라벤더는 아무리 생각해도 브라운이 좀 이상했다. 라벤더는 결심을 하고 브라운에게 물어보기로 했다. 자신을 의심하는 듯한 이야기를 꺼내면 브라운이 분명 화를 낼 것이기에 라벤더는 오랜만에 데이트를 하자고 밖으로 불러내 밥을 먹고 술을 마셨다.

브라운과 화기애애한 시간을 보내다가 라벤더는 조심스럽게 이야기를 꺼냈다. 그 말을 들은 브라운은 화를 내면서 오히려 "네가 구린 게 있으니까 제 발 저려서 나를 의심하는 거냐?"고 따져 물었다. 브라운은 화가 나서 라벤더의 손목을 거칠게 잡고 집까지 끌고 갔다. 브라운의 화는 멈출 줄을 몰랐고 "네가 나를 어떻게 의심할 수 있냐?"며 길길이 날뛰었다.

라벤더는 전처럼 자신이 잘못 생각한 것 같으니 화를 풀라며 사과를 했다. 하지만 브라운은 이미 통제 불가 상태였다. 브라운은 라벤더를 밀쳐냈고, 라벤더는 식탁 쪽으로 넘어져 허리를 다쳤다. 브라운은 라벤더가 쓰러져 아파하는데도 불구하고 자기를 의심했다는 데 화가 나 소리를 질러댔다. 조금 후 분이 사그라든 브라운은 냉장고에서 술을 꺼내 마시다 잠이 들었다.

라벤더는 브라운이 잠들 때까지 숨죽이고 있다가 완전히 잠든 것을 확인하고는 조심스럽게 짐을 싸들고 도망치듯이 본가로 갔다. 가족들은 한밤중 갑작스럽게 짐을 싸들고 울면서 돌아온 라벤더를 따뜻하게 받아줬다. 라벤더는 브라운과 사귀는 동안 관계가 소원해졌던 가족들에게 죄책감이 들었다. 라벤더는 본가에 도착해 안전해졌다는 생각이 들자 갑자기 당혹스럽고 무서웠던 감정이 떠올라 펑펑 울었다.

라벤더는 브라운과 사귄 뒤 자신의 삶이 정말 많이 달라졌다고 느꼈다. 전과 같이 좋아하는 활동을 하지도 못하고, 친구들과 만나 마음껏 시간을 보내지도 못했다. 항상 브라운의 눈치를 봐야 했다. 혹여나 브라운의 심기를 거스를까 봐 전전긍긍했다. 자신만을 온전히 사랑한다고 생각했던 사람과의 연애가 악몽처럼 끝나버리자 라벤더는 너무나 속상했다. 하지만 더 이상 이렇게 살 수는 없는 노릇이었다.

다음 날 라벤더는 브라운에게 이별을 통보했다. 브라운은 잘못했다고 싹싹 빌며 사과했지만, 라벤더는 전날 자신을 밀쳐서 다치게 해놓고도 화를 참지 못하고 계속해서 온갖 욕을 하며 위협했던 브라운의 모습이 떠올라 너무나 괴로웠다. 하지만 브라운은 계속해서 라벤더에게 연락하며 매달렸다. 라벤더는 "우리는 헤어진 거야. 더 이상 연락하지 마"라고 메시지를 남기고는 브라운의 전화번호를 차단했다.

하지만 라벤더는 1년여 동안 함께 살면서 정을 나눴던 브라운에게 자신이 너무 매몰차게 군 것은 아닌가 싶어 조금은 미안한 마음이 들었다. 라벤더의 삶을 통제하려고 했던 것을 제외하면 브라운은 자상하고 따뜻한 이성 친구였다. 브라운처럼 '나만 바라봐주는 사람을 다시 만날 수 있을까?'라는 생각이 들기도 했다. 하지만 라벤더는 브라운과 떨어져 지내는 시간이 길어질수록 해방감을 느꼈다. 그동안 잃어버렸던 자유를 찾은 것만 같은 느낌이었다. 하지만 이때부터 조금씩 이상한 일들이 벌어졌다.

라벤더는 이메일을 확인하기 위해 항상 접속하는 플랫폼에 접속을 했는데, 자신이 읽지 않은 이메일이 읽은 것으로 분류돼 있었다. 처음에는 '잠이 들 때 휴대전화 화면을 잘못 건드렸거나 가방에 넣어뒀던 휴대전화가 잘못 눌리는 바람에 그랬나?'라고 생각하고 대수롭지 않게 넘겼다. 하지만 이상한 일은 여기서만 그치지 않았다.

라벤더는 평소 총게임First Person Shooting: FPS*을 즐겨 한다. 취업 준비 때문에 생긴 압박감과 스트레스를 풀기 위해 친구의 권유로 시작한 온라인 게임이 그의 취향에 딱 맞았다. 하지만 브라운과 사귀는 동안에는 게임을 거의 하지 못했다. 브라운은

---

* 관총, 수류탄, 권총 등의 현대무기를 들고 싸우는 1인칭, 3인칭 슈팅게임이다.

라벤더가 게임을 통해 알게 된 친구들과 채팅하는 것을 못마땅하게 여겼기 때문이다.

라벤더는 게임으로 즐거운 '불금'을 보내려 퇴근하자마자 집으로 돌아와 게임 포털에 접속했다. 그런데 뭔가 좀 이상했다. 라벤더의 게임 캐릭터 스킨이 바뀌어 있는 것이었다. '내가 착각을 한 건가?' 싶어 기억을 더듬어봐도 며칠 전 마지막으로 보았던 캐릭터의 외형과는 달랐다. 불현듯 얼마 전 읽지 않은 이메일이 '읽음'으로 체크가 되어 있던 것이 떠올랐다.

기분이 좀 이상해 친구인 민트에게 메시지를 보냈다. 이 상황에 대해서 어떻게 생각하는지 그에게 물어보았다. 하지만 민트는 "무슨 소리를 하는 거냐"고 웃으며 라벤더에게 너무 지나친 거 아니냐는 반응을 보였다. 라벤더는 예민한 사람으로 몰릴 것 같다는 생각이 들어서 더 이상의 말을 하지 않고, "그런가?" 대답하고는 동의하는 척 넘어갔다.

며칠이 지나고 여느 때와 마찬가지로 회사에 출근하자 라벤더 자리의 전화에서 벨이 울렸다. "네. ○○회사 라벤더 대리입니다"라고 하자 아무런 응답이 없다가 한참 후에야 "라벤더야"라며 자신을 부르는 브라운의 목소리가 들렸다. 라벤더는 잠시 머리가 멍했지만 "그동안 보고 싶었다. 할 말이 있으니 오늘 퇴근 후 만날 수 있느냐"고 묻는 브라운과 통화로 싸울 수는 없었다. 알겠다고 답하고는 퇴근 후 회사 근처에서 만나기로 약속을 잡았다.

좋은 감정을 가지고 만남을 유지하는 상대에게서 실망스러운 부분을 발견하면 누구나 받아들이기 어렵다. 자신의 기대와 다른 모습을 처음 볼 경우 대체로 우리는 '다음에는 안 그러겠지…'라고 생각하며 문제를 제대로 짚어보지 않고 넘긴다. 라벤더도 마찬가지였다. 누구보다 자신을 아끼고 사랑해주는 브라운을 의심하고 나쁘게 바라보는 자신에게 라벤더는 죄책감을 느꼈다. 그래서 라벤더는 브라운의 행동이 이상하고 과하다고 생각해도 그냥 덮어버린 것이다.

그냥 넘어가는 일이 반복되면 어느 순간 한계에 도달하게 된다. 한계를 넘는 순간부터 본격적으로 관계의 불균형이 발생한다. 하지만 그동안 이어왔던 관계를 쉽게 끊을 수는 없는 노릇이다. 누구나 겪을 수 있는 감정이다. 하지만 시간이 흘러 돌이켜보면서 '그때 단호하게 정리했어야 해'라고 뒤늦게 깨닫고는 스스로를 자책하는 경우가 많다.

한편 라벤더는 선을 넘는 브라운의 행동들을 몇 번씩 덮어버리다가 결국 폭력으로 이어지자 용감하게 집을 뛰쳐나왔다. 하지만 그때부터 브라운은 라벤더에 대한 집착을 노골적으로 드러내며 스토킹을 시작했다. 피해자는 가해자에게서 멀어졌기 때문에 안전해졌다고 생각하겠지만, 이 거리 두기를 통해 더욱 위험한 상황에 노출되었다는 사실을 알아차리지 못한다. 이처럼 관계를 끊어낸 대상의 마음속에서 일어나는 변화를 피해자가 알아차리지 못하는 것은 당연한 일이다.

이 외에도 가해자는 교묘한 방식으로 스토킹을 하며 피해자를 괴롭힌다. 라벤더의 사례에서 볼 수 있듯이 읽지 않은 메일을 읽음 상태로 변경시켜 놓거나, 게임 속 캐릭터의 모습을 변경시켜 놓는 것처럼 말이다. 피해 당사자만이 알아차릴 수 있는 시그널을 통해 '내가 너를 지켜보고 있다', 또는 '내가 너의 공간을 다녀갔다'라는 메시지를 남겨 피해자를 더욱 불안과 두려움에 떨게 만들기도 한다. 안타깝지만 이 경우에 처한 피해자의 상당수가 가족이나 지인, 심지어 경찰로부터 지나치게 예민하다며 타박을 받기도 한다. 우리는 피해자의 목소리를 과소평가하거나 예민한 것으로 치부하지 않아야 한다.

확신

라벤더는 전화를 끊고 나서 생각해보니 이상한 생각이 들었다. '내 자리 번호를 어떻게 알았지?' 그러고서 퇴근 전까지 일이 손에 잡히지 않았다. 퇴근 시간이 가까워질수록 브라운을 만나면 안 될 것 같다는 생각이 들었지만, 상황이 이렇게 된 이상 브라운을 만나서 더 이상 연락하지 말라고 확실하게 말을 하는 게 나을 것 같았다.

오랜만에 보는 브라운은 조금 수척해 보였지만, 표정은 밝았다. 브라운은 라벤더가 없는 자신의 삶이 얼마나 힘들었는지에 대해 말했다. 그리고 "내가 무조건 잘못한 것이기 때문에 사과한다. 앞으로 잘하겠다. 앞으로 이런 일은 없을 테니 그러니까 다시 만나자"고 말했다. 라벤더는 단호하게 "이미 헤어진 사이이기 때문에 다시 만날 수 없다. 회사에 전화도 하지 말라"고 했지만 브라운은 여전히 받아들이지 않았다.

　라벤더는 더 이상 이야기를 나누는 것이 의미가 없다고 판단해 커피숍에서 나가려고 몸을 일으켰다. 그 순간 브라운의 입에서 섬뜩한 말이 튀어나왔다. "너 나 없이도 다른 사람이랑 여행도 가고, 게임도 하고 잘 지내더라?" 라벤더는 순간 머릿속이 하얘져서 아무런 반응도 할 수 없었다. 라벤더는 빨리 그 자리를 떠야 할 것 같아 브라운에게 "그렇게 해도 소용없어. 다시는 연락하지 마"라는 말을 끝으로 황급히 자리를 박차고 나왔다.

　브라운의 스토킹이 노골적으로 시작된 것은 그때부터였다. 다음 날 브라운은 퇴근 시간에 맞춰 회사 앞에서 라벤더를 기다렸다가 말을 걸었다. 라벤더가 대화를 거절하면 집까지 쫓아갔다. 라벤더는 "기다리지도 말고, 따라오지도 말라"고 했으나 브라운은 말을 듣지 않았다. 어느 쉬는 날 라벤더가 무심코 창문 밖을 내다봤는데, 브라운의 차가 집 밖에 주차돼 있는 것이 보였다. 또 다른 날에는 브라운이 라벤더의 동생에게 접근해 "내가 무조건 잘못했으니, 라벤더에게 대화 좀 하자고 전해달라"고 부탁하기도 했다.

　라벤더는 브라운이 자신의 주변에 계속 머물며 자신을 지켜보고 있고, 동생에게까지 접근을 했다는 것을 알게 되자 온몸에 소름이 돋았다. 더 이상은 안 되겠다는 생각이 들어 차단했던 브라운의 연락처를 찾아 만나서 이야기하자는 내용의 메시지를 보냈다. 브라운은 오랜만에 만났으니 밥을 먹으며 이야기를 하자고 했다. 그동안 브라운의 행동 패턴을 지켜본 결과 그의 제안을 수락하지 않으면 자신의 뜻이 관철될 때까지 끈질지게 요구할 것이 뻔했다. 며칠 후 라벤더는 식당에서 브라운을 만나 식사를 하면서 이야기를 나눴다.

한때 좋은 마음을 가지고 관계를 이어왔던 대상이 더 이상 말이 통하지 않는다는 것을 알게 되면 누구나 당혹감에 빠진다. 전혀 예상하지 못했던 상황 전개에 어떻게 대처해야 할지도 막막해진다. 그리고 상대방의 갑작스런 변화에 걱정과 불안, 공포심을 느끼며 눈앞의 상황을 올바르게 바꿀 수 있는 방법에만 몰두하게 된다. 브라운을 직접 만나 이야기를 나누면 현재의 상황을 타개할 방법이 있을 것이라고 생각했던 라벤더처럼 많은 피해자들이 가해자를 직접 만난다. 그러나 이러한 시도와 이런 식의 재회는 또 다른 그리고 더 큰 범죄의 불씨가 되기도 한다.

양가감정

식당에서 만난 브라운은 자신이 관계를 망쳐버렸다며 눈물을 흘렸다. 망가진 관계를 회복할 기회를 한 번만 달라며 얼마나 서로 사랑했었는지 들먹이며 호소했다. 라벤더는 브라운이 밉고 무서운 감정이 들기도 했지만 막상 앞에서 눈물을 보이며 매달리는 모습을 보니 미안한 마음이 들었다. 그래도 한때 사랑했던 사람인데 자신이 너무 매몰차게 굴었다는 생각이 들었다. 브라운이 측은하기도 했고 미안한 마음도 있어 더 이상 모진 말을 하지 못하고 헤어졌다.

눈물을 보이며 감정에 호소하는 브라운을 본 후로 라벤더는 마음이 약해졌다. 그래서 차단했던 브라운의 전화를 해제했다. 이젠 정말 마지막이라는 심정으로 브라운에게 '몸 건강히 잘 지내'라고 문자를 보냈다. 브라운에게도 답장이 왔고, 브라운과 이별 후 처음으로 문자를 주고받았다. 그런데 브라운이 라벤더와 다시 사귀는 것처럼 굴었다. 이에 라벤더는 '우리는 헤어진 거야. 이러면 내가 불편해'라고 문자를 보냈다. 라벤더는 브라운의 행동을 보며 단순히 '과거의 연인을 잡기 위한 노력'이라고 생각했다.

양가감정이란 참으로 무섭다. 우리가 느끼는 양가감정은 당연한 것이기도 하지만 이 감정 때문에 판단력이 흐려져 잘못된 선택을 하기도 한다. 특히 상대가 과거에 좋은 감정을 가지고 만났던 사람이라면 양가감정으로 인해 더더욱 상황을 올바르게 바라보기가 어려워진다. 우리는 감정과 기억을 무 자르듯 툭툭 제거하지 못한다. 라벤더 역시 양가감정 앞에서 무너지고 말았다. 그리고 이성 친구였던 브라운과 좋은 마무리를 하고 싶었다. 이것은 너무나도 자연스러운 감정의 흐름이다.

하지만 스토킹 피해자가 돼 지난날을 돌이켜볼 때, 양가감정을 가졌던 자신을 스스로 혐오스러워하며 자책하는 경우가 있다. 결코 그럴 필요가 없다. 꼭 스토킹 범죄의 피해자가 아니더라도 일상 속에서 누구나 얼마든지 양가감정을 가질 수 있기 때문이다. 양가감정은 모순된 감정이 아니다. 그냥 서로 다른 성질의 감정이 공존하는 것일 뿐이다. 그러므로 이 감정으로 인해 전혀 자책할 필요가 없다.

공포

다음 날 브라운은 라벤더에게 웹사이트 화면을 캡처한 사진을 하나 보냈다. 사진 속 화면에는 라벤더의 이름과 주소, 휴대전화 번호, 회사명과 라벤더 자리 전화번호가 적혀 있었다. 그 밑에는 라벤더가 잠옷 차림으로 잠들어 있는 사진과 함께 '저랑 연락하고 싶은 분은 전화 주세요'라는 메모가 게시돼 있었다. 깜짝 놀란 라벤더는 브라운에게 따져 물었다. 브라운은 "다시 만나주지 않으면 글을 내리지 않을 거야"라고 대답했다.

이때부터 라벤더에게 불상의 사람에게서 전화와 문자로 연락이 오기 시작했다. 심지어 모르는 사람이 라벤더의 집 앞에서 기다리기도 했다. 라벤더는 자신에게 연락을 하거나 찾아오는 사람들에게 자신의 정보가 여러 SNS와 웹사이트에 올라와 있다는 사실을 알게 됐다. 상황이 심각해졌음을 깨달은 라벤더는 친구 민트에게 이 사실을 알렸다.

민트는 인터넷 검색을 통해 디지털성범죄피해자지원센터 전화번호를 라벤더에게 알려줬고, 라벤더는 전화 상담을 받았다. 디지털성범죄피해자지원센터 상담원은 라벤더의 이야기를 모두 듣더니 브라운의 행위가 명백한 스토킹과 성범죄에 해당된다며 경찰에 신고를 권유했다. 라벤더는 상담원의 도움을 받아 브라운을 경찰에 신고했다.

일반적으로 피해자들은 가해자에게서 '본격적이고 노골적인' 피해를 당했다는 물리적 증거가 발생하지 않는 한, 자신이 느끼는 고통을 자신의 문제라고 생각한다. 그것이 가해자의 범죄 행위로 인한 피해라고 생각하지 않는 경향이 크다. 심지어 '일을 크게 키우고 싶지 않다'는 생각에 자신이 피해를 당하고 있는 것이 명백함에도 불구하고 경찰에 신고하는 것을 꺼린다. 그러나 실제로 일을 크게 키운 것은 범죄 행위를 한 가해자다. 피해자의 신고는 가해자의 범죄 행동으로부터 자신과 주변을 보호하기 위한 대응일 뿐이다. 대부분의 사람들은 브라운의 '본격적이고 노골적인' 가해 행위가 나타난 후에야 위험에 대해 각성하고, 친구나 지인의 도움을 받아 경찰에 신고한 라벤더처럼 '잘못된 공식'에서 벗어나지 못한다.

신고

라벤더는 경찰에 신고하면 모든 것이 해결될 것이라고 생각했다. 경찰에게 브라운이 더 이상 자신에게 연락하지 않도록 해달라는 부탁을 받은 경찰관은 라벤더 앞에서 브라운에게 전화를 걸어 경고를 했다. 라벤더는 그것을 보고 안심했다. 경찰은 브라운이 인터넷에 올린 라벤더의 사진과 개인정보는 디지털성범죄피해자지원센터에서 삭제할 것이라고 했다. 라벤더는 경찰이 발 빠르게 대응해주고, 피해자를 지원해주는 센터도 있어서 마음이 놓였다.

집으로 돌아간 라벤더는 여느 때와 마찬가지로 창문 밖을 무심코 내다봤다. 그 순간 브라운의 자동차가 라벤더의 방이 보이는 쪽에 주차돼 있는 것을 발견했다. 깜짝 놀란 라벤더는 방 불을 끈 상태에서 브라운의 차가 언제 사라지는지 계속 확인했다. 불안한 마음에 밤새 창문으로 밖을 살펴보다가 새벽녘이 돼서야 바닥에 쭈그린 채 깜박 잠이 들었다.

한 시간 정도 지나 잠에서 깨자마자 브라운의 차가 집 밖에 있는지 확인했다. 다행히 자동차는 보이지 않았다. 라벤더는 주위를 경계하며 출근하기 위해 집을 나섰다. 엘리베이터를 타고 지하 주차장에 도착했을 때 갑자기 브라운이 나타나 라벤더에게 접근했다. 라벤더가 놀라 경찰에 신고하려 하자, 브라운이 휴대전화를 빼앗았다. 브라운은 라벤더를 차량 쪽으로 밀어붙이며 "왜 내 말을 안 듣냐"고 화를 내며 폭행했다. 다행히 아파트 주민이 경찰에 신고를 해 브라운은 현행범으로 체포됐다.

브라운은 이 사건으로 경찰에서 잠정조치 처분[4]을 받았다. 그리고 스토킹 범죄 중단에 관한 서면 경고, 라벤더나 라벤더의 주거지 등으로부터 100미터 이내의 접근금지, 전기통신을 이용한 접근금지 조치를 받았다. 라벤더는 범죄 피해자 안전조치로서 스마트 워치를 지급받았고, 112시스템에 라벤더의 정보가 등록됐다. 경찰관이 라벤더의 집 현관 문 앞에 CCTV를 설치해 줬고, 집 주변 순찰도 강화했다.

어떤 피해가 발생했을 때 사람들은 경찰에 신고만 하면 모든 것이 다 해결될 것처럼 말한다. 하지만 실상은 그렇지 않다. 이

스토킹 신고에 대한 조치

구분	응급조치	긴급응급조치	잠정조치
성격	신고 시 현장에 나가 즉시 취하는 조치	신고 시 스토킹 범죄로 발전할 우려가 있고 예방을 위해 긴급한 경우(사후승인)	스토킹 범죄 재범 우려가 있는 경우
유형	• 스토킹 행위 제지·중단, 통보·처벌 경고 • 스토킹 행위자와 피해자 등의 분리·수사 • 긴급응급조치·잠정조치 안내 • 상담소·보호시설로 인도	• 100미터 이내 접근금지 • 전기통신을 이용한 접근금지	• 서면경고 • 100미터 이내 접근금지 • 전기통신을 이용한 접근금지 • 유치장 또는 구치소 유치

※ 긴급한 상황에 처했을 때 전화·문자·애플리케이션으로 112에 신고하면 경찰은 상황에 따라 응급조치, 긴급응급조치 또는 잠정조치를 적용해 스토킹 행위자로부터 피해자를 보호함.

성의 끈을 놓은 가해자는 마치 고삐가 풀린 말처럼 경찰에 의해 제지를 당하는 상황에서도 피해자에 대한 범죄 행위를 좀처럼 멈추지 않는다. 스토킹 범죄와 스토커에 대한 특성을 제대로 모르는 사람들은 피해자에게 경찰에 신고했으니 걱정하지 말라고 너무나도 쉽게 말한다. 하지만 가해자에 대해 잘 알고 있는 피해자는 전혀 안심할 수 없다. 그동안 브라운과 관계를 이어나가면서 브라운의 집착과 폭력성이 얼마나 심했는지 경험해서 알고 있기 때문에 도무지 마음을 내려놓을 수 없었던 라벤더처럼 말이다.

2) 스트레스장애

증상의 출현

라벤더는 피해자 보호를 위한 많은 조치를 받았다. 그럼에도 불안한 마음을 놓을 수 없었다. 라벤더가 분명하게 거절 의사를 밝혔음에도 이를 모두 무시했던 브라운이 경찰의 개입을 별로 신경 쓰지 않을 것 같았기 때문이다. 지하 주차장에서 폭행을 당하기 전날, 라벤더는 이미 브라운을 경찰에 신고한 상태였다. 심지어 경찰관이 브라운에게 경고 전화까지 했었다. 그럼에도 브라운은 라벤더의 집까지 찾아와 밤새 라벤더를 지켜봤고 폭행까지 했다. 라벤더는 공권력의 개입이 브라운에게 통하지 않을 것 같다는 생각이 들었다. 무엇보다 이 모든 것이 절대 끝나지 않을 것만 같았다.

라벤더는 마지막 폭행 사건을 기점으로 집 안에서만 지냈다. 도저히 무서워서 나갈 수가 없었다. 직장에서 재계약을 앞두고 있었기 때문에 병가를 쓰기에는 눈치가 보이는 상황이었다. 하지만 회사에 상황을 설명하고 무급 병가를 냈다. 브라운은 잠정 조치 때문에 라벤더 주변 100미터 이내로는 접근이 금지돼 있다고는 하나, 경찰이 브라운의 일거수일투족을 감시하는 것은 아니기에 언제 또 찾아올지 몰라 불안감이 컸다. 라벤더는 집 안의 모든 전등을 꺼놓고 커튼을 쳐놓은 상태에서 수시로 밖을 살펴봤다.

또 라벤더는 브라운이 인터넷상에 다시금 자신의 사진과 전화번호 등 개인정보를 올려놓았을 수 있다는 생각이 들어 시간이 나는 대로 인터넷에 접속해 확인하느라 잠을 잘 수 없었다. 눈을 감으면 브라운이 다시 찾아온 것은 아닌가 하는 생각이 들었고, 모르는 사이에 자신의 정보가 인터넷에 유출됐을 수도 있다는 걱정도 컸다. 간신히 잠이 들면 자꾸 쫓기거나 폭행을 당하는 꿈을 꾸었다.

스토킹 피해로 인해 피해자들은 우리가 상상할 수도 없는 고통에 시달리게 되며, 앞서 급성 스트레스장애에서 살펴보았던 것처럼 다양한 증상을 겪게 된다. 라벤더 역시 마찬가지였다. 라벤더의 가족들은 라벤더가 범죄 피해로부터 벗어나 웃을 수 있도록 농담을 하거나 맛있는 음식을 해주는 등 많은 신경을 썼다. 그래서 라벤더는 든든한 자신의 편이 있다는 생각에 다행이라는 생각과 함께 가족들의 사랑에 감사한 마음이 들었다. 하지만 이런 감정은 오래가지 못했고, 라벤더는 금세 불안해지고 무서워졌다. 라벤더는 브라운의 스토킹이 영원히 끝나지 않을 것만 같다는 생각과 부정적 기분에 사로잡혀 있다.

라벤더는 또한 브라운과 사귀는 동안에 보였던 브라운의 집착적인 행동을 조금은 이상하다고 생각했지만 더 깊이 생각하지 않고 단순히 넘겨버렸던 스스로를 용서할 수 없었다. '브라운이랑 사귀지 말았어야 했어', '사귄 지 얼마 안 되었을 때 같이 살자고 제안했던 걸 왜 거절하지 못했지?', '나를 통제하며 자신의 손아귀에 가두려했던 걸 왜 사랑이라고 생각했지?', '아무래도 사람 보는 눈이 없었던 것 같아. 역시 내 잘못이야'라는 생각이 꼬리에 꼬리를 물었다. 너무 괴로웠다. 생각할수록 라벤더 자신의 잘못인 것만 같았다. 그래서 생각을 하지 않으려고 노력도 해보았지만, 생각을 안 하려고 하면 할수록 어쩐지 더 많이 생각이 났다. 라벤더는 침습 증상으로 인해 스토킹 피해에 대한 생각을 떨칠 수 없었다.

라벤더는 피해 발생 후 잠에 드는 것에 어려움을 겪었고, 어렵게 잠이 든다고 하더라도 2~3시간 정도밖에 못 자고 깨버렸다. 또한 갑자기 브라운에 대한 생각이 떠올라 화가 나기도 했고, 전반적으로 각성 수준이 올라가서 작은 소리에도 깜짝 놀라거나 주변을 계속해서 살폈다.

라벤더는 자신의 의지와는 상관없이 사건과 관련된 생각이 계속 떠오르는 것을 멈추기 위해 노력했다. 생각을 안 하기 위해 잠을 자려고 노력도 해보았지만, 눈을 감고 누워 있으면 계속해서 브라운에 대한 생각이 떠올랐고, 잠이 들면 악몽을 꾸었기 때문에 잠을 잘 수 없었다. 그래서 라벤더는 밤에 잠을 못 자는 동안 브라운과 전혀 상관이 없는 SNS의 짧은 영상을 계속해서 돌려보며 회피했다.

스토킹 범죄로 인해 피해자가 겪고 있는 고통에 대해, 사람들은 너무나 쉽게 '왜 아직까지도 그렇게 힘들어하느냐'며 피해자를 비난한다. 하지만 피해자는 다른 사람들과 비교해 특출 나게 예민한 것도 아니며, 자신의 힘듦을 알아달라고 특별하게 어필하는 것도 아니다. 스토킹 피해로 인한 고통은 피해자의 삶 속 다양한 영역으로 영향을 끼친다. 심리적 안정을 위해 평소에 하던 일을 잠시 멈추고 쉬어야 하지만, 말처럼 쉬운 일이 아니다.

어떤 경우에는 돌보아야 하는 가족이 있거나 생계를 꾸릴 다른 수단이 없어, 차마 일을 그만두지 못하고 목구멍까지 올라오는 증상들을 꾸역꾸역 참아가며 직장에 출근하기도 한다. 곪아서 금방이라도 터져버릴 것 같은 상처에 물이 닿으면 언제라도 떨어질 수 있는 밴드를 임시방편으로 붙여놓고 아슬아슬하게 살아간다. 외양으로 보면 피해자는 아무렇지 않은 것 같다. 그러나 속을 들여다보면 결코 그렇지 않다.

다른 경우에는, 피해자 스스로 느끼기에도 괜찮다는 생각이 들 정도로 아무런 고통이나 증상이 없을 수 있다. 현재 별다른 고통이나 증상이 없다고 하여서 괜찮은 건 아니다. 사람에 따라 느끼게 되는 고통과 증상은 다를 수 있고, 속도와 방향 또한 다를 수 있다. 피해자가 경험할 수 있는 심리적인 어려움이 어떤 것인지 알아보고 이해를 하는 것만큼 중요한 것은 피해자에게 피해자다움을 요구하지 않는 것이다.

2차 피해

잠정조치 덕분인지 다행히 브라운은 라벤더에게 직접적으로 접근하지 않았다. 하지만 브라운은 지인을 이용해 자신의 메시지를 라벤더에게 전달했다. 브라운의 친구들 중 한 명인 차콜은 라벤더가 브라운에게 폭행을 당하고 약 일주일 후에 안부를 묻는 메시지를 보냈다. 처음에 차콜은 라벤더와 브라운의 일을 전

혀 모르는 것처럼 하더니, 나중에는 브라운이 최근 많이 힘들어
한다며 그에 대한 고소를 취하해줄 수 있냐고 물었다. 명백한
2차 피해였다.

과거에 브라운을 조금이라도 사랑했다면 선처를 베풀어달라
는 것이었다. 차콜은 브라운이 아직 30대 초반으로 젊은 나이인
데, 전과가 생기면 앞으로 직업을 구하는 데도 어려울 것이라면
서 피해자인 라벤더가 아닌 가해자인 브라운의 처지를 더욱 걱
정했다. 그러면서 라벤더가 브라운에 대한 처벌불원서를 써서
경찰에 제출한다면 앞으로 브라운이 라벤더를 스토킹하지 않도
록 자신이 잘 타이르겠다고도 덧붙였다.

라벤더는 자신을 회유하려는 차콜에게 화가 났다. 그러나 다
른 한편으로는 차콜의 말처럼 '만약에 나 때문에 브라운이 앞으
로 직업을 구하는 데 문제가 생긴다면?'이라는 생각이 들면서
자신이 브라운의 앞길을 막는 것 같아 죄책감이 들었다. 하지만
또 다른 측면으로는 이대로 고소를 취하한다면 브라운의 저주
에서 평생 벗어나지 못할 것 같은 기분도 들었다.

스토킹 범죄 때문에 피해자들은 라벤더와 같은 양가감정에
자주 시달린다. 잘못한 것은 가해자인데 마치 세상이 온 힘을
다해 피해자가 가해자의 앞길을 망쳤다고 비난하는 것 같은 느
낌을 받기도 한다. 또 어떤 경우에는 가해자가 원하는 대로 처
벌불원서를 써주지 않으면 가해자로부터 이어질 보복이 두려워
피해자 본인의 의사에 반하는 결정을 내리기도 한다.

하지만 라벤더는 '내가 처벌불원서를 써준다고 해서 멈출 인

간이었다면 여기까지 오지도 않았을 거다'라는 생각도 들었다. 정작 피해를 당해서 고통스러운 건 자신인데 '내가 왜 브라운의 미래까지 신경을 써야 하나' 싶어 짜증이 나고 화가 났다. 자신이 잘못한 것은 생각도 안 하고 라벤더가 마치 상황을 크게 키우고 있다는 식으로 말하는 브라운이 미웠고, 그걸 그대로 전달하는 차콜도 싫었다. 이 일을 계기로 라벤더는 당분간 그 누구도 믿을 수 없을 것 같아 친구들과도 연락을 모두 끊어버렸다.

많은 피해자가 범죄 피해 이후에도 2차 피해에 시달린다. 사람들은 누가 범죄 피해를 당한 피해자에게 2차 피해까지 입히는 것이냐며 분개하곤 한다. 피해자에게 2차 피해를 입히는 대상은 가해자 이외에도 피해자의 가까운 가족, 친구, 직장 동료, 언론사, 인터넷 댓글, 사건 담당 수사관 등 아주 다양하다. 피해자와 가해자 모두를 알고 있는 이들이 섣부르게 겉으로 드러나는 점만을 보고 판단하거나, 중재를 해보려고 나섰다가 2차 피해를 입히는 경우도 부지기수다.

가해자는 피해자에게 고소를 취하하도록 압력을 행사하거나 보복을 암시하기도 하며, 피해자와의 공통 지인에게 말을 전달하도록 하는 등 다양한 방법을 사용해 2차 피해를 입힌다. 피해자의 가족이나 친구, 직장 동료 등 피해자와 가까운 이들은 사건의 본질을 파악하지 못하고 피해자를 비난하기도 하며, 사건의 본질을 파악하고 피해자의 고통에 공감해 위로의 말을 전달하는 과정에서 2차 피해를 입히기도 한다.

또한 피해자는 자신의 피해 사건을 취재하기를 원한다며 무턱대고 연락하는 기자의 연락을 받기도 한다. 피해를 받은 사건에 대한 기사가 언론을 통해 세상에 알려지면 전혀 모르는 사람이 남긴 공격적인 댓글로 상처를 받기도 한다. 사건 담당 수사관은 성인지 감수성이 떨어지거나 피해자의 특성에 대해 잘 몰라서 본의 아니게 수사 과정에서 피해자에게 2차 피해를 가하기도 한다. 이와 같이 피해자는 범죄 피해 발생 이후 다양한 경로로 2차 피해를 입을 수 있다. 피해자가 경험할 수 있는 다양한 상황을 이해함으로써 피해자에게 추가적인 피해를 입히지 않도록 세심한 주의를 기울여야 한다.

끝나지 않은 고통

라벤더는 여전히 피해로 인한 고통의 한가운데에 놓여 있었다. 브라운에게 당한 폭행 때문에 치료를 위해 병원에 가야 하는 날에는 라벤더의 불안과 걱정이 더욱 심해졌다. 라벤더는 브라운이 자신의 집 앞에 와 있을 수도 있다는 생각에 어플을 이용해 택시를 집 앞으로 불렀고, 택시가 도착했다는 연락을 받으면 계단을 통해 재빠르게 1층 현관으로 내려가 택시를 탔다.

라벤더는 엘리베이터를 타고 지하 주차장으로 내려갔다가 브라운을 만나서 폭행을 당한 뒤로는 엘리베이터를 못 타게 되었다. 혼자서 엘리베이터 안에 타 있는 것은 그래도 괜찮지만, 엘리베이터 문이 열렸을 때 또다시 브라운이 문 앞에 서 있는 상황이 발생할 수 있다는 생각에 겁이 나서 엘리베이터 타는 것이 무서워졌기 때문이다. 외출을 최소화한 상태로 라벤더는 사람들과의 접촉을 최대한 피했는데, 그럼에도 경찰서와 병원에 가야 했기에 완전히 피할 수는 없었다.

라벤더는 오른쪽 손목에 스마트 워치를 차고 있고, 잠정조치 때문에 브라운이 라벤더 주변 100미터 이내에 접근할 수 없다는 것을 알고 있음에도 브라운을 마주칠 수 있다는 생각이 들어 집 밖을 나가면 주변을 살폈다. 경찰서와 병원을 오가는 중에 브라운과 비슷한 덩치의 성인 남성이나 그의 차와 같은 차종을 보면 소스라치게 놀랐다. 전혀 상관이 없는 남성을 보고는 머리가 하얘져서 갑자기 심장 박동수가 치솟으며 '당장 피해야겠다'라는 생각이 들어 허겁지겁 자리를 피한 것이 한두 번이 아니었다.

라벤더는 잠을 자면 생각이 나지 않을까 싶어서 잠을 자려고 노력도 해봤다. 하지만 눈을 감으면 마지막 폭행 사건 때 엘리베이터 문 사이로 브라운의 얼굴이 보였던 장면이 자꾸 떠올랐다. 그럴 때마다 갑자기 심장이 마구 요동치며 식은땀이 나서 잠을 잘 수가 없었다. 인터넷에서 '잠을 잘 자는 방법', '불면증 극복법'을 찾아보고 따라 해봤지만 속수무책이었다.

라벤더는 새벽 4~5시까지 깨어 있다가 동이 틀 때쯤 지쳐 쓰러지듯이 잠이 들었다. 잠이 들어도 자꾸만 꿈속에서 누군가에게 쫓기거나 폭행을 당하는 꿈을 꿨다. 잠이 들면 2~3시간 만에 깨기 일쑤였고, 잠에서 깨면 다시 잠에 들 수가 없었다. 잠을 못 자니 자연스럽게 먹는 것도 부실해졌다. 최초로 피해가 발생하고 10일 정도의 시간이 지나자 7킬로그램이나 빠져 있었다.

라벤더는 도저히 사람이 사는 것 같지 않게 느껴졌다. 아무 것도 손에 잡히지 않았고, 이렇게 사는 건 의미가 없는 것 같다는 생각이 들었다. 브라운이 자신을 영영 놔주지 않을 것만 같았고, 자기 스스로 내린 잘못된 선택으로 이렇게 된 것이니 문제의 원인인 자신이 사라지면 문제도 사라지는 건 아닐까 싶었다. 무엇보다 지금의 상황에서 벗어나 회복한다고 해도 잘 살아나갈 자신이 없었다. 그러다가도 '잘못한 건 브라운인데 왜 내가 이렇게 힘들어야 해?'라는 생각이 들면서 갑자기 화가 나기도 했다.

앞서 살펴본 바와 같이 피해자가 느끼는 고통감은 피해 사실을 경찰에 신고한다고 해서 게 눈 감추듯이 한 번에 사라지지 않는다. 어떤 경우에는 시간이 지날수록 고통감이 더욱 강해지고 선명해지기도 한다. 이러한 이유로 많은 피해자가 괜찮아질 기미가 좀처럼 보이지 않는 스스로를 탓하며 괴로워한다. 피해에서 벗어나지 못하는 것처럼 보이는 피해자를 절대로 비난해서는 안 된다. 피해자가 힘들어하거나 도움을 요청할 때 든든하게 지지해줄 수 있어야 한다.

회복의 시작

경찰에 스토킹 피해를 신고하고 피해자 조사를 받은 뒤 라벤더는 관할 경찰서 수사지원팀에서 근무하는 피해자 전담 경찰관으로부터 전화를 받았다. 라벤더는 피해자 조사를 받을 때 사건 담당 수사관이 권하는 범죄피해평가라는 제도에 참여하기로 했다.

피해자 전담 경찰관이 범죄피해평가를 의뢰하면 심리 전문가가 스토킹 피해를 당한 라벤더를 종합적으로 평가해 의견서를 제출한다. 이 의견서는 수사 서류에 첨부되기 때문에 가해자의 구속·양형에 영향을 줄 수 있다. 심리 전문가는 면담과 심리검사를 통해 라벤더의 피해 사실을 신체·경제·심리·사회·2차 피해 등의 다섯 가지 영역으로 나눠 평가를 실시한다. 또한 피해진술서를 라벤더가 직접 작성하기 때문에 형사 절차에 라벤더의 입장을 반영할 수 있다.

경찰에게 피해자 조사를 받을 때에는 브라운이 어떤 스토킹 가해를 했는지에만 초점이 맞춰져 있었기 때문에 라벤더 자신이 얼마나 힘든 상태인지 진술할 수 없다. 하지만 범죄피해평가에서는 심리 전문가가 브라운의 가해 행위보다 라벤더가 스토킹 피해로 얼마나 힘든 상황에 놓여 있는지에 초점을 맞춰서 면담을 진행한다. 물론 심리 전문가와 면담을 진행하는 동안 브라운과의 일들이 머릿속에 떠올라 라벤더는 힘들기도 할 것이다. 그러나 이 과정을 통해 피해자는 바로 앞에서 자신의 이야기를 진지하게 듣고 피해자 경험에 대해 공감하고 이해해주는 전문가를 만나는 경험을 통해 마음의 안정을 느낄 수 있다.

라벤더가 심리 전문가를 만나 1차 범죄피해평가를 진행하고 일주일이 지났다. 다시 만난 심리 전문가는 라벤더가 잠은 잘

범죄피해평가란?[5]

범죄피해평가는 훈련받은 심리 전문가가 피해자의 신체·심리·사회·경제·2차 피해를 종합적으로 평가하고 수사 서류에 그 결과를 첨부하도록 지원하는 제도다. 심리 전문가에 의한 객관적 평가 및 구조화된 양식의 의견서는 피의자의 방어권 침해를 최소화하도록 돕는다.

범죄피해평가는 첫째로 수사·공판 단계에서 피해자의 법적 지위 및 권리 제고에 궁극적으로 기여하는 것을 목표로 삼고, 둘째로 심리 전문가와의 면담 실시 과정에서 범죄 피해자의 회복 및 치유에 도움을 주는 효과를 제공한다.

서구권에서는 피해자로부터 진술서를 받아 범죄 피해가 피해 당사자와 그 가족들에게 어떤 영향을 미쳤는지 파악한다. 국가에 따라 세부 내용이 조금씩 다르지만, 미국, 캐나다, 호주에서는 피해 영향 진술서Victim Impact Statement: VIS를 받고, 영국에서는 피해자 의견 진술서Victim Personal Statement: VPS를 받는다. 보통 위와 같은 진술서를 피해자 본인 또는 그 가족 등이 작성해서 선고 전에 제출하게 하거나 재판 단계에서 구두로 진술할 수 있도록 하고 있다.

1986년부터 30년간 미국 여자 체조대표팀 주치의로 근무하며 올림픽 금메달리스트 시몬 바일스를 포함해 150명이 넘는 선수들을 성추행·성폭행한 혐의로 종신형을 선고받은 래리 나사르Larry Nassar를 모두 기억할 것이다. 래리 나사르 사건은 국가대표팀 주치의로 근무를 하며 주위 사람들에게 '좋은 사람', '신뢰할 만한 사람'으로 평가를 받았던 이가 알고 보니 30년간 150명이 넘는 선수들에게 성피해를 입힌 성범죄자였다는 사실로 많은 이들을 충격에 빠트렸다.

당시 나사르의 재판이 진행되는 동안 피해자들은 법정에 서서 나사르로부터의 성피해가 자신 혹은 가족들에게 어떠한 영향을 미쳤는 지 떨리는 목소리로 진술을 했다. 우리나라와는 다르게 피해자가 법 정에 서서 판사와 직접적으로 소통하는 것이 꽤나 인상적이었던 사 건이었다. 이때 피해자들이 법정에 서서 자신의 목소리를 판사에게 전달할 수 있도록 한 것이 바로 피해 영향 진술서이다.

미국의 경우 피해 영향 진술서 혹은 피해자 의견 진술서를 제출하 는 것은 피해자의 선택이다. 모든 피해자가 반드시 제출할 필요는 없 지만 제출하게 될 경우 이 진술서는 판사가 피고인의 형량을 결정할 때 참고 자료로 활용한다. 나아가 보호관찰이나 가석방 심사 시에 참 고 자료로 활용되기도 한다. 또한 피해자가 원할 경우 래리 나사르 재판에서처럼 피해자가 낭독을 할 수 있고, 피고인 측 변호사나 피고 인이 공판 전에 피해자의 진술서를 볼 수 있다.

범죄피해평가의 대상 및 절차는 다음과 같다.
첫째, 살인·강도·강간 등 강력사건 피해자.
둘째, 가정폭력·데이트폭력·스토킹 등 관계성 범죄 피해자.
셋째, 노인·장애인 등 사회적 약자 대상 범죄 피해자.

범죄피해평가는 피해자가 동의한 경우에만 실시할 수 있다. 피해 가 심각하다고 할지라도 피해자 본인이 참여를 원하지 않는다면 평 가 대상에서 제외할 수 있다. 피해자가 사망하거나 의식불명 등으로 면담이 불가능한 경우에는 1순위로 배우자(사실혼 포함) 및 자녀, 2순 위로 부모를 대상으로 면담을 실시해 평가를 진행한다.

범죄피해가 발생하면 피해자 전담 경찰관에 의해 위기개입 상담이 진행된다. 이후 피해자 전담 경찰관이 피해자와 전문가의 일정을 조

율해 경찰서 내 진술 녹화실 또는 변호사 접견실 등 독립된 공간에서 범죄피해평가를 위한 면담을 진행한다. 경찰서 이외의 공간에서 범죄피해평가를 진행할 경우 예상치 못하게 발생하게 되는 문제를 막기 위해 면담은 무조건 경찰서 내에서 피해자 전담 경찰관의 주도 하에 진행하는 것을 원칙으로 한다.

범죄피해평가는 두 번에 걸쳐서 진행된다. 1차 면담에서는 범죄피해로 인한 피해자의 신체·심리·사회·경제·2차 피해 존재 여부와 심각도 정도를 면담과 심리검사를 통해서 평가한다. 2차 면담에서는 1차 면담 시 피해자가 미처 진술하지 못했던 내용이 있는지, 1차 면담 이후 사건 관련해서 추가적으로 발생한 사항이 있는지 등을 확인한다. 또한 심리 전문가는 1차 면담 시 피해자가 응답했던 심리검사 결과를 토대로 피해자의 상태와 피해자가 받을 수 있는 도움 등에 대해서 안내한다.

범죄피해평가 절차

절차	담당	기본	신속
1. 위기개입 상담	피해자전담경찰관	사건접수 3일 이내	수사관 요청 즉시
2. 1차 면담	전문가	범죄 발생일 10일 후	요청일로부터 1일 내
3. 보고서 작성	전문가(감수위원)	1차 면담 후 7일 내	요청일로부터 3일 내
4. 2차 면담	전문가	보고서 작성 후 7일 내	요청일로부터 5일 내
5. 보고서 제출	전문가→피전→수사관	2차 면담 후 7일 내	2차 면담 종료 직후

※ 신속평가 절차는 △가해자 조치(체포·구속 등)가 시급하고 △범행에 장기간·반복적으로 피해를 입은 고위험 범죄피해자로서 즉시 전문가 면담(2회) 및 진술이 가능한 경우 등 한해 예외적으로 시행

이와 같은 과정을 통해서 모든 면담이 종료되고 심리 전문가가 작성한 보고서가 제출되면 수사 서류에 보고서가 편철된다. 범죄피해평가 보고서 내용을 확인하고자 할 때는 정보공개청구를 통해 직접 확인할 수 있다.

우리나라에서는 2016년부터 시작되었는데, 범죄피해평가의 효과성이 입증돼 현재는 전국 경찰서로 확대해서 진행 중이다. 2023년에는 고위험 범죄피해자를 위해 신속 평가 절차가 추가됐다.

잤는지 식사는 잘했는지 또 다른 힘든 증상은 없었는지 확인했다. 그러면서 심리 전문가는 라벤더의 심리검사 결과를 알려줬다. 1차 면담 결과 현재 라벤더는 급성 스트레스장애에 해당하는 상태로 보인다고 했다. 심리 전문가는 급성 스트레스장애를 치료받지 않아 증상이 1개월 이상 지속적으로 나타나는 경우 외상 후 스트레스장애Post-traumatic Stress Disorder로 발전할 수 있다며 정신건강의학과 방문을 권유했다.

외상 후 스트레스장애 진단기준[6]

전쟁, 고문, 자연재해, 사고 등의 심각한 사건을 경험한 후 그 사건에 공포감을 느끼고 사건 후에도 계속적인 재경험을 통해 고통을 느끼며 거기서 벗어나기 위해 에너지를 소비하게 되는 질환으로, 정상적인 사회생활에 부정적인 영향을 끼치게 된다. 미국정신의학회 〈DSM-V〉에 따르면, 다음 기준을 만족하면 외상 후 스트레스장애로 진단한다.

주의점: 이 기준은 성인, 청소년, 그리고 7세 이상의 아동에게 적용한다. 6세 이하 아동의 외상 후 스트레스장애 진단기준은 따로 존재한다.

A. 실제적이거나 위협적인 죽음, 심각한 부상, 또는 성폭력에의 노출이 다음과 같은 방식 가운데 한 가지 이상에서 나타난다.
1. 외상성 사건(들)에 대한 직접적인 경험
2. 그 사건(들)이 다른 사람에게 일어난 것을 생생하게 목격함
3. 외상성 사건(들)이 가족, 가까운 친척 또는 친한 친구에게 일어난 것을 알게 됨

주의점: 가족, 친척 또는 친구에게 생긴 실제적이거나 위협적인 죽음은 그 사건(들)이 폭력적이거나 돌발적으로 발생한 것에만 해당한다.

4. 외상성 사건(들)의 혐오스러운 세부 사항에 대한 반복적이거나 지나친 노출의 경험(예, 변사체 처리의 최초 대처자, 아동 학대의 세부사항에 반복적으로 노출된 경찰관 등)

주의점: 진단기준 A4는 노출이 일과 관계된 것이 아닌 한 전자미디어, 텔레비전, 영화 또는 사진을 통해 노출된 경우는 적용되지 않는다.

B. 외상성 사건(들)이 일어난 후에 시작된 외상성 사건(들)과 관련이 있는 침습 증상의 존재가 다음 중 한 가지 이상에서 나타난다.
1. 외상성 사건(들)의 반복적, 불수의적이고 침습적인 고통스러운 기억

주의점: 7세 이상의 아동에서는 외상성 사건(들)의 주제 또는 양상이 표현되는 반복적인 놀이로 나타날 수 있다.

2. 꿈의 내용과 정동이 외상성 사건(들)과 관련되어 반복적으로 나타나는 고통스러운 꿈

주의점: 아동에서는 내용을 알 수 없는 악몽으로 나타나기도 한다.

3. 외상성 사건(들)이 재생되는 것처럼 그 개인이 느끼고 행동하게 되는 해리성 반응(예: 플래시백, 이러한 반응은 연속선상에서 나타나며, 가장 극한 표현은 현재 주변 상황에 대한 인식 완전히 소실될 수 있음)

주의점: 아동에서는 외상의 특정한 재현이 놀이로 나타날 수 있다.

4. 외상성 사건(들)을 상징하거나 닮은 내부 또는 외부의 단서에 노출되었을 때 나타나는 극심하거나 장기적인 심리적 고통

5. 외상성 사건(들)을 상징하거나 닮은 내부 또는 외부의 단서에 대한 뚜렷한 생리적 반응

C. 외상성 사건(들)이 일어난 후에 시작된, 외상성 사건(들)과 관련이 있는 자극에 대한 지속적인 회피가 다음 중 한 가지 또는 두 가지 모두에서 명백하다.

1. 외상성 사건(들)에 대한 또는 밀접한 관련이 있는 고통스러운 기억, 생각 또는 감정을 회피 혹은 회피하려는 노력

2. 외상성 사건(들)에 대한 또는 밀접한 관련이 있는 고통스러운 기억, 생각 또는 감정을 불러일으키는 외부적 암시(예: 사람, 장소, 대화, 행동, 사물, 상황)를 회피 또는 회피하는 노력

D. 외상성 사건(들)이 일어난 후에 시작되거나 악화된, 외상성 사건(들)과 관련이 있는 인지와 감정의 부정적 변화가 다음 중 두 가지 이상에서 나타난다.

1. 외상성 사건(들)의 중요한 부분을 기억할 수 없는 무능력(예: 두부 외상, 알코올 또는 약물 등의 이유가 아니며 전형적으로 해리성 기억상실에 기인)

2. 자신, 다른 사람 또는 세계에 대한 지속적이고 과장된 부정적인 믿음 또는 예상(예: "나는 나쁘다", "누구도 믿을 수 없다", "이 세계는 전적으로 위험하다", "나의 전체 신경계는 영구적으로 파괴되었다")

3. 외상성 사건(들)의 원인 또는 결과에 대하여 지속적으로 왜곡된 인지를 하여 자신 또는 다른 사람을 비난함.

4. 지속적으로 부정적인 감정 상태(예: 공포, 경악, 화, 죄책감, 또는 수치심)

5. 주요 활동에 대해 현저하게 저하된 흥미 또는 참여

6. 다른 사람과의 사이가 멀어지거나 소원해지는 느낌

7. 긍정적 감정을 경험할 수 없는 지속적인 무능력(예: 행복, 만족 또는 사랑의 느낌을 경험할 수 없는 무능력)

E. 외상성 사건(들)이 일어난 후에 시작되거나 악화된 외상성 사건(들)과 관련이 있는 각성과 반응성의 뚜렷한 변화가 다음 중 두 가지 이상에서 현저하다.

1. (자극이 거의 없거나 아예 없이) 전형적으로 사람 또는 사물에 대한 언어적 또는 신체적 공격성으로 표현되는 민감한 행동과 분노 폭발

2. 무모하거나 자기파괴적 행동
3. 과각성
4. 과장된 놀람 반응
5. 집중력의 문제
6. 수면교란(예: 수면을 취하거나 유지하는 데 어려움 또는 불안정한 수면)

F. 장애(진단기준 B, C, D, E)의 기간이 1개월 이상이어야 한다.

G. 장애가 사회적, 직업적 또는 다른 중요한 기능 영역에서 임상적으로 현저한 고통이나 손상을 초래한다.

H. 장애가 물질(예: 치료약물이나 알코올)의 생리적 효과나 다른 의학적 상태로 인한 것이 아니다.

※ 정확한 진단을 위해서는 반드시 정신건강의학과에 내방해 의사의 진료를 받아야 함.

범죄피해평가가 끝난 후에 라벤더는 경찰서 근처에 있는 정신건강의학과에 내방했다. 라벤더는 병원에 오게 된 이유와 증상에 대해 의사에게 설명했고, 급성 스트레스장애로 진단받았다. 라벤더는 정신건강의학과에서 처방받은 약을 먹으면서 전보다는 잠을 많이 잘 수 있게 됐다. 하지만 잠이 들기 전까지 브라운에 대한 생각이 머릿속에 떠올라 쉽게 잠에 들지 못했고, 깨어 있는 시간에는 창문 밖을 살피느라 여념이 없었다.

라벤더는 큰 결심으로 경찰에 신고했으면서도 지금이라도 취소하면 브라운이 스토킹을 멈추지 않을까 싶은 양가감정에 여전히 시달리고 있었다. 이와 동시에 브라운의 말처럼 자신이 브라운을 받아주지 않아서, 피해를 경찰에 신고해서 일을 더 키운 건 아닌가 하는 생각이 자꾸 들었다. 그러면서 문득문득 브라운에 대한 분노감이 치솟았으며, 스토킹 피해가 끝나지 않고 더 심해질 것만 같은 생각에 두려움과 공포를 느꼈다.

라벤더와 같이 친밀한 관계였던 연인에게 스토킹 피해를 당하게 되는 경우, 가해자의 행위를 법에 저촉되는 범죄라고 인식하고 경찰에 신고하기까지는 많은 시간이 걸린다. 가해자가 피해자와의 애정을 들먹이며 가해를 하기 때문에 피해자 입장에서는 자신이 나쁜 사람이 된 것만 같은 기분에 빠지기 쉽다. 하지만 가해자는 이런 피해자의 감정을 교묘하게 이용해 피해자를 조종한다.

가해자가 자신이 원하는 대로 피해자를 조종하는 또 다른 손쉬운 방법은 자해 및 자살을 하겠다고 선언하거나 실제로 시도하는 것이다. 피해자는 가해자와 과거 친밀한 관계였기 때문에 자해 또는 자살을 빌미로 압박을 하며 만남을 요구하면 이를 선뜻 거절할 수 없다.

라벤더의 사례에서도 볼 수 있듯이 가해자는 피해자를 자신이 원하는 대로 조종하기 수월하도록 피해자를 고립시키는 전략을 펼치기도 한다. 피해자가 가족이나 친구 등의 사람들을 만나 사회적인 관계를 형성하려고 할 때 가해자는 피해자 가족 및 지인들에 대한 험담을 하나둘씩 하며 이간질하고 피해자를 떼어놓는다. 이런 작업이 성공하면 피해자가 가해자의 스토킹을 알아채고 떠나려고 결심했을 때 피해자를 도와줄 사람들은 이미 주변에 남아 있지 않다.

이럴 때 피해자는 가해자에게서 벗어날 수 없을 것만 같은 무력감에 시달리게 돼 가해자 곁으로 다시 돌아가기도 한다. 그리고 이런 과정을 경험한 피해자는 가해자에게서 벗어나지 못한 스스로에게 책임을 돌리며 자책하게 된다. 이와 같이 피해자는 범죄 피해 영향력에서 벗어나지 못한 채 계속해서 고통을 받으며 살아간다.

친밀한 관계에 놓여 있던 대상에게 스토킹 피해를 당하는 경우 그 피해가 막심하다. 하지만 피해가 막심한 건 친밀한 관계에 놓여 있지 않은 대상에게 스토킹 피해를 입었을 때도 마찬가지다. 피해자는 자신의 어떤 모습을 보고 가해자가 스토킹을 하게 된 것인지 알 수 없기 때문에 모든 행동에 주의를 기울이게 된다. 평소에 규칙적으로 해왔던 운동을 하지 못하게 되고, 자주 다니던 길이나 식당에 가지 못하게 되며, 집 안의 문을 모두 걸어 잠그고 커튼을 친 채 바깥 세상과의 교류를 완전히 단절하기도 한다.

가해자는 당장 커피숍에서 내 옆자리에 앉아 있는 사람일 수도 있고, 자주 가는 밥집의 사장님 또는 윗집에 사는 사람일 수도 있다. 모습을 드러내지 않은 가해자 덕분에 나 자신을 제외한 세상의 모든 사람이 잠재적 가해자가 되는 것이다. 또한 이 알 수 없는 가해자가 언제 어디서든 지켜보고 있을 수 있다는 생각에 모든 사람을 의심하게 된다. 이런 의심이 심각한 단계에 이를 경우 피해자는 모든 사람과의 사회적 관계를 차단해버리기도 한다.

스토킹 피해 이후 피해자가 보이는 반응이나 증상에 정해진 특성은 없다. 라벤더와 같이 피해 신고 전부터 고통에 시달려오다가 경찰에 신고를 했지만 여전히 힘들어하기도 하고, 겉으로 보기에는 아무런 변화를 겪지 않는 것처럼 보이기도 한다. 피해로 인해 고통이 엄청나지만 생계를 위해 그대로 주저앉을 수는 없기에 자신의 감정을 억제하며 아무렇지 않은 척 행동하기도 한다.

사회적으로 팽배하게 형성돼 있는 스토킹 범죄 및 범죄 피해자에 대한 오해와 편견 때문에 차마 힘들다는 표현을 하지 못하고 고통을 꾹꾹 눌러 담기도 한다. 또는 힘들어하는 자신을 바라봐야만 하는 가족 및 친구들이 걱정되어서 가슴이 타들어가지만 일부러 괜찮은 척하기도 한다. 피해로 인한 후유증은 범죄 피해 발생 직후에 나타날 수도 있고 한 달 뒤, 6개월 뒤, 1년 뒤에 나타날 수도 있다. 심지어 10년 이상 시간이 지난 상태에서 나타나기도 한다.

힘들어하는 모습을 보이지 않는다고 해서 피해자가 힘들지 않은 것이 아니며, 감정이 무딘 것도 아니다. 우리가 겉으로 확인할 수 없을 뿐 모든 피해자들은 각자의 속도에 맞춰서 자신에게 발생한 일을 소화하기 위해 노력을 기울인다. 피해자를 정형화된 틀에 끼워 맞추지 않도록 주의를 기울여야 한다.

2. 스토킹 피해 안전 가이드

스토킹 피해에서 벗어나기 위해서 피해자는 무엇을 할 수 있을까? 앞서 살펴본 것과 같이 스토킹 범죄로 인해 피해자가 겪는 피해는 막심하다. 스토킹 피해를 당하게 되면 피해자는 자신의 생명을 걱정할 정도로 심각한 고통에 시달린다. 스토킹 범죄 행위를 '열 번 찍어 안 넘어가는 나무가 없다'는 말로 포장해 순애보 취급했던 것과는 전혀 다른 양상이 펼쳐지고 있다. 그렇기 때문에 피해자의 안전을 확보하기 위한 방안에 어떠한 것들이 있는지 알아보는 것이 중요하다.

우리나라의 경우 「스토킹 처벌법」은 1999년에 최초로 발의된 후 22년 만인 2021년에서야 제정됐다. 그동안 스토킹 범죄로 목숨에 위협을 느끼거나 이미 생명의 손실을 겪은 피해자가 많았음에도 불구하고, 스토킹 범죄를 진지하게 바라본 것은 최근에 이르러서다. 하지만 가해자를 어떻게 처벌할 것인지에만 집중해서인지 피해자의 안전을 확보하기 위한 가이드라인이나 지침에 대해서는 그 누구도 특별히 신경 쓰지 않았던 것이 사실이다.

1990년대에 「스토킹 처벌법」을 제정해 스토킹 범죄를 처벌해왔던 국가들에서는 이미 스토킹 피해자들의 안전을 위한 방안들과 스토킹 피해자의 지인들이 취할 수 있는 조치들에 대한 안내가 꼼꼼하게 이뤄지고 있다. 미국의 비영리 단체인 국립 범죄 피해자 센터National Center for Victim of Crime와 위민스로닷오

알지WomensLaw.org 홈페이지에서는 스토킹 피해자가 안전을 위해 취할 수 있는 방안들을 제시하고 있다.

우리는 어떻게 스토킹 피해자의 안전을 확보하고, 피해자의 지인은 어떻게 그를 도울 수 있을까? 피해자 보호에 관한 미국의 사례를 살펴보며 스토킹 피해자가 자신을 보호하기 위한 안전 가이드라인에는 어떤 것이 있는지 그리고 지인이 피해자를 돕기 위해 알고 있으면 도움이 되는 피해자 특성을 우리나라의 정서와 실정에 맞게 재구성해 보았다.

1) 피해자는 아무런 잘못이 없다

우선 스토킹 피해자가 알아야 할 대전제는 피해자에게는 아무런 잘못이 없다는 것이다. 피해자는 스토킹 범죄의 책임이 피해자 자신에게 있지 않다는 사실을 분명히 알아야 한다. 스토킹은 성별, 인종, 성적취향, 사회 경제적 지위, 지리적 위치와 상관없이 발생한다. 피해자가 누구와 관련이 있는지도 상관없이 일어날 수 있다. 그렇기 때문에 피해자는 혹여나 자신의 행동이나 말 때문에 가해자가 자극을 받아 자신을 스토킹한 것이라고 생각해서는 안 된다. 스토킹 범죄는 무조건 가해자의 잘못이다.

스토킹 피해가 발생했다는 사실을 알게 되면 피해자는 우선 피해 사실을 경찰에 신고해야 한다. 스토킹 사건을 스스로 해결하려고 노력하는 것은 스토킹 범죄를 멈추는 데 큰 도움이 되지 않는다. 일반인의 관점에서 스토킹 가해자나 사건의 특성을 파악해서 대응하는 것은 쉽지 않다. 스토킹 피해가 발생하면 곧바로 경찰에 신고해야 한다. 경찰에 신고하는 것 자체가 가해자에게 불법적 행위를 용납할 수 없다는 메시지를 전달하는 것이다. 또한 신고를 해야만 피해자가 위험을 감수하고 가해자와 대면해야 하는 상황도 피할 수 있다. 피해자는 반드시 공권력의 도움을 받아 스토커를 제지해야만 한다.

경찰에 신고할 경우 가해자에게 임시조치, 잠정조치와 같은 조치가 내려진다면 피해자는 가해자로부터 최소한의 안전거리를 확보할 수 있다. 가해자는 이에 대한 조치를 위반하면 구금될 수 있다. 하지만 이런 조치들은 스토킹 범죄의 온전한 해결책이 될 수 없다. 피해자도 결코 안심해서는 안 된다. 종종 스토커는 신고 여부와 관계없이 가해 행위를 멈추지 않는다. 경찰 신고로 스토킹을 멈춘다면 더할 나위 없겠지만, 혹시 모를 돌발 상황을 대비하기 위해 긴장의 끈을 놓아서는 안 된다.

앞선 사례에서도 볼 수 있듯이 가해자 브라운은 경찰에 신고 당한 뒤에도 라벤더를 계속해서 스토킹하며 가해를 멈추지 않았다. 피해 사실을 경찰에 신고했음에도 불구하고 가해가 지속되는 경우 피해자는 또다시 피해를 경찰에 신고하면 된다. 이렇게 스토킹 피해를 경찰에 신고한 사실은 향후 수사기관에서 스토킹 사건에 대한 수사 진행 시 증거 자료로 사용될 수 있기에 피해자에게 유리하다. 피해 신고 기록은 향후 피해자 진술의 신뢰성을 높여주는 데 도움이 된다.

피해자는 안전을 확보하기 위해 가해자로부터 되도록 피하는 것이 좋다. 피해 발생 시 피해자는 가해자가 모르는 가족이나 친구, 직장동료의 거주지, 가정폭력상담소 등과 같은 장소로 대피해야 한다. 가해자의 가해 행위를 중지시키기 위해 직접 대면하게 될 경우 예상치 못한 상황이 발생할 수 있으며, 이는 또 다른 피해로 이어질 수 있다. 우선 가해자로부터 멀리 피한 뒤에 다음 대응 방안을 고려해야 한다.

만약 가해자를 대면해야 하는 상황을 피할 수 없다면, 피해자는 사람들이 많이 모여 있는 공공장소로 이동해야 한다. 가해자와 밀폐된 장소에 함께 있는 경우 가해자가 공격적으로 행동할 수 있다. 하지만 공공장소에서는 다른 사람들도 많기 때문에 가해자가 섣불리 공격할 수 없다. 설사 가해자가 공격을 하더라도 공공장소에는 피해자를 도와줄 사람들이 많다. 외부에서 가해자로부터 공격을 당하게 될 경우 "불이야!"하고 소리를 지르면 사람들의 이목을 끌기 쉽다.

다른 사람들에게 도움을 요청할 때에는 "줄무늬 티셔츠 입고 있는 분 경찰에 신고 좀 해주세요"라고 도움을 요청하는 대상을 구체적으로 특정하면 사람들의 반응을 보다 빠르게 이끌어낼 수 있다. 이 외에도 주변에 있는 사람들이 문제를 바로 파악해 도움을 줄 수 있도록 "따라오지 말라고 했는데 왜 자꾸 따라다니면서 나를 스토킹해?"와 같이 가해자의 행위를 큰 목소리로 명확하게 밝히는 것도 좋은 방법이다.

혹시라도 가해자와 단 둘이 밀폐된 공간에 있게 될 경우에는 전화를 사용해 경찰에 신고할 수 있다. 통화를 할 수 없다면 문자로라도 경찰에 신고한다. 112로 문자 신고를 할 때에는 경찰이 피해 장소를 찾아내는 데 걸리는 시간을 단축시킬 수 있도록 주소를 정확하게 전송하는 것이 좋다. 또한 신고자 노출이 우려되거나 경찰관이 신고를 받고 확인 전화하는 것을 원하지 않는다면 '신고자 비밀로 해주세요', '전화하지 마시고 빨리 출동해주세요'라고 문자로 밝히면 된다. 경찰에 신고하는 것이 불가능한 상황이라면 경찰에 대신 신고해줄 수 있는 지인에게 연락하는 것도 좋은 방법이다.

피해자는 가해자의 스토킹 범죄를 입증할 수 있는 모든 자료를 문서화 해놓을 필요가 있다. 예를 들어, 가해자가 파손한 재산이나 재물이 있다면 사진을 찍어놓아야 하며, 가해자에게 공격을 당해서 다쳤을 경우 공격당해서 다친 부위를 사진으로 찍어서 남기고 병원에 내원할 경우 진단서를 발급받아 놓는 것이 좋다. 가해자와의 전화 통화도 가능하다면 녹음을 하고 문자 내용도 저장해둬야 한다. 가해자가 쓴 편지나 메모도 버리지 말고 모아둬야 한다.

피해자가 보기에 사소해 보이는 내용이라고 해도 이를 증거로 남겨두는 것이 유리하다. 증거의 중요도는 사건 담당 수사관이 판단하지만 피해자가 증거를 모아두면 수사관이 사건 조사를 더욱 신속하게 처리할 수 있다. 이와 같은 자료들은 가해자의 범죄 행위를 드러내는 중요 증거 자료로 사용될 수 있기 때문이다. 만약 중요 자료로 쓰이지 못하게 된다고 하더라도 사건을 이해하는 데 필요한 정황 증거로 사용될 수 있다. 게다가 피해자가 입은 피해의 신뢰성을 높여주는 자료로 사용되기도 한다.

가해자의 의심스러운 행위를 일기장이나 SNS 등에 기록해 둘 필요도 있다. 이와 같이 기록물을 남기는 경우, 해당 기록물이 없어지지 않도록 잘 보관하고 저장해둬야 한다. 친밀한 관계의 대상으로부터 스토킹을 당하는 경우, 피해자는 신고하려는 생각만으로도 가해자에 대한 미안함 내지 죄책감을 느낄 수 있다. 이런 피해자의 마음을 이용해 스토커는 종종 피해자가 죄책감을 더욱더 느끼도록 적극적으로 행동하기도 한다. 이러한 압박감으로 마음이 약해져 신고할 결심을 무력하게 바꿀 수도 있지만, 그럼에도 불구하고 스토킹 피해 입증 자료는 지우지 않고 보관해두는 것이 좋다.

스토킹 피해를 당하고는 있지만, 피해 내용이 경미하다고 판단돼 경찰에 아직 신고하지 않았다면, 만약을 대비해 비상 대책을 세워놓을 필요가 있다. 비상 대책을 세우는 것이 과도한 대응이라거나 번거롭다고 여겨질 수 있다. 하지만 제일 중요한 것은 피해자의 안전이다. 따라서 피해자를 위한 어떤 대응도 결코 과도하지 않다. 피해가 발생할 가능성은 항상 존재하므로 반드시 비상 대책을 세워놓아야 한다.

우선 피해자는 스토킹 가해자의 스토킹 행위가 심각해지거나 갑작스런 공격을 당하게 될 경우 연락할 연락처를 지정해두는 것이 좋다. 휴대폰에 112 긴급신고 어플리케이션을 다운받아서 자신의 이름과 성별, 사진, 나이, 주소, 자주 가는 곳, 보호자 정보를 저장해둔다. 만약 위험한 상황이 닥쳐 경찰에 신고해야 할 경우 문자 또는 전화 긴급신고 버튼을 3초간 누르면 앞서 저장해놓은 인적사항과 보호자 정보, 현재 위치 정보, 녹취 정보가 112종합상황실로 전송된다.

이 외에 위험에 처했을 때 도움을 요청할 가족이나 친구를 지정해 비상연락망을 만들어놓는 것도 좋다. 예상하지 못한 상황에 처해 당황하게 될 경우 평소 잘 알고 있는 것도 생각이 나지 않아 허둥지둥하기 마련이다. 가급적이면 비상연락망에 포함된 사람들에게 자신이 현재 스토킹 피해를 당하고 있다는 것을 알려야 한다. 위험한 상황 발생 시 연락을 받게 될 사람이 나의 상황을 명확하게 알고 있으면 빠르게 대응할 수 있다.

가해자를 피해 안전하게 대피할 장소도 미리 지정해두는 것이 좋다. 피해자가 대피할 수 있는 안전한 장소란, 가해자가 모르는 장소를 의미한다. 가해자가 모르는 가족이나 친구, 직장 동료의 집이 대피처가 될 수 있다. 경찰서나 가정폭력 상담소와 같은 곳도 가해자를 피하기 위한 안전한 장소가 될 수 있다. 안전한 대피처를 마련해줄 수 있는 이들에게 현재의 피해 상황을 분명하게 설명하면 향후 이들의 참고인 진술을 통해 피해 신뢰성을 높일 수 있다. 가해자의 개인정보, 차량번호와 차종, 인상착의 등을 알리면 가해자의 접근을 빠르게 확인할 수 있기 때문이다.

가해자를 경찰에 신고한 뒤 지내야 할 안전한 장소가 필요한 경우, 경찰에 요청하면 임시보호숙소를 제공해 주기도 한다. 가해자로부터의 위험을 피해야 하는 상황에 처할 경우 빠른 대피를 위해 비상약이나 신분증, 여권, 통장, 비상금 등을 미리 챙겨서 작은 가방에 넣어두고 손을 뻗어서 가져가기 쉬운 장소에 놔 두는 것도 좋다. 만약 함께 대피해야 할 자녀나 애완동물이 있 다면, 자녀나 애완동물의 필요 물품도 미리 챙겨둔다.

또 집 안 내 창문이나 현관문에 추가로 잠금장치를 설치해둬 야 한다. 집 안 내에서 밖의 상황을 잘 살필 수 있도록 집 주변 에 시야를 방해하는 물건이 있다면 치우는 것이 좋다. 집까지 오는 길에 설치된 외부 조명이 잘 작동하는지 등도 체크해야 한 다. 집에서 가까운 파출소 또는 경찰서, 신뢰할 만한 지인의 집, 가정폭력상담소 등의 위치를 미리 파악해두고, 긴급상황 발생 시 이용할 도주로를 미리 정해둔다.

자신의 집 근처에 도움을 받을 수 있는 피해자 지원 기관 또 는 상담소의 위치를 잘 모르겠다면 경찰에 전화를 해서 물어보 고 미리 준비해야 한다. 일반적으로 경찰에서는 피해자 지원 기 관 또는 상담소 리스트를 가지고 있으며, 이 기관들과 긴밀하게 협업하고 있다. 따라서 경찰서에 연락해 이런 정보들을 물을 때 부담을 느낄 필요가 없다.

스토킹 안전 가이드라인 체크리스트_피해자용

A. (가급적이면) 피해 발생 즉시 경찰에 신고한다.	
1.	피해가 경미하다고 생각된다고 해도 하더라도 신고를 함으로써 피해를 당하고 있다는 기록을 남겨두는 것이 좋다.	☐
2.	경찰에 신고하면 가해자와 직접적인 대면을 피할 수 있다.	☐
3.	경찰에 신고하는 행위로 가해자에게 '당신의 스토킹 행위를 용납할 수 없다'는 메시지를 전달할 수 있다.	☐

4.	경찰의 조치로 피해자가 가해자를 피하기 위해 개별적인 노력을 하지 않아도 된다.	☐
5.	경찰에 신고했다고 안심을 해서는 안 된다.	☐
B. 안전 확보를 위해 가해자로부터 피한다.		
1.	가해자가 모르는 가족, 친구, 직장동료의 거주지, 가정폭력상담소 등으로 대피한다.	☐
2.	가해자와 대면하는 상황이라면 공공장소로 이동한다.	☐
3.	외부에서 공격을 당할 경우 "불이야"라고 외치며 사람들의 이목을 끈다.	☐
4.	외부에서 다른 사람들에게 도움을 요청할 경우 대상을 구체적으로 특정(예: "줄무늬 티셔츠 입고 있는 분 경찰에 신고 좀 해주세요")하거나, 가해자의 범죄 행위(예: "따라오지 말라고 했는데 왜 자꾸 따라다니면서 나를 스토킹해?")를 큰 목소리로 명확하게 말한다.	☐
5.	가해자와 밀폐된 공간에 함께 있는 경우 신고를 대신해줄 수 있는 친구에게 문자를 보내거나, 경찰에 문자로 신고한다.	☐
C. 가해자의 스토킹 범죄를 입증할 수 있는 모든 자료를 문서화해 둔다.		
1.	전화 또는 문자 기록 캡쳐	☐
2.	전화 통화 녹음하기	☐
3.	침입한 흔적이나 파손품 등 사진 찍어놓기	☐
4.	공격당해서 다친 부위 사진을 찍어놓고 병원 진료 받아 진단서 남기기	☐
5.	가해자가 쓴 메모나 편지 등 버리지 말고 모아두기	☐
6.	가능한 경우 일기, SNS 등에 기록해두기	☐
7.	문서화 해 둔 증거가 없어지지 않게 잘 보관하거나 저장해두기	☐
D. 혹시 모를 피해 발생에 대비해 비상 대책을 세운다. (피해가 경미하다고 생각해 경찰에 신고하지 않은 경우)		
1.	도움을 줄 수 있는 주변 사람들(예: 가족, 친구, 건물 관리인, 직장상사 및 동료 등)에게 피해 상황에 대해서 알리고, 비상연락망을 만들어둔다.	☐
2.	112 긴급신고 어플을 다운받아 자신의 개인정보를 등록해 둔다.	☐
3.	안전하게 대피할 장소를 미리 지정해둔다.	☐

4.	긴급 시에 빠르게 위험으로부터 피하기 위해 중요 물품을 작은 가방에 담아서 따로 챙겨둔다.	☐
5.	함께 대피를 해야 할 자녀나 애완동물이 있다면, 이들의 필요 물품을 미리 챙겨둔다.	☐
6.	스토킹 피해 사실을 알고 있는 주변인들에게 가해자의 정보(가해자 이름과 전화번호, 차 종류와 번호 등)를 알려준다.	☐
7.	신뢰할 만한 지인에게 자신의 일정과 동선을 밝힌다.	☐
8.	현관문에 잠금장치를 추가로 설치하고, 집 밖을 나갔을 때 빠르게 피할 수 있는 도주로를 미리 파악해둔다.	☐
9.	집 근처 경찰서, 지구대의 위치를 파악해두고, 범죄피해자지원센터나 가정폭력상담소 등의 위치와 전화번호를 확인해둔다.	☐
E. 피해를 당하고 있다는 사실은 인지했지만, 어떻게 해야 할지 잘 모를 경우		
1.	경찰에 전화해 피해 사실을 알리고 대처 방안에 대해서 물어본다.	☐
2.	인터넷 검색으로 피해자지원센터와 가정폭력상담소 등의 연락처를 얻을 수 있다.	☐

2) 지인은 피해자를 도와야 한다

주변에 스토킹을 당하고 있는 지인이 있다면 도움의 손길을 내밀기 위해 스토킹 피해자가 보일 수 있는 몇 가지 특성을 반드시 알고 있어야 한다. 피해자가 같은 반응을 보일수 있다고 무조건 일반화해서는 결코 안 된다. 스토킹 피해자에게 비교적 공통적으로 관찰되는 특성임을 인지하고, 이것을 미리 알고 있으면 피해자를 돕는 데 큰 도움이 된다.

피해자는 가해자의 스토킹 행위나 위험성을 축소시킬 수 있다. 가해자로부터 피해가 오랫동안 지속돼온 경우, 피해자는 가해자의 과거 행동 중 제일 심각했던 스토킹 행위를 현재와 비교할 수 있다. 그러면서 피해자는 현재의 스토킹이 과거에 비해 그다지 심각한 것은 아니라며 두 건의 스토킹을 분리하려 한다.

주변인이 가해자의 스토킹 행위가 범죄라고 반응하면 피해자는 "나를 직접 찾아온 건 아니니까", "이번에는 그냥 문자 메시지만 보냈는걸"과 같은 말을 하기도 한다. 자신에게 그런 일이 발생했다는 것을 인정하기 두려워 피해 사실을 부인하고자 태연하게 반응하기도 한다. 하지만 피해자가 위험성을 축소하거나 부인한다고 해서 섣불리 피해자를 비난해서는 안 된다.

피해자는 스토킹 피해 이후 오히려 지인들로부터 거리를 두거나 도움을 거절할 수 있다. 피해자는 자신이 스토킹 피해를 당했다는 사실에 당혹감을 느끼거나, 자신이 어떠한 빌미를 제공해 가해자가 스토킹을 하는 것이라는 죄책감 혹은 부끄러움을 느낄 수 있다. 그래서 피해자는 가족이나 친구 등 자신이 사랑하는 사람들이 오히려 자신에게 책임을 돌리지 않을까라는 염려로 사람들을 피하기도 한다.

피해자는 스토커의 위험성을 잘 알고 있다. 때문에 자신이 사랑하는 사람들을 지키기 위해, 이들에게 피해를 끼치지 않으려 일부러 거리를 두는 사례도 있다. 이런 경우 피해자는 주변 사람들의 도움을 적극적으로 거절하기도 한다. 가족이나 친구, 연인 등 친밀한 관계였던 이가 스토커라면, 믿었던 대상에게 피해를 당한 것이기 때문에 또다시 발생할 수도 있는 스토킹 피해를 원천 차단하기 위해 일부러 관계를 끊기도 한다. 결국 인간관계에 대한 실망은 사람들과의 거리 두리를 가속화하게 만든다.

스토킹 가해자와 피해자가 친밀한 관계를 맺었던 사이라면, 가해자는 이미 피해자를 가족이나 친구로부터 멀어지게 했을 수 있다. 이런 경우 피해자들은 스토킹 피해를 당하면서도 선뜻 도움을 청하지 못하기도 한다. 또는 스토킹 가해자가 자신이 원하는 대로 피해자를 통제하기 위해 "내가 하라는 대로 하지 않으면 너의 가족 또는 친구를 찾아갈 거야"라는 식으로 협박을 했을 수도 있기 때문이다. 만약 피해자가 겨우 용기를 내어 관계가 소원해졌거나 끊어진 이들에게 연락을 해서 도움을 요청한다면 피해자를 비난하거나 성급하게 판단하지 말고 도와야 한다.

스토킹 피해자는 제3자가 보기에 일관되지 않은 행동을 보일 수 있다. 피해자는 스토커의 추가적인 스토킹 행위를 막기 위해 가해자와 협상을 시도하고 가해자가 요구하는 것을 일부 수락할 수 있다. "나랑 오늘 한 번 만나서 이야기만 들어주면 더 이상 따라다니지 않을게", "나를 차단하지 말고 문자 연락만 받아주면 불쑥 집이나 회사 앞으로 찾아가지 않을게"와 같은 요구를 받아들여 가해자를 직접 만나거나 연락을 지속할 수 있다.

피해자는 가해자의 요구를 들어주면서도 스토킹 피해로부터 벗어나기 위해 개인적인 노력을 지속하기도 한다. 예를 들어, 스토커를 피하기 위해 계속 주변을 기웃거리며 확인하거나 출근길의 동선이나 귀가 시간을 변경하기도 하지만, 지인에게 자신이 언제 어디를 갈지 혹은 올지 미리 알리기도 한다. 이럴 때 피해자의 지인은 피해자가 예민하다거나 착각 혹은 망상에 빠진 것이라고 대응하기도 한다. 혹은 이렇게 일관되지 않은 행동을 비난하거나 탓하기도 한다.

피해자의 주변 지인은 피해자가 왜 일관되지 못한 행동을 하는지 이해해야 한다. 스토킹 피해로부터 벗어나기 위한 피해자의 발버둥을 받아들여야 한다. 그렇게 행동할 수밖에 없는 피해자의 심리와 행동을 이해해야 한다. 그리고 피해자에 대한 성급한 비난과 판단을 멈춰야 한다. 피해자 지인이라면 반드시 피해자가 도움을 받을 수 있는 방법을 알아봐 주거나 추가적인 대응방안을 함께 세워줄 수 있어야 한다.

V

새로운 범죄의 명문화
처벌에서 예방으로

1. 스토킹 처벌

어떤 법이든지 단 한 번에 생겨날 수 없다. 한번 명문화된 법은 없어지기도 어려울뿐더러 법이 생긴 이후에는 사회의 질서와 안녕을 유지하기 위해 엄격하게 적용돼야 하기 때문이다. 그러나 하나의 법이 발의돼 법 조항으로 만들어지기까지 22년이라는 세월이 걸렸다면 조금은 과하게 오래 걸린 듯하다. 바로 「스토킹 처벌법」이 그렇다. 이 법은 오랫동안 명문화되지 못하고 한국 사회의 허공에서 배회했다. 아마도 스토킹에 대한 정의가 명백하게 정의되지 않았을 뿐만 아니라 사람들이 스토킹을 단지 가벼운 범죄로 생각했던 것은 아닐까?

1) 1999년과 법정적 정의

1999년 15대 국회에서 김병태 의원 등 34명의 국회의원에 의해 「스토킹 처벌에 관한 특례법안」이 최초로 등장했다. 대표 발의자인 김 의원은 "최근 사회적 문제가 되고 있는 스토킹은 그 행위의 지속성과 집요함으로 피해자 입장에서는 정신적·신체적 피해가 지대함에도 불구하고 사회적 인식의 부족과 현행법 규정의 미비로 방치돼왔다. 스토킹을 범죄로 규정해 이러한 행위에 대해 형사처벌, 경미하거나 특수한 사안에 대하여는 보호사건으로 처리해 사생활의 자유를 보장하고, 안정된 사회질서를 유지하도록 한다"라고 입법 취지에 대해 설명했다.

그러면서 스토킹 행위에 대해 "특정한 사람을 그 의사에 반하여 반복적으로 미행하거나 편지, 전화, 모사전송기, 컴퓨터통신 등을 통해 반복해 일방적으로 말이나 글 또는 사진이나 그림을 전달함으로써 심각한 공포심이나 불안감을 유발하는 행위(제2조)"로 정의했다. 또 "2년 이하의 징역 또는 500만 원 이하의 벌금에 처함(제3조)"이라는 내용을 법안에 담았다. 그러나 이 최초의 '스토킹 법'은 임기 만료로 폐기된 이후 2020년 12월 「스토킹 처벌법」이 국무회의에서 의결되기까지 발의와 폐기가 반복됐다.

국무회의를 최초로 통과한 「스토킹 처벌법」 제정안에서 다루는 스토킹의 정의는 네 가지 내용으로 정리된다. 피해자의 의사에 반하여 지속적·반복적으로 ① 접근하거나 따라다니기, ② 주거 등 부근에서 기다리거나 지켜보기, ③ 통신매체를 이용해 연락하기, ④ 물건을 보내거나 주거 등 부근에 놓아두기 등을 통해 피해자에게 불안감 또는 공포심을 야기하는 행위다.

그런데 스토킹 행위의 정의에 대한 주요 내용은 처음 법이 발의됐던 1999년도와 비교하면 거의 달라지지 않았다. 우리나라에서 처음으로 「스토킹 처벌법」이 발의됐음에도 스토킹 범죄의 위험성을 모두 인지하고 있었던 셈이다. 지금처럼 스토킹 범죄의 위험성이 널리 알려지지 않았던 시절에도 이미 사람들이 스토킹의 심각성을 잘 알고 있었으며 「스토킹 처벌법」 제정을 위해 목소리를 높였다는 점이 놀랍다. 그 사실을 1999년 15대 국회에서 열렸던 여성특별위원회의 회의록*을 통해 알 수 있다.

"최근 들어 전화 팩스나 PC통신 인터넷 등으로 계속해서 타인을 괴롭히는 일이 점차 늘어나는데도 경범죄로 처벌된 경우가 거의 없으며, 실제로 스토킹 관련 처벌 법규가 없기 때문에 범죄 행위의 경우 속수무책으로 피해자들이 당하고만 있는 실정입니다. 특히 스토킹은 그 행위의 지속성과 집요함으로 인해 피해자의 입장에서는 정신적·신체적 피해가 막대함에도 불구하고 사회적 인식의 부족과 현행 법규 정의 미비로 인해 방치돼왔던 바, 스토킹을 범죄로 규정해 이러한 행위에 대해서는 형사처벌을 하도록 규정하고, 경미한 사안이나 특수한 사안에 대해서는 보호사건으로 처리하도록 규정함으로써 개인 사생활의 자유를 보장하고 안정된 사회질서를 유지하도록 했습니다."

— 정호선 위원

---

* 이 책에서 다루는 논의와 관련된 언급을 발췌해 요약 정리하였다.

"과거 현대사회가 아니었을 때는 대개 애정 표현의 방법으로 집요하게 따라다니는 것, 또 그런 것이 성공한 예, 최근의 어느 잡지에는 저명한 의원도 스토킹한 결과 결혼까지 했다고 아주 대대적으로 홍보를 한 기사도 보았습니다마는, 그렇게 긍정적인 면도 있었습니다마는 지금 복잡한 현대사회에 와서는 이러한 스토킹이 굉장히 부정적으로 횡행하고 있습니다. 특히 유명 연예인들은 집에 퇴근하기가 무섭고 엘리베이터를 혼자 타기가 무서울 정도로 집요합니다. 이렇게 집요한 스토킹의 행위자는 정신의학적으로 분석해보면 건강한 정신의 소유자는 아니라는 것이 정신과 의사들의 이야기입니다. 그래서 본 위원은 이러한 처벌에 관한 특례법을 만드는 것에 대한 근본적인 취지에는 동의를 합니다. 지금은 사회가 혹은 가족이 이러한 외부로부터 오는 위협에 대해서 방어를 해줄 수 있는 기능을 갖지 못하고 그러한 외부로부터의 방어는 법에 의해서, 공권력에 의해서 보호되어야 되기 때문에 스토킹이라는 범죄에 대해서도 공권력이 보호해 주어야 된다고 생각하기 때문입니다."

― 권영자 위원

"한 10여 년 전쯤으로 기억을 합니다마는 어느 대학교 메이퀸을, 주방장이었던 것으로 기억을 하는데, 짝사랑하는 주방장이 하도 쫓아다니고 결혼하자고 해서 상당히 공포에 떨다가 나중에는 고발을 해서 경찰에 잡혀가기도 했는데 나오면 또 찾아오고 그래서 결국은 그 주방장이 식칼로 그 여성을 무참하게 살해했던 그런 기억이 납니다. 아주 스토킹의 대표적인 사례다 이렇게 볼 수 있고 그것을 보면서 그 당시에 왜 어떻게 법적으로나 또 정부 공권력이 이런 것을 보호를 해줄 수가 없을까 그런 안타까운 마음을 가졌던 것이 지금 기억이 납니다. 그래서 특별법을 만들든지 또는 현행법대로 하든지 간에 좌우간 여기에 대한 분명한 제재는 있어야 되겠다 하는 게 본 위원의 생각입니다."

– 맹형규 위원

위원회에 참석해 스토킹 법안에 대해 논의를 했던 위원들은 스토킹 범죄로 인한 피해가 심각하기 때문에 법안을 만들어야 한다는 데 대부분 동의했다. 또한 새로 만들어지는 스토킹 법안에 대한 몇 가지 문제점과 우려사항에 대해서도 다양하게 의견을 교환했고 일부는 유보 입장을 취하기도 했다. 그러나 법안을 만들기 위해서는 스토킹에 대한 법적 정의를 어떻게 내리는지가 중요하다. 당시에도 '주관적 감정', '애매모호', '특정인의 의사에 반하여', '심각한' 등의 용어가 어떻게 규정돼야 하는지가 쟁점이 됐다.

"범죄의 구성 요건이 피해자의 공포심이나 불안감 등 주관적 감정에 의존하도록 돼 있기 때문에 어느 정도까지가 요건이 될 수 있는가에 대한 한계가 명확하지 않다는 문제점이 있습니다. 스토킹에 대한 입법이 최초로 이루어진 미국의 경우 대다수의 주에서 채택하고 있는 스토킹 범죄에 대한 법적 정의는 스토킹을 의도적으로 악의를 가지고 타인에게 반복적으로 쫓아다니거나 괴롭히는 것으로 규정하고 있어 고의성, 악의성, 추적의 반복, 계속성, 사람을 괴롭게 하는 것 등을 요건으로 하고 있으며 캘리포니아주는 심각한 위협을 가하는 행위라는 요건이 포함돼 있습니다. 그리고 미국의 형사사법협회가 마련한 모범법전에서는 스토킹 범죄 충족 요건의 하나로 어떤 특정한 인물이 공포심을 느끼는 상황에 있는 것을 알고 있을 것을 규정함으로써 가해자도 상대방이 공포를 느끼고 있음을 인지하고 있을 때 스토킹 범죄가 성립하는 것으로 규정하고 있습니다. 따라서 본 법률안에서도 스토킹 죄를 정의할 때 범죄의 구성 요건에 대한 보다 명확한 개념화 작업이 요구된다고 하겠습니다."

– 김병순 위원

"스토킹 행위는 경우에 따라서 대단히 애매하고 주관적으로 판단될 가능성이 있으며 이 법안에서도 심각한 공포심이나 불안감이라는 추상적인 용어로 행위를 정의하고 있으므로 법적 해석 및 판단을 공평 타당하게 하기 위해서는 보다 정확한 규정이 필요할 것이며 스토킹 행위의 정도를 보다 구체적으로 판단할 수 있도록 규정하고…"

– 김칠환 위원

"먼저 공포심이나 불안감 유발에 대한 법적 규정을 어떻게 할 것인가 하는 문제입니다. 이러한 심리적, 정신적 반응은 주관적이

고 또 개인에 따라서 편차가 심합니다. 이에 대한 명확한 규정이
나 해석의 잣대가 없으면 동일한 행위에 대해서 피해자 각각의
편차에 따라 다른 판단이 내려질 수 있기 때문입니다. 이에 대한
명확한 규정이 없다면 법 적용 시 자칫 범죄자를 양산할 가능성
이 굉장히 큽니다."

– 권영자 위원

"여기 스토킹의 정의를 보면 '특정인을 그 의사에 반해서 반복적
으로 미행하거나 편지 컴퓨터 통신 등을 통해서 반복적으로 일
방적으로 말이나 글 사진 그림 등을 전달함으로써 심각한 공포
심이나 불안감을 유발하는 행위' 이렇게 돼 있습니다. 여기 '특정
인의 의사에 반하여'라고 할 때 그러면 이 사람이 특정인이 하지
말아라 했는데도 계속 했을 때만 해당되는 것이냐 아니면 특정
인이 그 행위를 하고 있는지도 모르는데 반복적으로 이런 행위
를 했을 경우에는 의사에 반한 것이냐 반하지 않은 것이냐, 법문
상 표현을 의사에 반한다는 용어를 써야 되는 것인지, 의도적으
로 악의를 가지고 타인에게 반복적으로 쫓아다니며 괴롭히는 것
이런 것들은 좋은데 '의사에 반하여'라는 이러한 어휘가 들어갈
필요가 있는 것인지 하고 다음에 또 한 가지는 물론 좋아하는 사
람은 있겠지만 한두 번 쫓아다닐 수는 있겠지만 꼭 반복적으로
하는 행위만 규제를 해야 되는 것인지, 여기에 보면 심각한 공포
심이나 불안감을 유발하는 행위라고 했는데 그럼 심각한 공포심
이나 불안감을 유발하는 행위를 딱 한 번 했을 때는 규제 대상이

되어서는 안 되는 것인지 이런 것을 여쭤보고 싶습니다."

– 조영재 위원

"2조에 보면 아까 지적된 반복적으로라는 것이 상당히 애매모호한 의미를 갖고 있고 또 사진이나 그림을 전달함으로써 심각한 공포심이나 불안감을 유발하는 행위라고 할 때의 '심각한'이라는 것의 기준이 어디가 되어야 될 것인가 하는 문제도 검토해야 된다고 생각합니다."

– 김영환 위원

지난 20여 년간 스토킹 법은 발의와 폐기를 반복했다. 1999년 최초의 발의 이후 단 한 차례 법안 심사도 받지 못하고 임기만료와 함께 자동 폐기됐다. 또 2003년 16대 국회 이강래 의원, 2005년 17대 국회 염동연 의원(철회), 2009년 18대 국회 김재균 의원이 각각 스토킹 처벌 법안을 대표로 발의했으나 심의 테이블에도 오르지 못했다. 아마도 심각성은 인지했지만, 스토킹 문제가 몇몇 인기인이나 유명인에게만 국한된 사항일 뿐 일반인에게는 해당하지 않는 것이라는 인식이 계속 남아 있었던 것이라 추측된다. 다시 1999년 회의록으로 돌아가보자.

"스토킹이 몇몇 유명 연예인들을 중심으로 사회문제화된 것은 사실이지만 일반인들은 그것이 아직도 특정한 소수의 사람들이 당하는 정도로 생각하지 내 아이, 내가 당할 수 있는 가능성이라고는 인식이 덜된 것 같습니다. 그래서 사회의 일반인들이 이러한 법으로써 막아야 되고 법으로 처벌해야 마땅한 범죄라는 인식이 확산되는 시간적인 여유를 갖고 좀 더 검토하기 위해서 공청회 같은 것을 열어서 법률 전문가는 물론이고 이러한 정신적인 장애 여부 또 심리적으로 이러한 스토킹 행위가 어떤 상황에서 일어나는가 또 이러한 것들이 일시적인 하나의 현상인가 아니면 완전히 정신적 장애의 유형으로 나타나는가 이런 것들에 대한 전문가의 진단분석 이런 것들을 함께 한 후에 법률을 시행해도 늦지 않고 또 그런 과정에서 많은 사회의 인식의 전환, 공감대 형성 이런 것들이 가능해지리라고 보기 때문에 이 법을 원칙적으로는 찬성하나 보다 많은 토의와 여론수렴 과정 이런 것들이 필요하다고 생각하고…"

– 권영자 의원

2) 경범, 가벼운 범죄가 아니다

경범죄란 무엇인가? 경범죄는 위법 행위가 가볍기 때문에 처벌 수준도 상당히 낮은 범죄를 의미한다. 그러나 형법에 따라서 종종 형사처벌이 내려지기도 한다. 1954년에 제정된 「경범죄 처벌법」은 형법상 처벌 규정이 없거나 정식 형사소송 절차를 따르기에는 가벼운 범죄에 대해 처벌함으로써 국민의 자유와 권리를 보호하고 사회공공의 질서를 유지하기 위해 제정됐다.

예를 들어 과속운전을 했을 경우 도로교통법에 따라 형사처벌 대상이 되지만, 범칙금을 납부하는 것으로 처벌을 면할 수 있다. 「경범죄 처벌법」에서 다루는 범죄 유형을 통해 당시의 시대상도 읽을 수 있다. 1973년에는 장발 및 저속 의상을 「경범죄 처벌법」으로 다뤘고, 1980년에는 무임승차 및 무전취식 등을 다루기도 했다. 최근에는 광고물 무단부착, 물품강매, 호객행위, 노상방뇨, 쓰레기 투기, 구걸행위, 불안감 조성, 음주소란, 무단출입, 장난전화, 과다노출 등이 경범죄로 처벌돼 10만 원 이하의 벌금, 구류 또는 과료의 형으로 처하는 조항들이 포함된다.

스토킹 법안이 발의와 폐기를 반복하는 사이에 스토킹 범죄는 점점 진화해갔다. 하지만 법이 없어 가해자들의 죄명은 단순 일반 경범죄로 처리됐다. 그러다 2013년 3월부터 「경범죄 처벌법」에 스토킹 범죄(지속적 괴롭힘) 관련 규정이 생기고 스토커를 처벌할 수 있게 됐다. 2012년 3월 21일 「경범죄 처벌법」이 전부 개정이 되면서 스토킹 범죄가 '지속적 괴롭힘'의 죄목으로 제재를 받게 된 것이다.

물론 스토킹 범죄가 살인, 강간과 같은 중범죄로 이어지는 경우 예외적으로 형법에 의해 처벌된다. 그러나 대부분의 스토킹 범죄는 가볍게 여겨져 피해자의 생명을 앗아갈 수도 있는 강력 범죄의 전조임에도 벌금 10만 원으로 사면받을 수 있었다. 게다가 스토킹 범죄가 온라인에서 발생할 때 「개인정보보호법」 위반이나 「정보통신망법」 위반 등 다른 죄목과 연루될 경우에만 처벌이 가능했다.

스토킹 행위에 대한 처벌이 제대로 이뤄지지 않자, 스토킹 범죄를 경범죄로 다루는 것이 과연 범죄 예방에 효과가 있느냐는 회의적 목소리가 잇따라 나오기 시작했다. 스토킹 피해자가 용기를 내어 신고해도 경범죄로 분류돼 가벼운 벌금으로만 처리되다 보니 오히려 가해자를 양산하고 보복에 대한 두려움을 느낄 수밖에 없는 피해자를 더욱 위축시킨다는 의견이 여기저기서 터져 나왔다.

그사이 스토킹 범죄로 살해를 당하는 등 무고한 피해자의 수는 계속해서 증가했다. 다행히 2018년 6월부터 경찰청에서는 112신고 코드로 '스토킹'을 신설해 신고건수를 관리하기 시작했다. 2021년 경찰청의 〈스토킹 범죄 112 신고현황과 사법처리 현황〉을 보면, 2018년 6월부터 12월까지 스토킹으로 신고 접수된 수가 2,772건이었다. 2019년에는 5,468건, 2020년에는 4,515건에 달했다. 스토킹 범죄 피해자들은 계속해서 목소리를 내며 도움을 요청하고 있었던 것이다.

하지만 신고된 스토킹 범죄의 사법처리 현황을 살펴보면 2018년 544건, 2019년 580건, 2020년에 488건에 불과하다. 2018년의 경우 6월 1일부터 112신고 코드로 '스토킹'을 신설해 신고건수를 관리해왔기 때문에 사법처리 현황과 일대일로 비교하기는 어려우나 2019년과 2020년을 비교해보면 112신고 건수 대비 사법처리 비율은 각각 10.6퍼센트, 10.8퍼센트로 나타났다. 즉, 112로 신고된 스토킹 범죄 중 약 90퍼센트에 달하는 사건의 가해자가 처벌을 받지 않았다. 스토킹 범죄로 죽임을 당하는 피해자들의 뉴스는 어찌 보면 당연한 결과였다.

스토킹 범죄로 죽임을 당하거나 심각한 상해 등의 피해를 입은 피해자들에 대한 뉴스가 연일 보도되자 21대 국회에서는 스토킹 범죄를 처벌하기 위한 별도의 개별법 제정에 대해 논의가 활발하게 이뤄졌다. 「스토킹 처벌법」 제정을 위해 정부가 안을 제출한 것도 이때가 처음이었다. 지난 22년간 법률안 제정은 번번이 무산됐지만 세월이 지날수록 법안 발의는 늘어났다. 1999년부터 2009년까지 11년간 스토킹 법 발의는 단 네 건뿐이었다. 그러나 2012~2015년의 4년간 세 건에서 2016~2018년의 3년간 다섯 건으로 증가했다. 최근 2년 동안에는 무려 11번이나 발의됐다.

스토킹 범죄 112신고 현황(2018~2020년)

구분	2018년	2019년	2020년
신고건수(건)	2,772	5,468	4,515

출처: 경찰청(정춘숙 의원실 제공)

※ 2018년 6월 1일부터 「스토킹」 112신고 코드를 신설해 신고건수를 관리하고 있음.

스토킹 범죄 사법처리 현황(2018~2020년)

구분	2018년	2019년	2020년
계	544	580	488
통고처분(건)	434	435	388
즉결심판(건)	110	145	150

출처: 경찰청(정춘숙 의원실 제공)

※ 현행 스토킹 범죄는 「경범죄 처벌법」 제3조 제1항 제41호(지속적 괴롭힘)으로 처벌하고 있으며, 스토킹 행위가 범죄를 넘어서는 경우 「형법상」 폭행 협박, 주거침입, 「정보통신망법상」 공포심·불안감 유발 정보 전달 등을 적용 대응·처벌하고 있음.

   법안이 처음 발의된 지 21년 만에 정부가 안을 제출할 정도
로「스토킹 처벌법」을 제정하기 위한 움직임이 바빠지기 시작했
다. 그동안 수많은 희생이 있었던 것을 감안하면 시기적으로 많
이 늦은 상태였다. 하지만「스토킹 처벌법」은 2021년 3월 24일
국회 본회의를 통과했고, 그해 10월 21일부터 시행됐다. 대한
민국에서도 스토킹 가해자를 처벌할 수 있는 길이 열린 것이다.

  「스토킹 처벌법」에서는 스토킹 범죄를 피해자의 의사에 반
해 지속적·반복적으로 접근하거나 따라다니기, 주거 등 부근에
서 기다리거나 지켜보기, 통신매체를 이용해 연락하기, 물건을
보내거나 주거 등 부근에 놓아두기 등을 통해 피해자에게 불안
감 또는 공포심을 야기하는 행위로 정의했다. 또한 응급조치*와
예방응급조치·긴급응급조치**, 잠정조치***, 전담조사제도를 마련
해 범죄 예방과 피해자 보호를 위한 절차를 마련했다.「스토킹
처벌법」을 어길 경우 3년 이하의 징역 또는 3천만 원 이하의 벌
금형, 흉기 등을 사용할 경우 5년 이하의 징역 또는 5천만 원
이하의 벌금형에 처해질 수 있다.

  그러나 여전히「스토킹 처벌법」이 갈 길은 멀다. 2021년 10월
21일에 우리나라에서 처음으로 시행된「스토킹 처벌법」으로는

---

* 응급조치(제3조 제1항): 스토킹 행위의 제지 및 향후 스토킹 행위를 중단할 것을
통보, 스토킹 행위자와 피해자의 분리 및 범죄수사, 피해자에게 예방응급조치·잠정
조치 요청 등 절차 안내, 피해자를 스토킹 피해 관련 상담소 또는 보호시설로 인도

** 예방응급조치(제3조 제2항)·긴급응급조치*(제4항): 접근금지, 통신매체이용 접
근금지 판사 승인을 받을 시간적 여유가 없는 경우 선(先)조치 후 24시간 내 판사 승
인을 받도록 한 응급조치

*** 서면경고, 접근금지, 통신매체 이용 접근금지, 유치장·구치소 유치

'스토킹 법' 법안 발의와 폐기(1999~2021년)

	의안명	의결결과
1999년(15대)	스토킹 처벌에 관한 특례법안	임기만료 폐기
2003년(16대)	스토킹 방지법안	
2005년(17대)	스토킹 등 대인공포 유발행위의 처벌에 관한 특례법	철회
2009년(18대)	스토킹 처벌 및 방지에 관한 법률안	
2012~2015년 (19대)	스토킹 처벌 및 피해자 보호에 관한 법률안	
	스토킹 방지법안	
	스토킹 범죄의 처벌 등에 관한 특례법안	
2016~2018년 (20대)	스토킹 범죄의 처벌 등에 관한 특례법안	임기만료 폐기
	스토킹 처벌 및 방지에 관한 법률안	
	스토킹 범죄의 처벌 및 피해자 보호 등에 관한 법률안	
	스토킹 범죄 처벌 및 피해자 보호에 관한 법률안	
	스토킹 범죄의 처벌 등에 관한 특례법안	
2020~2021년 (21대)	스토킹 범죄의 처벌 및 피해자 보호 등에 관한 법률안	
	스토킹 범죄의 처벌 등에 관한 특례법안	
	스토킹 범죄의 처벌 및 절차 등에 관한 법률안	
	스토킹 범죄의 처벌 등에 관한 법률안	
	지속적 괴롭힘 범죄의 처벌 등에 관한 특례법안	대안반영 폐기
	스토킹 범죄의 처벌 등에 관한 법률안	
	스토킹 범죄의 처벌 등에 관한 법률안	
	스토킹 범죄의 처벌 등에 관한 법률안	
	스토킹 범죄의 처벌 등에 관한 특례법안	
	스토킹 범죄의 처벌 등에 관한 법률안(대안-정부)	원안가결

온라인 스토킹 피해 경험

개인정보 알아내 저장
56.8%

사생활 알아내기
56.4%

원치 않는 글·이미지 등 전송
54%

허락하지 않은 용도로 개인정보 사용
41.1%

개인정보 유포
40.3%

허위정보 임의 사용
21.7%

개인정보 이용해 당사자 사칭*
18.1%

다른 범죄에 개인정보 이용*
14.6%

개인정보와 함께 성적 모욕 등 허위정보 유포
12%

개인정보 유포해 제3자 범행 부추김*
7.5%

(복수응답)

자료: 한국여성정치연구소(온라인 스토킹의 실태 및 대응 방안구 연구)(2021)

온라인 스토킹 피해를 제대로 처벌할 수 없었다. 온라인 스토킹에서 발생하는 피해 유형이 대부분 「스토킹 처벌법」에서 규정하는 범죄의 테두리를 벗어나기 때문이다. 한국여성정치연구소에서 2021년 〈온라인 스토킹의 실태 및 대응 방안 연구〉를 통해 분류한 온라인 스토킹 피해 경험을 살펴보면 온라인 스토킹 피해 경험 중 '개인정보 알아내 저장'이 56.8퍼센트를 차지한다. 그다음으로 '사생활 알아내기'가 56.4퍼센트로 나타났다. 이 외에 '원치 않는 글·이미지 등 전송'(54퍼센트), '허락하지 않은 용도로 개인정보 사용'(41.1퍼센트), '개인정보 유포'(40.3퍼트)순이었다. 또 '허위정보 임의 사용'(21.7퍼센트), '개인정보 이용해 당사자 사칭'(18.1퍼센트), '다른 범죄에 개인정보 이용'(14.6퍼센트), '개인정보와 함께 성적 모욕 등 허위정보 유

---

* 붉은 글씨는 온라인 스토킹이 다른 범죄의 연결고리가 된다는 점에서 매우 심각한 사안이라고 할 수 있다.

포'(12퍼센트), '개인정보 유포해 제3자 범행 부추김'(7.5퍼센트)도 있었다.

온라인 스토킹은 사이버 공간의 특수성 때문에 시간과 장소를 가리지 않고 언제 어디서든지 발생할 수 있다. 또 오프라인 스토킹과는 다르게 가해자와 피해자가 서로 모르는 사이에서 발생하는 비율이 높다. 가해자가 피해자를 직접 대면해 생길 수 있는 위험은 적은 반면, SNS를 통한 정보의 확장성으로 인해 디지털 정보의 온라인 공간에서 계속 범죄가 이뤄질 여지가 남아 있기 때문에 피해자가 느끼는 위협감이 심각하다.[1]

온라인 스토킹 가해자는 주로 피해자의 개인정보를 수집할 뿐만 아니라 이를 이용해 만남이나 대화를 강요한다. 최악의 경우에는 피해자에게 성 착취물을 전송하거나 익명의 주체들과 이를 공유해 명예훼손 및 모욕을 저지른다. 이는 디지털 성범죄로도 발전할 수 있다.[2]

과거 우리나라에는 마땅한 「스토킹 처벌법」이 없어 스토킹 범죄가 발생할 경우 「경범죄 처벌법」, 「정보통신망법」, 「성폭력 범죄의 처벌 등에 관한 특례법」, 「가정폭력 범죄의 처벌 등에 관한 특례법」 등에 따라 처벌해왔다. 이처럼 온라인 스토킹 법안이 없다고 해도 다른 범죄의 특례법으로 온라인 스토킹 범죄에 대한 처벌을 할 수는 있다.

현재의 「스토킹 처벌법」(제2조 제1항 제3호)에서도 스토킹 행위 중 하나를 '우편·전화·팩스 또는 「정보통신망 이용촉진 및 정보보호 등에 관한 법률」(제2조 제1항 제1호)에 의거 정보통신망

온라인 스토킹 정의[3]

	내용
방법	• 디지털 기기 이용
조건	• 피해자의 명시적 허가 없음
행위자	• 직접 또는 제3자 이용
행위	• 글, 말, 부호, 음향, 그림, 영상, 화상 또는 물건(기프티콘 등) 등을 도달하게 하는 행위 • 피해자의 개인정보를 사용(수집, 이용과 제공 포함)하는 행위
피해자	• 피해 당사자 혹은 동거인, 친구, 직장 동료, 온라인 상의 지인 등 생활상 밀접한 관련이 있는 자들까지 포함
피해내용	• 개인의 생명과 신체, 생활의 안전, 원치 않는 일을 겪지 않을 자유 침해 • 합리적인 사람에게 공포와 불안감을 야기할만한 행위

을 사용해 물건이나 글·말·부호·음향·그림·영상·화상을 도달하게 하는 행위'라고 정의하고 있다. 따라서 컴퓨터, 휴대전화 등 통신매체를 이용해 사이버 공간에서 스토킹을 하면 처벌을 받는다.

하지만 온라인 스토킹 행위 규정이 협소하기 때문에 이 조항만으로는 다양한 형태의 온라인 스토킹 범죄를 막기는 힘들다. 또 이미 만들어져 있는 다른 법규에 적용해 온라인 스토킹 범죄를 살펴볼 경우, 온라인 스토킹 범죄만의 특성을 놓치기 쉽다. 이는 곧 피해자에 대한 피해로 고스란히 이어진다. 따라서 온라인 스토킹 처벌법도 기존의 「스토킹 처벌법」과 마찬가지로 별도의 독립된 법으로 제정해야 한다.

2. 스토킹 방지

「스토킹 처벌법」이 22년간 이리저리 떠돌다 제정됐지만 여전히 많은 문제가 남아 있다. 무엇보다 반쪽짜리 법이라는 지탄을 받았다. 법안의 내용을 살펴보면 피해자를 보호하고 범죄를 방지하기 위한 내용이 별로 없다. 이에 「스토킹 처벌법」이 개정됐으며, 피해자를 보호할 수 있는 법적 근거를 마련하기 위해 「스토킹 방지 및 피해자 보호를 위한 법률안(약칭: 스토킹 방지법)」이 신설됐다.

스토킹 법은 많은 피해자의 희생 속에 제정과 개정이 이뤄졌다. 그들에게 진 빚을 갚기 위해서라도 스토킹이 더 이상 일어나지 않게끔 미연에 방지할 수 있도록, 혹시 불행한 사건이 일어났다고 해도 피해자를 보호할 수 있는 사회적 장벽을 마련해야 한다. 그런 의미에서 그동안 우리가 어떤 과오를 저질렀는지 살펴보는 것도 의미가 있을 것이다.

1) 코앞에서 놓친 피해자 보호

2022년 9월 어느 날 저녁 9시경. 서울 지하철 2호선 신당역 여자 화장실에서 잔인한 살인사건이 발생했다. 피해자는 직장 동료인 가해자 전주환에게 약 2년간 스토킹을 당해왔다. 당시 사건은 「스토킹 처벌법」이 시행된 지 약 11개월 만에 발생해 더욱 충격을 줬다. 스토킹 범죄가 제대로 처벌될 것이라는 우리의 막연했던 기대는 산산조각 나버렸다.

　「스토킹 처벌법」이 시행되면서 그동안 처벌하지 못했던 가해자들을 처벌하고 피해자를 보호할 수 있게 됐다는 점은 분명히 환영할 만하다. 그러나 법률안의 내용은 1999년에 최초로 발의된 법안과 별다를 바 없는 수준이었다. 법이 범죄의 특성을 제대로 반영하지 못하고 있기에 가해자 처벌도, 피해자 보호도 제대로 이뤄지지 못한 것이다. 가히 누더기 처벌법이라며 손가락질 받을 만했다.

　스토킹 범죄 통계를 통해서도 문제점은 여실히 드러난다. 경찰청에 따르면 「스토킹 처벌법」이 시행된 2021년 10월 21일부터 2023년 8월까지 신고된 스토킹 사건은 1만 9,394건이었다.[4] 그중 가해자 검거 건수는 1만 8,181건에 달했다. 하지만 검거된 피의자 중 구속된 비율은 상당히 낮았다. 2021년 10~12월 동안 검거한 스토킹 가해자는 818명, 그중 구속된 인원은 58명으로 7퍼센트에 불과했다. 2022년에 검거된 인원은 9,999명, 그중 331명만이 구속돼 검거 대비 구속률은 3.3퍼센트로 현저하게 떨어졌다.

　대법원에 따르면, 2023년 상반기 「스토킹 처벌법」 위반으로 1심 재판을 받은 1,264명 중 실형 선고를 받은 경우는 전체의 15.5퍼센트(196명)로 2022년 22.7퍼센트보다 7.2퍼센트p 감소했다.[5] 반면 집행유예는 35.2퍼센트(445명), 무죄는 1.42퍼센트(18명)로 2022년에 비해 늘어났다. 이러한 통계는 「스토킹 처벌법」 제정으로 스토킹 범죄를 제대로 처벌할 수 있을 것이라는 기대를 무색하게 만들기에 충분했다.

스토킹 범죄의 특성을 제대로 반영하지 못한 처벌법 때문에 우리 사회 곳곳에서는 여전히 피해자들의 비명소리가 끊이지 않는다. 스토킹 피해자를 대상으로 상담, 의료, 법률 등을 제대로 지원할 수 있는 법적 근거가 없기 때문이다. 학계, 피해자 지원 단체, 여성단체, 법조계 등에서는 비판의 목소리를 높였다. 국회에서도 「스토킹 처벌법」을 개정해야 한다는 의견이 터져 나왔다. 그 결과 「스토킹 처벌법」이 시행된 지 1년 남짓한 기간 동안에 개정 법률안이 13건이나 발의됐다.

신당역 살인사건을 계기로 여론이 들끓자 당시 국회는 바쁘게 움직이기 시작했다. 그리고 그동안 많은 사람이 지적해온 「스토킹 방지법」을 발의하기 위해 본격적인 준비를 시작했다. 국회 차원에서 스토킹 범죄 예방과 피해자 보호 지원 체계를 점검했고 현장방문, 현안보고, 공청회 등을 통해 스토킹 피해자보호법 제정을 서둘러 진행해나갔다. 그 결과 스토킹 방지와 피해자 보호 지원의 기틀을 마련하는 「스토킹 방지법」이 제정됐다.

「스토킹 방지법」은 2022년 12월 28일 국회 본회의에서 만장일치로 통과됐다. 전주환으로부터 스토킹을 당했던 피해자가 살해당한 지 106일째 되던 날이었다. 「스토킹 처벌법」의 제정 당시부터 스토킹을 예방하고 피해자 보호를 위한 구체적 법률안이 필요하다는 목소리를 들은 체 만 체하며 딴전을 피우다 꽃다운 희생이 발생하자 부랴부랴 법을 통과시킨 셈이다.

과연 「스토킹 처벌법」과 「스토킹 방지법」은 어떻게 다를까? 「스토킹 처벌법」은 이미 발생한 범죄에 대한 처벌과 절차를 규정한 법이다. 「스토킹 방지법」은 범죄 가능성이 큰 스토킹 행위에 대해 피해자 보호조치를 사전에 가능하도록 하는 예방과 보호, 지원에 대한 법률이다. 각각의 법률의 행정 주체도 다르다. 「스토킹 처벌법」은 법무부 소관, 「스토킹 방지법」은 여성가족

「스토킹 방지 및 피해자 보호 등에 관한 법률안」 주요 내용
(2023년 7월 18일 시행)

- 스토킹 범죄로 인한 피해자 외에 스토킹 행위에 따른 피해자 및 그 가족에 대해서도 보호 서비스 지원
- 상담, 치료, 법률구조, 주거지원 등 제공
- 피해자 본인뿐만 아니라 가족 구성원의 경우에도 스토킹 범죄로 인해 주소지 이외의 지역에서 취학할 필요가 있는 경우 국가나 지방자치단체가 그 취학이 원활히 이루어지도록 지원해야 함
- 스토킹 피해자 또는 신고자의 안정적 경제활동을 위해 고용주의 해고 등 불이익 조치를 금하며, 이를 위반할 경우 3년 이하의 징역 또는 3천만 원 이하의 벌금에 처함
- 정당한 사유 없이 사법경찰관리의 현장조사를 거부하는 등 업무를 방해하는 경우 1천만 원 이하의 과태료 부과
- 스토킹 진단도구 및 스토킹 예방 지침 표준안 제작 및 보급
- 7개 부처(법무부, 국방부, 국토교통부, 고용노동부, 대검찰청, 경찰청, 해양경찰청) 수사기관을 대상으로 스토킹 예방교육 및 2차 피해 방지 전문강사 파견 교육 실시
- 스토킹 피해자 지원기관 종사자 대상 맞춤형 교육 과정 수시 운영, 대국민 홍보 추진

부에서 담당한다.

이와 같은 이원화 체계가 사건의 해결과 처리 과정에서 또 다른 문제를 만들 수 있어 두 법을 통합해야 한다는 지적도 있다. 국회에서 「스토킹 처벌법」과 「스토킹 방지법」을 하나의 법에 담는 일원화 방안도 검토했지만 가정폭력이나 성폭력 등이 처벌법과 보호법으로 나뉘어 있는 점을 고려해 「스토킹 방지법」을 따로 제정했다. 여전히 보완해야 할 부분이 많지만 「스토킹 처벌법」 외에 스토킹 범죄를 방지할 수 있는 방안이 마련됐다는 점, 피해자를 좀 더 촘촘하게 보호하고 지원하는 법적인 근거가 생겼다는 점을 고려하면 환영할 만한 일이다.

2) 이제, 원치 않아도 처벌한다

지금은 개정됐지만 「스토킹 처벌법」에 반의사불벌죄 조항을 둔 것도 역시 지탄을 받았다. 반의사불벌죄는 피해자가 원하지 않으면 가해자가 처벌받지 않아도 된다는 것을 의미한다. 이는 스토킹 범죄의 특성을 이해하지 못한 독소 조항이었다. 신당역 사건에서도 드러났듯이 가해자 전주환은 직장 동료였던 피해자에게 합의해 달라며 끊임없이 전화를 걸고 문자를 보내는 등 스토킹 행위를 멈추지 않았다. 반의사불벌죄 조항 때문에 가해자가 피해자에게 더욱 집착적으로 연락을 취하는 아이러니한 상황이 발생한 것이다.

스토킹 범죄로 인해 일상이 무너진 피해자가 처벌불원서를 제출하면 가해자가 처벌을 받지 않을 수 있다는 규정은 「스토킹 처벌법」에 명시된 스토킹 행위에 대한 정의, "상대방의 의사에 반反하여"로 시작하는 문구 때문에 가능했던 것이다. 법에서 규정하고 있듯이 피해자의 의사가 스토킹 범죄의 구성 요건으로 고려된다면, 「스토킹 처벌법」 제18조 제3항의 "피해자가 구체적으로 밝힌 의사에 반하여 공소를 제기할 수 없다"는 규정은 논리적으로 전혀 문제가 없어 보인다.

하지만 피해자가 스토킹 가해자에게 위협을 받아 강요된 의사를 밝힌 것이라면 문제는 심각해진다. 피해자가 처벌불원 의사를 밝히지 않을 경우 가해자로부터 더 심각한 피해를 당할 것이라고 예상된다면 이를 진정한 피해자의 의사로 볼 수 있을지에 대해 곰곰이 따져봐야 한다. 그랬다면 반의사불벌죄 조항이 오히려 피해자 보호에 방해 요소로 작용할 가능성을 알 수 있었을 것이다.

「스토킹 처벌법」이 국회 본회의를 통과했을 당시 한국여성의전화에서는 '22년 만의 스토킹처벌법 제정, 기꺼이 환영하기 어려운 이유: 우리는 제대로 된 스토킹 처벌법을 원한다'라는 제목으로 논평을 냈다. 이들은 논평에서 22년을 기다려서 얻은 것이 누더기 「스토킹 처벌법」이라는 사실이 개탄스럽다고 밝혔다. 그 이유 중 하나로 반의사불벌 조항의 존속을 꼬집었다. 「스토킹 처벌법」에 반의사불벌 조항을 집어넣은 것에 대한 비판은 한국여성의전화뿐만 아니라 다른 시민단체, 학계에서도 거세게 일어났다.

경찰대학교 한민경 교수는 반의사불벌 조항이 어떤 결과를 낳았는지 알아보기 위해 「스토킹 처벌법」 시행 이후 「스토킹 처벌법」 위반으로 의율된 1심 판결문 161건을 살펴봤다.[6] 그 결과 경찰에 신고된 스토킹 사건의 1퍼센트 정도만이 법원에 도달한 것을 밝혀냈다. 또 그중 3분의 1 정도의 사건은 공소가 기각됐다는 점도 확인했다.

형사소송법 제327조 제6호는 피해자가 처벌을 희망하지 않는다는 의사 표시를 하거나 처벌을 희망하는 의사 표시를 철회했을 때, 공소기각의 선고를 해야 한다고 명시하고 있다.[7] 즉, 경찰에 신고된 사건들 중 법원까지 가는 사건들은 매우 소수인데, 그마저도 1/3은 피해자가 마지막 단계에 가해자에 대한 처벌을 원하지 않는다고 입장을 바꿔 공소가 기각된다.

가해자에 대한 처벌을 원하지 않는다는 피해자의 입장이 판결 선고가 임박해서야 나타난 것이라면, 형사처벌을 피하기 위해 절박해진 가해자의 압력이나 합의 종용, 협박에 의한 것일 수 있지는 않을까? 이에 대해서 한 교수는 "스토킹 가해자가 피해자에게 진정성 있는 합의와 사과에 임하고자 했다면 굳이 경찰 및 검찰 단계를 지나 법원 단계까지 지체할 필요가 없었을 것"이라고 밝혔다.

「스토킹 처벌법」에 반의사불벌 조항이 포함되자 우려했던 바대로 피해자의 처벌불원 의사를 끌어내기 위한 가해자의 위협과 협박 등, 2차 피해가 빈번하게 발생했다. 이로 인해 많은 피해자가 추가적인 고통에 시달렸다. 전주환도 피해자로부터 처벌불원서를 받기 위해 또다시 피해자를 협박하며 스토킹했

형사소송법 제327조 공소기각의 판결

제327조(공소기각의 판결) 다음 경우에는 판결로써 공소기각의 선고를 하여야 한다.

1. 피고인에 대해 재판권이 없는 때
2. 공소제기의 절차가 법률의 규정에 위반해 무효인 때
3. 공소가 제기된 사건에 대해 다시 공소가 제기됐을 때
4. 제329조의 규정에 위반해 공소가 제기됐을 때
5. 고소가 있어야 죄를 논할 사건에 대해 고소의 취소가 있은 때
6. 피해자의 명시한 의사에 반해 죄를 논할 수 없는 사건에 대해 처벌을 희망하지 아니하는 의사표시가 있거나 처벌을 희망하는 의사표시가 철회됐을 때

다. 기존에 발의됐던 스토킹 법률안을 살펴보면 단 아홉 건의 법률안에서만 반의사불벌죄에 대해 규정했다.[8] 여러 가지 부작용이 일어나자 피해자 보호를 강화하기 위해 「스토킹 처벌법」의 반의사불벌죄 조항이 사라지게 되었다. 2023년 7월부터 피해자의 의사와 상관없이 스토킹 가해자는 처벌을 피하지 못하게 된 것이다. 참으로 다행스러운 일이다.

이 외에도 법원에서 원활한 조사·심리 진행, 피해자 보호 등을 위해 필요하다고 인정할 경우 판결 전에도 스토킹 가해자에게 전자발찌위치추적 전자장치를 부착할 수 있게 되었다. 나아가 스토킹 가해자 접근을 피해자에게 자동으로 통지할 수 있도

록 피해자 보호 시스템을 고도화하게 되었다. 이로써 2024년 1월부터 휴대성을 개선한 보호장치가 피해자에게 지급된다. 또한, 피해자 보호용 모바일 앱 개발도 추진하고 있다.

개정된 법에서는 스토킹 피해자뿐만 아니라 그의 가족과 지인들도 보호를 받을 수 있게 되었다. 피해자·스토킹 행위 상대방 등에 대한 '신변안전조치' 및 '신원과 사생활 비밀 누설 금지' 규정 등이 신설됐기 때문이다. 긴급응급조치와 잠정조치의 보호대상이 스토킹 행위 상대방 또는 피해자의 동거인과 가족까지 확대되었고, 피해자의 법률조력권 보장을 위한 변호사 선임 특례* 등의 내용도 포함되었다.

게다가 「스토킹 처벌법」 개정안에는 그간 빠져 있었던 온라인 스토킹에 대한 규정도 추가됐다. 온라인 스토킹에 대한 기존의 협소한 조항이 현실에 맞게 확장된 것이다. 온라인 스토킹 유형으로 피해자에게 직접 접근하지 않았더라도 피해자의 개인정보나 위치정보 등을 제3자에게 제공하고 배포·게시하는 행위, 온라인상에서 피해자를 사칭하는 행위 등이 포함돼 신고와 처벌이 가능해진 것이다.

3) 스토킹 통념을 버려라

2019년 경남 진주 스토킹방화·살인사건, 2020년 경남 창원 식당 사장 스토킹 살인사건, 2021년 서울 노원구 세 모녀 살해

---

* 2024년 1월부터 피해자는 국선변호사를 선임할 수 있다.

사건과 제주도 중학생 살인사건, 2022년 충남 천안 원룸 살인사건과 서울 신당역 사건, 2023년 서울 금천구 시흥동 지하 주차장 살인사건. 최근 5년간 언론에 공개돼 전 국민을 충격 속에 빠트렸던 사건들에는 하나의 공통점이 있다. 모두 스토킹으로 시작해 결국 피해자의 생명을 앗아가는 살인으로 끝났다는 점이다.

스토킹 범죄는 폭행이나 납치, 성폭력, 살인과 같은 강력범죄로 발전할 가능성이 높다.[9] 미국에서 실시된 〈부가적 피해 조사Supplemental Victimization Survey〉 결과에 따르면 스토킹 피해와 함께 신체적 혹은 성적인 폭력을 받은 사람은 21퍼센트에 해당하는 것으로 나타났다.[10]

이와 관련해 한국성폭력상담소에서 2014년에 실시한 스토킹 피해 상담 건수를 살펴보면 240건 중 51건(21퍼센트)이 스토킹에서 출발해 강력 범죄로 이어진 것으로 나타났다.[11] 또한 스토킹 피해를 당한 피해자의 3분의 1 정도가 6개월 이상 지속적인 피해를 경험한 것으로 확인됐다. 이 같은 결과는 스토킹 범죄의 재범률이 높다는 사실을 보여준다. 한국여성정책연구원의 조사에서도 스토킹 행위가 2회 이상 반복된 경우가 66.7퍼센트를 차지했다.[12] 이 외에도 스토킹 범죄를 저지른 가해자 202명을 조사한 결과 거의 과반수에 이르는 비율의 범죄자가 12개월 이내에 재범을 저질렀다.[13]

스토킹 범죄의 심각성과 불법성은 아무리 강조해도 지나치지 않다. 하물며 스토킹을 범죄로 규정하면 젊은이들의 연애 활동을 위축시킬 수 있다는 염려가 무색할 만큼 많은 피해자가 스토킹 범죄로 죽임을 당해왔다. 이제 많은 사람이 스토킹 범죄로 인해 피해자가 죽음에까지 이를 수 있다는 사실을 명백하게 인식하고 있다. 하지만 아직도 사회 곳곳에서 스토킹 행위를 미화하는 장면들을 종종 접하곤 한다. 의미 없이 읊조리는 노래 가사, 드라마나 영화 등에 등장하는 낭만적인 구애 장면 중에도 '스토킹 행위'를 무의식적으로 아름답게 보이도록 만드는 사례들이 많다.

스토킹 통념은 '스토킹 범죄를 남녀 사이의 애정 사건으로 생각하며, 스토킹 행위 자체를 심각하지 않은 문제로 축소하고, 피해자에게 책임을 돌려 비난하도록 작용하는 태도와 신념'을 뜻한다.[14] 스토킹 통념을 받아들이는 유형에 따라 같은 행위일지라도 낭만화하기도 하고 범죄화하기도 한다. 특히 스토킹 통념이 통하는 사회에서는 스토킹을 범죄로 보지 않으며, 상대의 마음을 받아주지 않는 피해자를 비난하기 일쑤다.

스토킹 통념에 대한 연구에 따르면 해당 통념을 가지는 사람들은 스토킹 행위를 구애와 같은 로맨틱한 행위로 정당화하려는 경향이 있다.[15] 스토킹 관련 태도 척도Stalking Related Attitudes Questionnaire를 이용해 확인한 결과[16]에서도 나타나듯이 스토킹 통념이 있는 사람들은 스토킹을 '심각한 문제가 아니다', '낭만적인 행위다', '피해자에게 책임이 있다'라고 생각하는 태도를 보인다.[17]

우리나라에서 스토킹 통념을 알아보기 위해 진행한 연구에 따르면 스토킹 가해자는 일반인보다 스토킹 범죄의 심각성과 위험성을 제대로 인지하지 못하고 있었으며 스토킹 행위를 판단하는 데 모호한 태도를 보였다. 또 스토킹 가해자와 피해자의 관계를 스토킹 범죄를 인식하는 데 중요한 요소로 받아들였다.[18] 즉, 가해자와 피해자가 연인이나 구애 관계였던 경우에 나타나는 스토킹 행위는 범죄라고 인식하지 않았다.

연구 결과에서도 알 수 있듯이 스토커는 스토킹 행위의 심각성과 위험성을 제대로 인식하지 못한다. 하지만 스토킹 범죄의 재발을 막고, 스토킹 범죄가 결코 일어나지 않게 하려면 스토킹 행위가 범죄라는 인식을 널리 알리고 교육해야 한다. 2023년 7월부터 시행되고 있는 「스토킹 방지법」은 스토킹에 대한 인식 제고의 중요성에 초점이 맞춰져 있다. 우선 수사기관을 대상으로 하는 스토킹 예방 교육 및 2차 피해 방지 전문 강사 파견 교육, 스토킹 피해자 지원기관 종사자를 대상으로 하는 교육 등을 수시로 운영하고 있다. 스토킹에 대한 인식 제고를 위해 대국민 홍보도 추진하고 있다.

또한 스토킹 자가 진단을 할 수 있도록 '스토킹 피해 진단 도구(체크리스트)'를 개발해 누구나 스토킹 위험을 조기에 인지하고 지원 정보를 안내받을 수 있도록 하고 있다. 특히 친밀한 관계에서 발생하는 스토킹의 경우 피해자가 스토킹 행위를 폭력으로 인식하기까지 시간이 걸리기 때문에 객관적으로 신뢰할 만한 체크리스트를 통해 스토킹 행위 및 위험성을 진단할 수 있다.

체크리스트는 총 13개의 문항으로 구성돼 있는데, 1번부터

9번까지는 '스토킹 행위' 발생 여부를 확인하는 문항들로 이뤄져 있다. 10번 문항은 '스토킹 범죄' 가능성, 11~13번까지의 문항은 다른 범죄가 발생할 가능성을 진단하는 항목이다. 피해자가 아닐지라도 스토킹 피해에 대한 개념과 사례를 습득할 수 있도록 항목별 설명도 상세하게 제공한다. 한국여성인권진흥원 누리집(www.stop.or.kr)에 접속하면 누구나 자가 진단을 할 수 있다.

「스토킹 처벌법」과 「스토킹 방지법」의 등장은 스토킹 가해자 처벌부터 피해자 보호 그리고 피해 방지 활동에 많은 변화를 불러왔다. 20여 년 전에 비해 많은 개선이 이뤄졌지만 아직도 갈 길은 멀다. 법에서 정한 기준이 아닐지라도 평소 자신의 행동이나 말이 스토킹 행위에 해당하지는 않은지 한번쯤 돌아보는 시간을 가진다면 또 다른 스토킹의 피해자가 나오는 것을 우리 스스로 막을 수 있다. 우리 주변의 한 사람 한 사람이 그동안 우리 사회에서 뿌리 뽑지 못한 스토킹 통념을 조금씩 무너뜨린다면 법으로도 지키지 못한 피해자의 고통을 미리 인지하고 스토킹 범죄로부터 예비 피해자를 지켜줄 수 있을 것이다. 바로 그런 사회가 스토킹 범죄로부터 안전한 사회다.

스토킹 피해 진단 체크리스트

1	누군가가 나에게 접근하거나, 따라다니거나, 길을 막아선 적이 있다.	☐
2	누군가 **일상생활 장소**에서 나를 기다리거나, 지켜본 적이 있다.	☐
3	누군가 직접 또는 다른 사람을 통해 내가 받고 싶지 않은 물건, 메모, 음식 등을 나의 일상생활 장소에 두고 간 적이 있다.	☐
4	누군가 나의 일상생활 장소 또는 그 주변에 있는 물건 등을 부수거나, **집 초인종(창)문을 두드리거나 부수려고 한 적이 있다.**	☐
5	누군가로부터 전화, 문자메시지, SNS 등을 통해, **내가 받고 싶지 않은 글, 사진, 영상 등을 받은 적이 있다.**	☐
6	누군가 **(내 이름, 나이, 직업, 주소, 직장 등) 개인정보**나 위치 정보를 다른 사람에게 보내거나, 온라인에 게시한 적이 있다.	☐
7	누군가 나의 **개인정보나 사진 등을 편집·합성**하여 다른 사람에게 보내거나, 온라인에 게시한 적이 있다.	☐
8	누군가 내 **개인정보를 이용해, 나를 사칭**하여 온라인커뮤니티, SNS 등)에서 활동한 것을 본 적이 있다.	☐
9	누군가가 나에게 접근하기 위해, 내 가족이나 동거인 등에게 위와 같은 행위를 한 적이 있다.	☐
10	누군가 (내가 원치 않는데도) **2번 이상** 위와 같은(1~9번) 행위를 했거나, 그 행위가 심해져 일상생활이 곤란하거나 불안이 커지고 있다.(중요)	☐
11	누군가가 나에게 ① **흉기를 가지고 찾아오거나**(중요) ② 위협하거나 ③ 나를 죽이겠다고 협박한 적이 있다. ①, ②, ③ 중 하나라도 해당하면 체크)	☐
12	누군가가 내 가족이나 동거인 등에게 ① **흉기를 가지고 찾아오거나** (중요) ② 위협하거나죽이겠다고 협박한 적이 있다. (①, ②, ③ 중 하나라도 해당하면 체크)	☐
13	누군가가 나에게 교제 요구나 접근하기 위해 범죄(협박, 폭행, 성추행, **주거침입 등)(중요)**를 하거나 시도한 적이 있다.	☐

▶ 아래의 순서에 따라, 본인의 경험이나 감정이 해당하는 항목에 표시해 주시기를 바랍니다.
▶ 아래의 문항 중 자신의 의사에 반하여 정당한 이유없이 발생한 행위로 인해 불안이나 공포심을 느끼고 있다면, 해당 항목에 표시해 주십시오.

스토킹 피해 진단결과

1~9번: '스토킹 행위' 발생 여부를 진단하는 항목
항목 중 한 개 이상 체크했다면, 스토킹 행위가 발생한 것임
10번: '스토킹 범죄' 가능성을 진단하는 항목
1~9번 항목 중 한 개 이상 체크하고, 10번에 체크했다면, 스토킹 범죄가 발생했을 가능성이 있음. 지속적 또는 반복적 스토킹 행위는 스토킹 범죄이며 「스토킹 처벌법」에 따라 신고·처벌 가능
11~13번: 다른 범죄가 발생할 가능성을 진단하는 항목
11~13번에 체크했다면, 다른 범죄로 이어질 가능성이 높은 것으로 볼 수 있음. 이 세 항목은 그 행위만으로도 다른 범죄에 해당하므로 경찰에 신고하여 안전조치를 받아야 함

후주

I. 스토킹의 기원

1 Fallon, J. H. (2020). 〈사이코패스 뇌과학자〉(김미선 역). 서울:더퀘스트.

2 Patton, C. L., Nobles, M. R., & Fox, K. A. (2010). Look who's stalking: Obsessive pursuit and attachment theory. *Journal of Criminal Justice*, 38(3), 282-290.

3 Davis, K. E., Ace, A., & Andra, M. (2000). Stalking perpetrators and psychological maltreatment of partners: Anger-jealousy, attachment insecurity, need for control, and break-up context. *Violence and victims*, 15(4), 407-425.

4 Rosenfeld, B., & Harmon, R. (2002). Factors associated with violence in stalking and obsessional harassment cases. *Criminal Justice and Behavior*, 29(6), 671-691.

5 유호윤, "여성 살인 · 살인 미수 사건 30%에서 '스토킹' 확인", KBS, 2019. 5. 22., https://news.kbs.co.kr/news/view.do?ncd=4206513&ref=D

6 Meloy, J. R. (1989). Unrequited love and the wish to kill: diagnosis and treatment of borderline erotomania. *Bulletin of the Menninger Clinic*, 53(6), 477-492.

7 Hollender, M. H., & Callahan, A. S. (1975). Erotomania or de Clérambault syndrome. *Archives of General Psychiatry*, 32(12), 1574-1576.

8 Goldstein, R. L. (1986). Erotomania in men [Letter to the editor]. *American Journal of Psychiatry*, 143, 802.

9 Meloy, J. R. (1989). Unrequited love and the wish to kill: diagnosis and treatment of borderline erotomania. *Bulletin of the Menninger Clinic*, 53(6), 477-492.

10 Perez, C. (1992). Stalking: When does obsession become a crime. Am. J. Crim. L., 20, 263.

11 Burgess, A. W., Baker, T., Greening, D., Hartman, C. R., Burgess, A. G., Douglas, J. E., & Halloran, R. (1997). Stalking behaviors within domestic violence. *Journal of Family Violence*, 12, 389-403.

12 Nicol, B. (2006). *Stalking*. Reaktion Books.

13 Nicol, B. (2006). *Stalking*. Reaktion Books.I. 스토킹의 기원

II. 추적, 집착 그리고 반복

1 Meloy, J. R. (1998). Preface. In J. R. Meloy (Ed.), *The psychology of stalking* (pp. xvii-xviii). Massachusetts, MA: Academic Press.

2 Sheridan, L. (2000). The Psychology of Stalking: Clinical and Forensic Perspectives. *Security Journal*, 13(2), 71-72. Bendlin, M., Sheridan, L., & Johnson, A. (2022). Stalking Recidivism: A Comparison of Operational Definitions. *Journal of Interpersonal Violence*, 37(910), NP8138NP8160.

3 Song, Z. (2023). A Comparative Study on the Legislation of Stalking Protection Orders Under the Stalking Punishment Act. *CNU Law Review*, 43(2), 91-117.

4 Chung, K. L., & Sheridan, L. (2022). Perceptions of Stalking: Examining Perceivers' Country of Origin, Perpetrator-Target Prior Relationship, and the Mediating Effect of Victim Responsibility. *Journal of Interpersonal Violence*, 37(21-22), NP19644-NP19663.

5 McEwan, T.E., Mullen, P.E., & MacKenzie, R. (2009). A study of the predictors of persistence in stalking situations. *Law and Human Behavior*, 33(1), 149-158.

6 Cupach, W. & Spitzberg, B. (1998). *Obsessive relational intrusion and stalking*. The Dark Side of Close Relationships. 233-263.

7 Cupach, W. & Spitzberg, B. (1998). *Obsessive relational intrusion and stalking*. The Dark Side of Close Relationships. 233-263.

8   McEwan, T. E., & Davis, M. R. (2020). *Is there a Best Stalking Typology?: Parsing the Heterogeneity of Stalking and Stalkers in an Australian Sample.* In H.C. Chan & L. Sheridan (Eds.). Psycho-criminological approaches to stalking behavior from an international perspective (pp. 115-123). Wiley.

9   McEwan, T. E. (2021). *Stalking threat and risk assessment.* In J.R. Meloy and J. Hoffman (Eds), International Handbook of Threat Assessment (2nd ed.). New York, NY: Oxford University Press.

10 Mullen, P., Pathe, M., & Purcell, R. (2009). Stalkers and Their Victims. Cambridge: Cambridge University Press. Intimate Relationships. *Journal of Social and Clinical Psychology*, 2(3), 273-279.

11 Mullen P, Pathé M, Purcell R, & Stuart, G. (1999). Study of stalkers. *American Journal of Psychiatry*, 156(1), 1244-1249.

12 Mullen P, Pathé M, Purcell R, & Stuart, G. (1999). Study of stalkers. *American Journal of Psychiatry*, 156(1), 1244-1249.

13 Boon, J & Sheridan, L. (2001). Stalker Typologies: A LawEnforcement Perspective. *Journal of Threat Assessment, 1*(2). 75-97.

14 Boon J. C. W. & Sheridan L. (2001). Stalker typologies: A law enforcement perspective. *Journal of Threat Assessment, 1*(2), 7597.

15 신진호, '신변보호 스토킹 피해자 가족 살해' 이석준 무기징역 확정, 서울신문, 2023.4.24. https://www.seoul.co.kr/news/newsView.php?id=20230427500106&wlog_tag3=naver

16 Mohandie, K., Meloy, J. R., McGowan, M. G., & Williams, J. (2006). The RECON typology of stalking: Reliability and validity based upon a large sample of North American stalkers. *Journal of Forensic Sciences*, 51(1), 147-155.

17 Mohandie, K., Meloy, J. R., McGowan, M., & Williams, J. (2006). The RECON typology of stalking: Reliability and validity based upon a large sample of North American stalkers. *Journal of Forensic Sciences*, 51(1), 147-155.

18 Mohandie, K., Meloy, J. R., McGowan, M. G., & Williams, J. (2006). The RECON typology of stalking: Reliability and validity based upon a large sample of North American stalkers. *Journal of Forensic Sciences*, 51(1), 147-155.

19 Palarea, R. E., Zona, M. A., Lane, J. C., & Langhinrichsen Rohling, J. (1999). The dangerous nature of intimate relationship

stalking: Threats, violence, and associated risk factors. *Behavioral Sciences & the Law,* 17(3), 269-283.

20 Purcell, R., Pathé, M., & Mullen, P. E. (2001). A study of women who stalk. *American journal of psychiatry,* 158(12), 2056-2060.

21 Meloy, J. R. (2003). When stalkers become violent: the threat to public figures and private lives. *Psychiatric Annals,* 33(10), 658-665.

22 McEwan, T.E., Mullen, P. E., & MacKenzie, R. (2009). A study of the predictors of persistence in stalking situations. *Law and Human Behavior,* 33(1), 149-158.

23 Bae, M. K., Kang, B. J., & Lee, S. J. (2023). Using Latent Class Analysis to Produce a Typology of Korean Stalking. Criminal Justice and Behavior. *On review.*

24 Bae, M. K., Kang, B. J., & Lee, S. J. (2023). Using Latent Class Analysis to Produce a Typology of Korean Stalking. Criminal Justice and Behavior. *On review.*

25 Johnson, E. F., & Thompson, C. M. (2016). Factors Associated with Stalking Persistence. *Psychology, Crime & Law,* 22(9), 879-902.; McEwan, T.E., Mullen, P. E., & MacKenzie, R. (2009). A study of the predictors of persistence in stalking situations. *Law and Human Behavior,* 33(1), 149-158.

26 Storey, J. E., Hart, S. D., Meloy, J. R., Reavis, J. A., (2009). Psychopathy and Stalking. *Law and Human Behavior,* 33(3), 237-246.

27 Purcell, R., & McEwan, T. (2018). Treatment approaches for stalking. *In Violent and Sexual Offenders* (pp. 400-416). Routledge.

28 Parkhill, A. J., Nixon, M., & McEwan, T. E. (2022). A critical analysis of stalking theory and implications for research and practice. *Behavioral Sciences & the Law,* 40(5), 562-583.

29 Parkhill, A. J., Nixon, M., & McEwan, T. E. (2022). A critical analysis of stalking theory and implications for research and practice. *Behavioral Sciences & the Law,* 40(5), 562-583.

30 Storey, J. E., Hart, S. D., Meloy, J. R., Reavis, J. A., (2009). Psychopathy and Stalking. *Law and Human Behavior,* 33(3), 237-246.

Ⅲ. 망상, 애정결핍 그리고 분노

1 Lambert, A. J., & Raichle, K. (2000). The role of political ideology in mediating judgments of blame in rape victims and their

assailants: A test of the just world, personal responsibility, and legitimization hypotheses. *Personality and Social Psychology Bulletin,* 26(7), 853-863.

2 Ullman, S. E. (1999). Social support and recovery from sexual assault: A review. *Aggression and violent behavior,* 4(3), 343-358.

3 김재은, 김지현. (2016). 성별에 따른 남성중심집단과 여성중심집단의양가적 성차별주의와 강간통념의 관계. Korean Journal of Counseling, 17(1), 187-205.

4 이선경, 허용회, 박선웅. (2015). 성별과 나이에 따른 성폭력 인식의 차이. 한국심리학회지: 사회 및 성격, 29(1), 65-81.

5 Hamilton, T., & Sharma, S.,(1997). The violence and oppression of power relation. peace review, 9(4), 555-561.

6 Stets, J. E., & Burke, P. J. (2005). Identity verification, control, and aggression in marriage. *Social Psychology Quarterly,* 68(2), 160-178.

7 Bandura, A. (1995). Exercise of personal and collective efficacy in changing societies. *Self-efficacy in changing societies,* Published in the United States of America by Cambridge University Press, New York, 15, 1-334.

8 Bandura, A. (1994). Self-efficacy. In V. S. Ramachaudran (Ed.), *Encyclopedia of human behavior* (Vol. 4, pp. 71-81). New York: Academic Press. (Reprinted in H. Friedman [Ed.], Encyclopedia of mental health. San Diego: Academic Press, 1998).

9 Meloy, J. R. (1998). *The psychology of stalking. In The psychology of stalking,* Academic Press, 1-23.

10 Brewster, M. P. (2003). Power and control dynamics in prestalking and stalking situations. *Journal of family violence,* 18, 207-217.

11 Miller, L. (2012). Stalking: Patterns, motives, and intervention strategies. *Aggression and violent behavior,* 17(6), 495-506.

12 Bartholomew, K., & Horowitz, L. M. (1991). Attachment styles among young adults: a test of a four-c

13 Spitzberg, B. H., & Cupach, W. R. (2007). The state of the art of stalking: Taking stock of the emerging literature. *Aggression and violent Behavior,* 12(1), 64-86.

14 Miller, L. (2012). Stalking: Patterns, motives, and intervention strategies. *Aggression and violent behavior,* 17(6), 495-506.

15 Meloy, J. R. (1998). *The psychology of stalking. In The psychology of stalking* (pp. 1-23). Academic Press.

16 Scott, G. G., Brodie, Z. P., Wilson, M. J., Ivory, L., Hand, C. J., & Sereno, S. C. (2020). Celebrity abuse on Twitter: The impact of tweet valence, volume of abuse, and dark triad personality factors on victim blaming and perceptions of severity. *Computers in Human Behavior*, 103, 109-119.

17 Skoler, G. (1998). The archetypes and psychodynamics of stalking. In T*he psychology of stalking* (pp. 85-112). Academic Press.

18 Meloy, J. R. (1998). The psychology of stalking. In *The psychology of stalking* (pp. 1-23). Academic Press.

19 Chung, K. L., & Sheridan, L. (2021). Perceptions of stalking in Malaysia and England: The influence of perpetrator-target prior relationship and personality. *Personality and individual differences*, 182, 111064.

20 Millon, T., & Davis, R.D. (1996). *Disorders of personality: DSM-IV and beyond*. New York:John Wiley & Sons.

21 Campbell, W. K., Reeder, G. D., Sedikides, C., & Elliot, A. J. (2000). Narcissism and comparative self-enhancement strategies. *Journal of Research in Personality*, 34(3), 329347.

22 Kropp, P. R., & Hart, S. D. (2000). The Spousal Assault Risk Assessment (SARA) guide: Reliability and validity in adult male offenders. *Law and human behavior*, 24(1), 101-118.

23 배민경, 강보정, & 이수정. (2023. 8. 18.) 스토킹 유형의 사법 및 심리학적 이해와 한국형 스토킹 위험성평가 도구. 잠재계층분석을 이용한 한국 스토킹 유형화 연구. [심포지엄]. 제77차 한국심리학회 연차학술대회 분과 심포지엄: 사회 및 성격, 수원, 대한민국.

24 배민경, 강보정, & 이수정. (2023. 8. 18.) 스토킹 유형의 사법 및 심리학적 이해와 한국형 스토킹 위험성평가 도구. 잠재계층분석을 이용한 한국 스토킹 유형화 연구. [심포지엄]. 제77차 한국심리학회 연차학술대회 분과 심포지엄: 사회 및 성격, 수원, 대한민국.

25 Miller, L. (2012). Stalking: Patterns, motives, and intervention strategies. *Aggression and violent behavior*, 17(6), 495-506.

26 Cupach, W. R., Spitzberg, B. H., Bolingbroke, C. M., & Tellitocci, B. S. (2011). Persistence of attempts to reconcile a terminated romantic relationship: A partial test of relational goal pursuit theory. *Communication Reports*, 24(2), 99-115.

27 Spitzberg, B. H., & Cupach, W. R. (2003). What mad pursuit?: Obsessive relational intrusion and stalking related phenomena.

Aggression and violent behavior, 8(4), 345-375.

28 Stets, J. E., & Burke, P. J. (2005). Identity verification, control, and aggression in marriage. *Social Psychology Quarterly,* 68(2), 160-178.

29 Meloy. (1998). *The psychology of stalking clinical and forensic perspectives.* Academic Press.

30 Meloy. (1998). *The psychology of stalking clinical and forensic perspectives.* Academic Press.

31 Meloy, J. R., & Gothard, S. (1995). Demographics and clinical comparison of obsessional followers and offenders with mental disorders. *American Journal of Psychiatry,* 152(2), 258-263.

32 Westrup, D., & Fremouw, W. (1998). Stalking behavior: A literature review and suggested functional analytic assessment technology. *Aggression and Violent Behavior,* 3(3), 255-274.

33 Mullen, P., Pathé, M., Purcell, R., Pathe. P., & Pathe, Michele. (2000). *Stalkers and their victims. Cambridge,* U.K. ; New York: Cambridge University Press.

34 Keinlen, K. K. (1998) 'Developmental and Social Antecedents of Stalking'. In Meloy, J. R. (ed.) *The Psychology of Stalking: Clinical and Forensic Perspectives.* San Diego, CA: Academic Press.

35 Mullen, P. E., Pathe, M., Purcell, R., & Stuart (1999). Study of stalkers. The American Journal of Psychiatry, 156, 1244.1249.; Whyte, S., Petch, E., Penny, C., & Reiss, D. (2007). Factors associated with stalking behaviour in patients admitted to a high security hospital. *The Journal of Forensic Psychiatry & Psychology,* 18(1), 16-22.; Zona, M. A., Palarea, R. E., & Lane, J. C. (1998). Psychiatric diagnosis and the offender. victim typology of stalking. In J. R. Meloy (Ed.), *The psychology of stalking: Clinical and forensic perspectives* (pp. 69.84). San Diego, CA: Academic Press.

36 Spitzberg, & Veksler, A. E. (2007). The Personality of Pursuit: Personality Attributions of Unwanted Pursuers and Stalkers. *Violence and Victims,* 22(3), 275289. https://doi.org/10.1891/088667 007780842838

37 Mohandie, K., Meloy, J. R., McGowan, M. G., & Williams, J. (2006). The RECON typology of stalking: Reliability and validity based upon a large sample of North American stalkers. *Journal of Forensic Sciences,* 51(1), 147-155.; Rosenfeld, B. (2004). Violence risk factors in stalking and obsessional harassment: A review and preliminary meta-analysis. *Criminal justice and behavior,* 31(1), 9-36.

38 Meloy. (1998). *The psychology of stalking clinical and forensic perspectives.* Academic Press.

39 McEwan, T. E., & Strand, S. (2013). The role of psychopathology in stalking by adult strangers and acquaintances. *Australian & New Zealand Journal of Psychiatry,* 47(6), 546-555.

40 McEwan, T. E., & Strand, S. (2013). The role of psychopathology in stalking by adult strangers and acquaintances. *Australian & New Zealand Journal of Psychiatry,* 47(6), 546-555.

41 McEwan, T. E., Mullen, P. E., MacKenzie, R. D., & Ogloff, J. R. (2009). Violence in stalking situations. *Psychological medicine,* 39(9), 1469-1478.

42 McEwan, T. E., & Strand, S. (2013). The role of psychopathology in stalking by adult strangers and acquaintances. *Australian & New Zealand Journal of Psychiatry,* 47(6), 546-555.

43 Rosenfeld, B. (2003). Recidivism in Stalking and Obsessional Harassment. Law and *Human Behavior,* 27(3), 251-265.

44 McEwan, T. E., & Strand, S. (2013). The role of psychopathology in stalking by adult strangers and acquaintances. *Australian & New Zealand Journal of Psychiatry,* 47(6), 546-555.

45 Mullen, P., Pathé, M., & Purcell, R. (2009). Stalkers and Their Victims. Cambridge: Cambridge University Press. Intimate Relationships. *Journal of Social and Clinical Psychology,* 2(3), 273-279. https://doi.org/10.1002/acp.745

46 Fritz. (1995). A proposal for mental health provisions in state anti-stalking laws. *Journal of Psychiatry & Law,* 23(2), 295?318. https://doi.org/10.1177/009318539502300205

47 Dziegielewski, S. F., & Roberts, A. R. (1995). Stalking victims and survivors: Identification, legal remedies, and crisis treatment. *Crisis intervention and time-limited cognitive treatment,* 73-90.

48 강주헌, 양윤우, & 김미루. (2023.02.27). 母 효자손 살해 '정신질환 죄수' 급증…의사 1명이 80명 맡는다. 머니투데이. https://news.mt.co.kr/mtview.php?no=2023022622381840078

49 유경선 & 김나연. (2022.09.20). 스토킹 치료, 판결까지 기다리면 늦는다 "입건 단계부터 상담치료 병행을". 경향신문. https://m.khan.co.kr/national/incident/article/202209201510001#c2b

50 곽소영 & 박상연. (2022.10.02). [단독]경찰, 스토킹 가해자 상담치료 해

보니…84명 치료 동의. 서울신문. https://www.seoul.co.kr/news/newsView.php?id=20221002500094

51 하민경. (2022). 스토킹 범죄와 치료적 사법. 저스티스, (192), 174-197.

52 Freeman, D. (2006). Delusions in the nonclinical population. *Current psychiatry reports*, 8(3), 191-204.

53 Garety, P. A., & Hemsley, D. R. (1997). Delusions: *Investigations into the psychology of delusional reasoning* (Vol. 36). Psychology Press.

54 Spitzberg, & Veksler, A. E. (2007). The Personality of Pursuit: Personality Attributions of Unwanted Pursuers and Stalkers. *Violence and Victims*, 22(3), 275289. https://doi.org/10.1891/0886670 07780842838

55 Meloy. (1998). *The psychology of stalking clinical and forensicperspectives*. Academic Press.

56 Esquirol, É. (1838). *Des maladies mentales considérées sous les rapports médical, hygiénique et médico-légal* (Vol. 1). Tircher.

57 Esquirol, J. E. D. (1965) *Mental Maladies: A Treatise on Insanity*. (R. de Saussure, Transl.). New York: Hafner. (Original work published in in French 1845.)

58 de Clérambault, G. (1942) Les psychoses passionelles. *In OeuvresPsychiatriques* (pp. 31522). Paris: Presses Universitaires de France. (Original work published in French in 1921).

59 Gillett, T., Eminson, S., & Hassanyeh, F. (1990). Primary and secondary erotomania: Clinical characteristics and follow-up. *Acta Psychiatrica Scandinavica*, 82(1), 65-69.

60 Gillett, T., Eminson, S., & Hassanyeh, F. (1990). Primary and secondary erotomania: Clinical characteristics and follow-up. *Acta Psychiatrica Scandinavica*, 82(1), 65-69.

61 Urbach, J. R., Khalily, C., & Mitchell, P. P. (1992). Erotomania in an adolescent: clinical and theoretical considerations. *Journal ofAdolescence*, 15(3), 231-240.

62 Chlu, H. F. (1994). Erotomania in the elderly. *International journal of geriatric psychiatry*, 9(8), 673-674.

63 Seeman, M. V. (2016). Erotomania and recommendations for treatment. *Psychiatric Quarterly*, 87(2), 355-364.

64 Meloy. (1998). *The psychology of stalking clinical and forensicperspectives*. Academic Press.

65 Meloy. (1998). *The psychology of stalking clinical and forensicperspectives*.

Academic Press.

66 de Clérambault, G. (1942) Les psychoses passionelles. *In Oeuvres Psychiatriques* (pp. 31522). Paris: Presses Universitaires de France. (Original work published in French in 1921).; Zona, M. A., Sharma, K. K., & Lane, J. (1993). A comparative study of erotomanic and obsessional subjects in a forensic sample. *Journal of forensic sciences.*

67 American Psychiatric Association (2000). *Diagnostic and Statistical Manual of Mental Disorders Fourth Edition Text Revision (DSM-IV-TR).* Washington DC: American Psychiatric Association.

68 Seeman, M. V. (2016). Erotomania and recommendations for treatment. *Psychiatric Quarterly,* 87(2), 355-364.

69 Baumeister, R. F., & Leary, M. R. (1995). The need to belong: desire for interpersonal attachments as a fundamental human motivation. *Psychological bulletin,* 117(3), 497.

70 Seeman, M. V. (2016). Erotomania and recommendations for treatment. *Psychiatric Quarterly,* 87(2), 355-364.

71 Seeman, M. V. (2016). Erotomania and recommendations for treatment. *Psychiatric Quarterly,* 87(2), 355-364.; Bucci, S., Startup, M., Wynn, P., Baker, A., & Lewin, T. J. (2008). Referential delusions of communication and interpretations of gestures. *Psychiatry Research,* 158(1), 27-34.

72 Mastronardi, Pomilla, A., Ricci, S., & D'Argenio, A. (2013). Stalking of Psychiatrists. *International Journal of Offender Therapy and Comparative Criminology,* 57(5), 526543. https://doi.org/10.1177/0306624X12468304

73 Mastronardi, Pomilla, A., Ricci, S., & D'Argenio, A. (2013). Stalking of Psychiatrists. *International Journal of Offender Therapy and Comparative Criminology,* 57(5), 526543. https://doi.org/10.1177/0306624X12468304

74 Harmon, R. B., Rosner, R., & Owens, H. (1995). Obsessional harassment and erotomania in a criminal court population. *Journal of Forensic Sciences,* 40(2), 188-196.; Kelly, B. D. (2005). Erotomania: epidemiology and management. CNS drugs, 19, 657-669.

75 Borski, I., Kamleiter, M., & Nedopil, N. (2005). Psychiatrists as victims of stalking. *Der Nervenarzt,* 76, 331-334.

76 Desnoyers Hurley. (2012). Treatment of erotomania using cognitive behavioural psychotherapy approaches. *Advances in Mental Health and Intellectual Disabilities*, 6(2), 7681. https://doi.org/10.1108/20441 281211208437

77 Desnoyers Hurley. (2012). Treatment of erotomania using cognitive behavioural psychotherapy approaches. *Advances in Mental Health and Intellectual Disabilities*, 6(2), 7681. https://doi.org/10.1108/20441 281211208437

78 Desnoyers Hurley. (2012). Treatment of erotomania using cognitive behavioural psychotherapy approaches. *Advances in Mental Health and Intellectual Disabilities*, 6(2), 7681. https://doi.org/10.1108/20441 281211208437

79 Harmon, R. B., Rosner, R., & Owens, H. (1995). Obsessional harassment and erotomania in a criminal court population. *Journal of Forensic Sciences*, 40(2), 188-196.

80 Spitzberg, & Veksler, A. E. (2007). The Personality of Pursuit: Personality Attributions of Unwanted Pursuers and Stalkers. *Violence and Victims*, 22(3), 275289. https://doi.org/10.1891/0886670 07780842838

81 Chapman, A. L., Hope, N. H., & Turner, B. J. (2020). Borderline personality disorder. In C. W. Lejuez & K. L. Gratz (Eds.), *The Cambridge handbook of personality disorders* (pp. 223241). Cambridge University Press. https://doi.org/10.1017/9781108333 931.041

82 Chapman, A. L., Hope, N. H., & Turner, B. J. (2020). Borderline personality disorder. In C. W. Lejuez & K. L. Gratz (Eds.), *The Cambridge handbook of personality disorders* (pp. 223241). Cambridge University Press. https://doi.org/10.1017/9781108333 931.041

83 Stern, A. (1938). Psychoanalytic investigation of and therapy in the border line group of neuroses. *The Psychoanalytic Quarterly*, 7(4), 467-489.; Knight, R. P. (1953). Borderline states. Bulletin of the Menninger Clinic, 17, 112.

84 American Psychiatric Association (2000). *Diagnostic and statistical manual of mental disorders* (4th ed., Text Revision). Washington. DC: Author.

85 SEM-IV, M. E. (2020). SIGMUND FREUD:"ON NEUROSIS". *Directorate of Distance Education*, 127.

86 Bronstein, C. (2020). Psychosis and psychotic functioning in adolescence. *The International Journal of Psychoanalysis*, 101(1),

136-151.

87 Chapman, A. L., Hope, N. H., & Turner, B. J. (2020). Borderline personality disorder. In C. W. Lejuez & K. L. Gratz (Eds.), *The Cambridge handbook of personality disorders* (pp. 223241). Cambridge University Press. https://doi.org/10.1017/9781108333 931.041

88 American Psychiatric Association. (2013). *Diagnostic and statistical manual of mental disorders* (5th ed.). https://doi.org/10.1176/appi. books.9780890425596

89 Chapman, A. L., Hope, N. H., & Turner, B. J. (2020). Borderline personality disorder. In C. W. Lejuez & K. L. Gratz (Eds.), *The Cambridge handbook of personality disorders* (pp. 223241). Cambridge University Press. https://doi.org/10.1017/9781108333 931.041

90 Lieb, K., Zanarini, M. C., Schmahl, C., Linehan, M. M., & Bohus, M. (2004). Borderline personality disorder. *The Lancet,* 364(9432), 453-461.

91 Pally, R. (2002). The neurobiology of borderline personality disorder: the synergy of "nature and nurture". *Journal of Psychiatric Practice®,* 8(3), 133-142.

92 Zittel Conklin, C., & Westen, D. (2005). Borderline personality disorder in clinical practice. *American Journal of Psychiatry,* 162(5), 867-875.; Heim, C., & Nemeroff, C. B. (2001). The role of childhood trauma in the neurobiology of mood and anxiety disorders: preclinical and clinical studies. *Biological psychiatry,* 49(12), 1023-1039.

93 Goodman, M., New, A., & Siever, L. (2004). Trauma, genes, and the neurobiology of personality disorders. Annals of the New York *Academy of Sciences,* 1032(1), 104-116.

94 Grant, B. F., Chou, S. P., Goldstein, R. B., Huang, B., Stinson, F. S., Saha, T. D., ... & Ruan, W. J. (2008). Prevalence, correlates, disability, and comorbidity of DSM-IV borderline personality disorder: results from the Wave 2 National Epidemiologic Survey on Alcohol and Related Conditions. *Journal of clinical psychiatry,* 69(4), 533.

95 Stone, M. H. (1993). Long-term outcome in personality disorders. *The British Journal of Psychiatry,* 162(3), 299-313.

96 Swartz, M., Blazer, D., George, L., & Winfield, I. (1990). Estimating the prevalence of borderline personality disorder in the community. *Journal of personality disorders*, 4(3), 257-272.; Lieb, K., Zanarini, M. C., Schmahl, C., Linehan, M. M., & Bohus, M. (2004). Borderline personality disorder. *The Lancet*, 364(9432), 453-461.; ar, V., Akyuz, G., Kugu, N., Ozturk, E., & Ertem Vehid, H. (2006). Axis I dissociative disorder comorbidity in borderline personality disorder and reports of childhood trauma. *Journal of Clinical Psychiatry*, 67(10), 1583-1590.

97 Lieb, K., Zanarini, M. C., Schmahl, C., Linehan, M. M., & Bohus, M. (2004). Borderline personality disorder. *The Lancet*, 364(9432), 453-461.

98 Black, D. W., Blum, N., Pfohl, B., & Hale, N. (2004). Suicidal behavior in borderline personality disorder: prevalence, risk factors, prediction, and prevention. *Journal of personality disorders*, 18(3: Special issue), 226-239.; Paris, J., & Zweig-Frank, H. (2001). A 27-year follow-up of patients with borderline personality disorder. *Comprehensive psychiatry*, 42(6), 482-487.; Skodol, A. E., Gunderson, J. G., Pfohl, B., Widiger, T. A., Livesley, W. J., & Siever, L. J. (2002). The borderline diagnosis I: psychopathology, comorbidity, and personaltity structure. *Biological psychiatry*, 51(12), 936-950.

99 Spitzberg, & Veksler, A. E. (2007). The Personality of Pursuit: Personality Attributions of Unwanted Pursuers and Stalkers. *Violence and Victims*, 22(3), 275289. https://doi.org/10.1891/088 667007780842838

100 Kamphuis, J. H., Emmelkamp, P. M., & de Vries, V. (2004). Informant personality descriptions of postintimate stalkers using the five factor profile. *Journal of personality assessment*, 82(2), 169-178.

101 Tonin, E. (2004). The attachment styles of stalkers. *Journal of Forensic Psychiatry & Psychology*, 15(4), 584-590.

102 Levy, K. N., Beeney, J. E., Wasserman, R. H., & Clarkin, J. F. (2010). Conflict begets conflict: Executive control, mental state vacillations, and the therapeutic alliance in treatment of borderline personality disorder. *Psychotherapy Research*, 20(4), 413-422.

103 Kaysen, Susanna. Girl, Interrupted. Virago, 2012

104 Vincent, M. (2021). Madness Reconsidered in Susanna Kaysen's Girl Interrupted. *Journal of English*, 9(2), 31-34. 재인용

105 Vincent, M. (2021). Madness Reconsidered in Susanna Kaysen's

Girl Interrupted. *Journal of English,* 9(2), 31-34. 재인용

106 Kulacaoglu, F., & Kose, S. (2018). Borderline personality disorder (BPD): in the midst of vulnerability, chaos, and awe. *Brain sciences,* 8(11), 201.

107 Linehan, M. M. (1993). *Skills training manual for treating borderline personality disorder.* Guilford press.

108 Linehan, M. (2014). *DBT skills training manual* (Second ed.). New York: The Guilford Press, ebook.

109 Linehan, M. M., & Lungu, A. (2015). Dialectical Behavior Therapy. In *The Oxford Handbook of Cognitive and Behavioral Therapies.* Oxford University Press. https://doi.org/10.1093/oxfordhb/9780199 733255.013.20

110 Linehan, M. M., & Lungu, A. (2015). Dialectical Behavior Therapy. In *The Oxford Handbook of Cognitive and Behavioral Therapies.* Oxford University Press. https://doi.org/10.1093/oxfordhb/9780199 733255.013.20

111 Linehan, M. M., & Wilks, C. R. (2015). The course and evolution of dialectical behavior therapy. *American journal of psychotherapy,* 69(2), 97-110.

112 Bateman, A., & Fonagy, P. (2010). Mentalization based treatment for borderline personality disorder. *World psychiatry,* 9(1), 11.

113 Iliakis, E. A., Ilagan, G. S., & Choi-Kain, L. W. (2021). Dropout rates from psychotherapy trials for borderline personality disorder: A meta-analysis. *Personality Disorders: Theory, Research, and Treatment,* 12(3), 193.

114 Zanarini, M., Frankenburg, F., Hennen, J., & Silk, K. (2004). Mental health service utilization by borderline personality disorder patients and Axis II comparison subjects followed prospectively for 6 years. *The Journal of Clinical Psychiatry,* 65(1), 28-36.

115 Chapman, A. L., Hope, N. H., & Turner, B. J. (2020). Borderline personality disorder. In C. W. Lejuez & K. L. Gratz (Eds.), *The Cambridge handbook of personality disorders* (pp. 223241). Cambridge University Press. https://doi.org/10.1017/9781108333 931.041

116 Cleckley, H. (1941). The mask of sanity St. Louis, *MO: Mosby.*

117 Silver, E., Mulvey, E. P., & Monahan, J. (1999). Assessing violence risk among discharged psychiatric patients: Toward an ecological approach. *Law and human behavior,* 23, 237-255.

118 Hemphill, J. F., & Hart, S. D. (2003). Forensic and clinical issues in the assessment of psychopathy. In A. M. Goldstein (Ed.), *Handbook of psychology: Forensic psychology,* Vol. 11, pp. 87107). John Wiley & Sons, Inc.. https://doi.org/10.1002/0471264385.wei1106

119 Blair, R. J. (2003) Neurobiological basis of psychopathy. *The British Journal of Psychiatry.182*(1), 5-7. https://doi.org/10.1192/bjp. 182.1.5

120 Hart, S. D., Forth, A. E., & Hare, R. D. (1991). The MCMI-II and psychopathy. *Journal of Personality Disorders,* 5(4), 318-327.

121 American Psychiatric Association. (2013). *Diagnostic and statistical manual of mental disorders* (5th ed.). https://doi.org/10.1176/appi. books.9780890425596

122 Cleckley, H. (1976). The mask of sanity 5th edn. *St. Louis, MO: Mosby, 346.*; Flight, J. I., & Forth, A. E. (2007). Instrumentally violent youths: The roles of psychopathic traits, empathy, and attachment. *Criminal Justice and Behavior,* 34(6), 739-751.

123 Meloy, J. R. (2000). *Violence risk and threat assessment: A practical guide for mental health and criminal justice professionals.* Specialized Training Services.; Reavis, J. A., Allen, E. K., & Meloy, J. R. (2008). Psychopathy in a mixed gender sample of adult stalkers. *Journal of Forensic Sciences,* 53(5), 1214-1217.

124 Hall, J. R., & Benning, S. D. (2006). The "successful" psychopath *Handbook of psychopathy,* 459-478.; Hare, R. D. (1999). *Without conscience: The disturbing world of the psychopaths among us.* Guilford Press.

125 Meloy, J. R., Sheridan, L., & Hoffmann, J. (Eds.). (2008). *Stalking, threatening, and attacking public figures: A psychological and behavioral analysis.* Oxford University Press. https://doi.org/10.1093/med:psyc h/9780195326383.001.0001

126 O'Toole, M. E., Smith, S. S., & Hare, R. D. (2008). Psychopathy and predatory stalking of public figures. *Stalking, threatening, and attacking public figures: A psychological and behavioral analysis,* 215-243.

127 Boon, J. C., & Sheridan, L. (2001). Stalker typologies: A law enforcement perspective. *Journal of Threat Assessment,* 1(2), 75-97.

128 Storey, J., Hart, S., Reid Meloy, J., & Reavis, J. (2009). Psychopathy and Stalking. *Law and Human Behavior,* 33(3), 237-246.

129 Storey, J., Hart, S., Reid Meloy, J., & Reavis, J. (2009). Psychopathy and Stalking. *Law and Human Behavior*, 33(3), 237-246.

130 Tew, J., Bennett, A. L., & Atkinson, R. (2015). The treatment of offenders with high levels of psychopathy through Chromis and the Westgate Service: What have we learned from the last eight years? In M. Fitzgerald (Ed.), *Psychopathy: Risk factors, behavioral symptoms and treatment options* (pp. 129). Nova Science Publishers.

131 Hart. S. (2023. 5. 30). Psychopathy talk. [Workshop]. Suwon, South Korea.

132 Harris, D., Attrill, G., & Bush, J. (2005). Using choice as an aid to engagement and risk management with violent psychopathic offenders. *Issues in forensic psychology*, 5, 144.

133 이혜지, 이수정. (2023). 스토킹 범죄자의 왜곡된 인식에 따른 심리적 유형분류 및 성격특성의 이해: 성차별 의식과 MMPI-2를 중심으로. 형사정책연구, 34(2),

134 이혜지, 이수정. (2023). 스토킹 범죄자의 왜곡된 인식에 따른 심리적 유형분류 및 성격특성의 이해: 성차별 의식과 MMPI-2를 중심으로. 형사정책연구, 34(2), 55-86.

135 조무용, & 김정인. (2016). 성평등 의식과 성차별주의가 스토킹통념 지각에 미치는 영향. 한국심리학회지: 여성, 21(1), 109-134.

136 Rosenfeld, B. (2000). Assessment and treatment of obsessional harassment. *Aggression and Violent Behavior*, 5(6), 529-549.

IV. 연민, 양가감정 그리고 트라우마: 스토킹 피해 극복

1 김정우, [단독]전주환 피해자 "메신저 켤 때마다 두려워.. 수면제 먹는다", MBC, 2023.03.16., https://imnews.imbc.com/replay/2023/nwdesk/article/6464794_36199.html

2 미국 정신의학회 (2015). 정신질환의 진단 및 통계편람 제5판 (대표역자: 권준수). 학지사.

3 미국 정신의학회 (2015). 정신질환의 진단 및 통계편람 제5판 (대표역자: 권준수). 학지사.

4 찾기쉬운생활법령정보 https://www.easylaw.go.kr/CSP/CnpClsMainBtr.laf?csmSeq=1661&ccfNo=2&cciNo=2&cnpClsNo=1#copyAddress 2023.11.20.

5 경찰청(2016). 전문가용 범죄피해평가 매뉴얼. 경찰청 피해자보호담당관실.

6 미국 정신의학회 (2015). 정신질환의 진단 및 통계편람 제5판 (대표역자:

권준수). 학지사.
7 APA (2015). 정신질환의 진단 및 통계편람 제5판. 학지사.

V. 새로운 범죄의 명문화

1 한민경 (2022). 반의사 불벌죄와 공소기각: 스토킹범죄의 반의사불벌죄 규정에 따른 결과. 한국경찰연구 21(3), 317-340.
2 한민경 (2022). 반의사 불벌죄와 공소기각: 스토킹범죄의 반의사불벌죄 규정에 따른 결과. 한국경찰연구 21(3), 317-340.
3 김은주, 류영숙, 이지원, 이희진 (2021). 온라인 스토킹의 실태 및 대응 방안 연구. 국회여성가족위원회 용역 연구보고서.
4 국회 행정안전위원회 소속 국민의힘 정우택 의원실 제공
5 국회 법사위원회 소속 박용진 더불어민주당 의원실 제공
6 한민경 (2022). 반의사불벌죄와 공소기각: 스토킹범죄의 반의사불벌죄 규정에 따른 결과. 한국경찰연구 21(3), 317-340.
7 대한민국법원 종합법률정보 법령조문 https://glaw.scourt.go.kr/wsjo/lawod/sjo192.do?contId=3273387&jomunNo=327&jomunGajiNo=0&viewGbnCd=01&contKindCd=03 2023.11.20.
8 한민경 (2022). 반의사 불벌죄와 공소기각: 스토킹범죄의 반의사불벌죄 규정에 따른 결과. 한국경찰연구 21(3), 317-340.
9 Aldridge, M. L., & Browne, K. D. (2003). Perpetrators of spousal homicide: A review. *Trauma, Violence, & Abuse*, 4(3), 265-276. https://doi.org/10.1177/1524838003004003005; Campbell, J. C. (2004). Helping women understand their risk in situations of intimate partner violence. *Journal of interpersonal violence*, 19(12), 1464-1477. https://doi.org/10.1177/0886260504269698; Pathé, M., & Mullen, P. E. (1997). The impact of stalkers on their victims. *The British Journal of Psychiatry*, 170(1), 12-17. https://doi.org/10.1192/bjp.170.1.12; Scott, A. J., Nixon, K., & Sheridan, L. (2013). The influence of prior relationship on perceptions of stalking: A comparison of laypersons, nonspecialist police officers, and specialist police officers. *Criminal Justice and Behavior*, 40(12), 1434-1448. https://doi.org/10.1177/0093854813494183
10 곽영길, 임유석, 송상욱 (2011). 스토킹의 특징에 관한 연구. 한국범죄심리연구, 7(3), 47-76.
11 정도희 (2017). 스토킹의 개념과 처벌에 관한 몇 가지 제언. 법과 정책연구, 17(3), 31-55.

12 김잔디 (2015). 스토킹 행위의 특징과 대응 방안. 치안정책연구, 29(3), 135-165.

13 Rosenfeld, B. (2003). Recidivism in stalking and obsessional harassment. *Law and Human Behavior,* 27(3), 251-265. https://doi org/10.1023/A:1023479706822

14 한준희 (2002). 스토킹 시나리오를 통한 스토킹 범죄의 인식 연구: 스토킹 가해자와 일반인 집단 간 비교를 중심으로. 석사 학위 논문. 경기대학교 일반대학원.

15 Dunlap, E. E., Lynch, K. R., Jewell, J. A., Wasarhaley, N. E., & Golding, J. M. (2015). Participant Gender, Stalking Myth Acceptance, and Gender Role Stereotyping in Perceptions of Intimate Partner Stalking: A Structural Equation Modeling Approach. *Psychology, Crime & Law,* 21(3). 234-253. https://doi.org /10.1080/1068316X.2014.951648

16 Kamphuis, J. H., Galeazzi, G. M., De Fazio, L., Emmelkamp, P.M., Farnham, F., Groenen, A., & Vervaeke, G. (2005). Stalking— perceptions and attitudes amongst helping professions. An EU cross-national comparison. *Clinical Psychology & Psychotherapy: An International Journal of Theory & Practice,* 12(3), 215-225. https://dx.doi.org/10.1002/cpp.451

17 McKeon, B., McEwan, T. E., & Luebbers, S. (2014). "It's Not Really Stalking If You Know the Person": Measuring Community Attitudes That Normalize, Justify and Minimise Stalking *Psychiatry, Psychology and Law,* 22(2), 1-16. https://doi.org/10.1080/13218719.2 014.945637

18 한준희 (2002). 스토킹 시나리오를 통한 스토킹 범죄의 인식 연구: 스토킹 가해자와 일반인 집단 간 비교를 중심으로. 석사 학위 논문. 경기대학교 일반대학원.

1. 여성긴급전화 1366 또는 지역번호+1366

- 이용대상: 가정폭력·성폭력·성매매·스토킹·데이트 폭력 등 폭력 피해를 당해 긴급한 구조, 보호 및 상담 등이 필요한 경우
- 시간: 365일 24시간 운영
  제공 서비스: 상담 및 긴급피난처 제공, 전문 상담소, 각 지역의 정부기관, 경찰, 병원, 법률기관과 연계하여 피해자 지원 * 국민콜 110으로도 문의가능

2. 디지털성범죄피해자지원센터 02-735-8994/1366

- 이용대상: 디지털 성범죄 피해를 입은 대한민국 국민, 합법 체류중인 외국인
- 시간: 평일, 주말 및 공휴일 08:00~22:00/ 이 외 시간: 여성긴급전화 1366
- 서비스: 청소년성보호법 제11조, 성폭력처벌법 제14조, 제14조의2, 제14조의3에 근거한 불법촬영, 비동의 유포, 유포협박, 불법합성 등 디지털 성범죄 피해에 대한 접수 등 상담, 삭제지원 및 유포 현황 모니터링, 수사·법률·의료 연계 지원
- 이용방법: 홈페이지(https://d4u.stop.or.kr/)를 통한 온라인 또는 전화 접수

3. 해바라기센터

- 이용대상
  - 위기지원형: 성폭력, 가정폭력, 성매매 피해자와 가족(모든 연령 및 성별)
  - 아동형: 19세 미만 성폭력 피해 아동·청소년과 지적장애인, 피해자 가족
  - 통합형: 성폭력, 가정폭력, 성매매 피해자와 가족(모든 연령 및 성별)
- 시간
  - 위기지원형·통합형: 365일 24시간, 아동형: 월~금 09:00~18:00
- 서비스
  - 위기지원형: 위기상황 대응 상담, 의료, 법률, 수사지원
  - 아동형: 상담과 치료, 의료, 법률, 수사지원, 외상에 대한 의학적 진단 및 치료
  - 통합형: 위기상황 대응 후 (장기)상담과 치료, 의료, 법률, 수사지원

4. 가정폭력·성폭력상담소

- 이용대상: 가정폭력·성폭력·성매매·스토킹·데이트 폭력 등 폭력 피해를 당해 긴급한 구조, 보호 및 상담 등이 필요한 경우
- 시간: 각 상담소마다 상이
- 서비스: 전문상담, 피해자 치료·회복 프로그램 운영, 의료지원, 법률지원, 여성폭력 피해자 보호시설 등 연계
- 이용방법: 전화 문의 또는 방문 상담 가능

각 지역 여성긴급전화, 해바라기센터, 가정폭력·성폭력상담소의 전화전호와 주소는 QR코드 접속을 통해서 확인 가능

5. 범죄피해자지원센터

- **이용대상**: 살인, 상해, 성폭력, 강도, 방화 등 강력범죄로 인하여 신체적, 정신적, 경제적 피해를 입은 그 피해자와 그 가족, 범죄 피해를 입은 날로부터 3년 이내 신청자
- **시간**: 전화 및 면접 상담: 월~금 09:00~18:00
- **서비스**: 의료, 경제, 상담, 간병비 및 부대비용, 취업지원비·돌봄비용, 법률 등 지원
- **이용방법**: 검찰청, 경찰서, 법원, 범죄피해자지원센터 등 관련기관의 의뢰, 범죄피해자나 가족이 신청, 경찰서(국번없이 182), 검찰청(1577-2584), 범죄피해자지원법인(1577-1295) 등을 통해 지원 의뢰되거나 피해자 본인의 신청에 따라 접수 가능

센터명	전화번호		센터명		전화번호	
중앙 센터	02-537-		영월		033-375-	
서울 동부	02-448-		전주		063-277-	
서울 남부	02-2644-		군산·익산		063-452-	
서울 서부	02-707-		정읍		063-538-	
서울 북부	02-955-		남원·순창·장수		063-635-	
부천·김포	032-323-		광주·전남		062-223-	
수원	031-211-		목포		061-282-	
고양·파주	031-932-		장흥·강진		061-864-	
경기 북부	031-873-		전남 동부		061-722-	
경기 동부	031-555-		해남·완도·진도		061-537-	
성남·광주·하남	031-736-		대구	경북	053-743-	
안산·시흥·광명	031-405-			서부	053-573-	
안양	031-387-			북부	054-857-	
여주·이천·양평	031-885-		경주		054-777-	
평택·안성	031-692-	1295	포항		054-255-	1295
인천	032-875-		김천·구미		054-436- 054-430-9091	
대전	042-472-		상주·문경·예천		054-533-	
청주	043-288-		의성·군위·청송		054-833-	
충주·음성	043-856-		영덕·울진·영양		054-733-	
제천·단양	043-643- 043-648		부산	'햇살'	051-505-	
영동·옥천	043-744-			동부 '광명'	051-781-	
홍성 지역	041-631-			서부	051-207-	
공주·청양	041-858-		울산		052-260-	
논산·부여·계룡	041-745-		경남		055-262-	
서산·당진·태안	041-664-		진주 '등불'		055-746- 055-748-1301	
천안·아산 범죄	041-621-		통영·거제·고성		055-648-	
춘천 지역 범죄	033-241-		밀양·창녕 범죄		055-356-	
강릉 지역 범죄	033-645-		거창·합천·함양		055-943-	
(사)원주·횡성	033-744-		마산·함안·의령		055-242-	
속초 지역 범죄	033-638- 033-638-1111		제주(제주시, 서귀포시)		064-756-	

6. 전국 폭력피해 이주여성 상담소

- **이용대상**: 폭력 피해를 당해 긴급한 구조, 보호 및 상담 등이 필요한 이주여성
- **시간**: 월~금 09:00~18:00
- **서비스**: 초기·전문상담, 일시 보호, 의료 및 법률지원, 자립·자활지원, 주거지원 등/ 통번역 상담원 상시 대기
- **이용방법**: 내방 및 방문 상담 전에 전화를 통해 예약 후 이용가능

센터명	전화번호
서울	02-733-0120
인천	032-446-0091
충북	043-223-5253
충남	041-566-1366
전북	063-255-1366
전남	061-282-1562
대구	053-745-4501
제주	064-722-6242

저자 약력

이수정
경기대학교 범죄교정심리학과 교수
연세대학교 심리학 박사(사회 및 성격심리학 전공)
현) 법원 전문심리위원
    여성가족부 청소년보호위원회 위원장
전) 대법원 양형위원회 위원

강지은
심리학 박사
경기대학교 일반대학원 범죄심리 전공
한국심리학회 산하 사회및성격심리학회 범죄심리사 전문가
현) 인천경찰청 위촉 진술분석전문가·범죄피해평가전문가·범죄심리사 전문가
    서울경찰청 스토킹 범죄 피해자 안전조치 심사위원회 외부전문가
    경기대학교 사회과학대학 범죄교정심리학과 강사

이혜지
심리학 박사
경기대학교 일반대학원 범죄심리 전공
현) 경기대학교 교육복지상담연구소 사랑의교실 수퍼바이저
전) 경기도청소년상담복지센터 일시보호상담원
    충청북도경찰청 형사과 과학수사계 프로파일러
    충청북도경찰청 위촉 범죄심리사 전문가

배민경
심리학 석사
Simon Fraser University, British Columbia, Burnaby
Bachelor of Arts in Criminology(학사)
경기대학교 일반대학원 범죄심리 전공

강보정
Northeastern University, Boston, MA
Bachelor of Science in Criminal Justice & Psychology(학사)
경기대학교 일반대학원 범죄심리 석사과정